野村幻雪

梅は匂ひよ　桜は花よ　人は心よ

笠井賢一＝編

藤原書店

野村幻雪
（1936-2021）

（撮影：鈴木薫）

『羽衣彩色之伝』　野村四郎
（2006年11月15日　於：北とぴあ・さくらホール　2点とも撮影：鈴木薫）

羽衣《はごろも》

駿河国《するがのくに》三保の松原、漁師の白龍《はくりょう》は松に掛かる美しい羽衣を見つけ、持ち帰ろうとする。すると天人が現れ、衣がないと天に帰れない、返して欲しいと嘆く。白龍が駿河舞《するがまい》を所望し羽衣を返すと、天人は返礼に衣を身にまとい、月宮殿《げっきゅうでん》の舞楽や東遊《あずまあそ》びの舞を舞う。そして愛鷹山《あしたかやま》や富士を下に、霞に紛れ昇天してゆく。羽衣伝説を題材とし、親しみやすさから多くの人に愛好されてきた人気の曲で、優美な明るさを持ち味とする。衣を返したらすぐに帰ってしまうのではという疑念に対し、「いや疑いは人間にあり、天に偽りなきものを」という天人のセリフは、人間の心のやましさを指摘するものとして知られる。

野村四郎師（当時）演ずる『羽衣』。この写真は橋掛りに姿を現した天人。こののち白龍に羽衣を返してもらい、返礼に舞を舞う（右頁の写真）。この写真の出立《いでたち》は、半裸でいることを意味する「腰巻裳着胴《こしまきもぎどう》」であるのに対して、舞姿では羽衣を表す「長絹《ちょうけん》」という優美な装束を着けている。

『翁』　野村四郎
（2014 年 1 月 4 日　新春能　於：大槻能楽堂　撮影：鈴木薫）

翁《おきな》

能が完成される前の古形を残す神事芸能的な演目。物語性もないことから「能にして能にあらず」と言われ、今日では正月の初会や祝賀の際に別格で上演されている。

舞台では露払いとして千歳《せんざい》が舞ったあと、翁を演ずるシテ方が「白色尉《はくしきじょう》」という白い翁面をつけて荘重に舞う（右頁の写真）。続いて狂言方の演ずる三番叟《さんばそう》が強い足拍子で活発に舞ったのち（揉ノ段《もみのだん》）、黒い翁面「黒色尉《こくしきじょう》」をつけ、鈴を振りながら厳かに舞い納める（鈴ノ段《すずのだん》）。翁の謡と舞は天下泰平と国家安穏を祈り、地固めと種まきの所作を思わせる三番叟の舞は五穀豊穣を寿ぐと言う。「白色尉」と「黒色尉」はご神体であり、翁も三番叟もそれをつけることで神と同一体となる。このため演者は一定期間を別火《べっか》（日常の火ではない神聖な火）で食事をし、精進潔斎をして舞台に臨むなどの厳しいしきたりがある。

『道成寺』　野村四郎

前シテが小鼓と相対し、鐘（写真の右上）を窺いながら乱拍子《らんびょうし》を舞う。烏帽子は白拍子の象徴、花文様の唐織《からおり》は女役の典型的な装束だが、黒地に丸紋（本来は油焔《ゆえん》形）の縫箔《ぬいはく》*は嫉妬に狂う女を表し、唐織の下の摺箔《すりはく》*と鬘《かづら》帯《おび》*の鱗文様は、この正体が蛇であることを暗示する。『道成寺』で着《つ》ける唐織には各流の「決まり柄」があるが、野村四郎師が『道成寺』の舞い納めと定めたこの舞台では、あえて白地を選んだ。（2008 年 8 月 23 日　第 25 回野村四郎の会特別公演　於：観世能楽堂　2 点とも撮影：前島吉裕）

道成寺《どうじょうじ》

紀伊国・道成寺の鐘が再興され、その落慶法要を迎えた日、一人の白拍子が訪ね来る。女人禁制を理由に立入を断られるも、供養の舞を舞わせてほしいと頼み込み、入寺を許される。舞い始めた白拍子は、やがて執心を露わにし、鐘を突き落としてその中に姿を消す。白拍子は、昔、懸想した山伏が身を隠した道成寺の鐘に、大蛇と化して巻き付き、灼き尽くした女の怨霊だったのである。僧侶たちの祈禱で鐘が上がると鬼女が現れ、僧たちに襲いかかるが、やがて調伏され、日高川へと消えていく。

鐘が上がり、中から鬼女の姿で現れた後シテ。この後、被《かづ》いた唐織を打ち捨てて、僧たちへ襲いかかる。前シテ（右頁）から後シテへの面《おもて》と装束の着《つ》け替えは、舞台中央に落とされた鐘の中で、シテがたった一人で行う。一人での装束替えを必要とするのは、現存する曲では『道成寺』のみである。

＊縫箔　文様を摺箔と刺繡で表したもので、能装束としては主に女性の役に、腰巻《こしまき》で用いられる。腰巻とは、両袖を通さず、上半身部分を後ろに垂らして腰に巻き付ける着装方法で、着付は摺箔、表衣には唐織、長絹、水衣《みずごろも》などを重ね着する。また公達などの男役、子方などの着付にも用いる。

＊摺箔　元は金箔・銀箔を生地に接着させる技法を意味するが、能装束ではそれによる裂《きれ》で仕立てた着付《きつけ》（装束の一番下に着る小袖型の着物のこと）を指す。通常は摺箔を着てから唐織や大口《おおくち》などを付け、長絹などを上から羽織る。また、『羽衣』の天人が衣を失った姿（口絵3頁）や、『道成寺』の後シテ（上写真）のような、摺箔の着付に縫箔の腰巻という着装形式を「裳着胴」といい、衣服を脱いだ姿や活動的なさま、取り乱した状態などを表す。

＊鬘帯　鬘の上に鉢巻のように締め、後ろに垂らす。面をかける前に鬘を押さえる役割がある。

能で用いる主な扇（野村幻雪氏所蔵）

（撮影：鈴木薫　本文 30 ～ 33 頁、47 ～ 54 頁参照）

唐団扇《とううちわ》

開閉できない軍配のような形で、唐人《からびと》の役が用いる。

羽団扇《はうちわ》

天狗の役が持つ、鳥の羽を円形に並べた団扇。

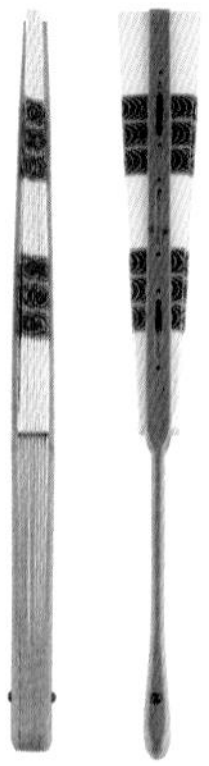

鎮扇《しずめおうぎ》

畳むと先端まで閉じるつくり（「鎮折り《しずめお》」ともいう）で、仕舞《しまい》や舞囃子《まいばやし》（能の見所《みどころ》を面《おもて》や装束をつけずに演じる形式）で用いる。

中啓《ちゅうけい》

原則的に能を演じるシテとワキが用いる扇。閉じた状態でも先が広がっていることから中啓《ちゅうけい》（「なかびらき」とも読む）の名があり、曲や役に応じてさまざまな絵柄（次頁以降参照）が用意されている。

老女扇《ろうじょおうぎ》　柳浪《りゅうろう》ニ鷺《さぎ》　椿《つばき》ニ若松《わかまつ》

観世宗家伝来扇写

観世宗家に伝わる古い扇には、現行にはない絵柄が多く見られる。写真の扇も今日の老女扇（下）とは異なる構成で、とりわけ裏面の片身替《かたみがわり》は老女物《ろうじょもの》の深遠さ、多面性をより効果的に視覚化して見事である。本扇は二十六世観世宗家 観世清和氏より野村幻雪氏へ、その功績と芸術を讃えて贈られたもの。

老女扇《ろうじょおうぎ》

老女扇は、能の最高位である老女を主人公にした作品『姨捨《おばすて》』『檜垣《ひがき》』『関《せき》寺小町《でらこまち》』（これらを「三老女」ともいう）などに使用する。曲趣はそれぞれだが、ここにご紹介する絵柄は、百歳《ももとせ》の小野小町の現在を、過去の美しさを秘めた表現で描き出す、風情ある扇である。

尉扇《じょうおうぎ》

竹林七賢人《ちくりんしちけんじん》図《ず》墨《すみ》絵《え》。尉とは老人の意味で、絵は地味ながら深みがある。松の精である『高砂《たかさご》』の前シテや、住吉明神の化身である『雨月《うげつ》』のシテ、あるいは『景清《かげきよ》』の落魄するも気概を失わない老武将役などが用いる。

翁扇《おきなおうぎ》

蓬萊山《ほうらいさん》図《ず》吉祥《きっしょう》文様《もんよう》。海上中央に島の如く亀を配す。その甲に松の大木が生え、天空には鶴が舞う様は、天下泰平と国土安寧、人々の延年を祈る『翁』のシテにふさわしい神秘的で格調高い扇。

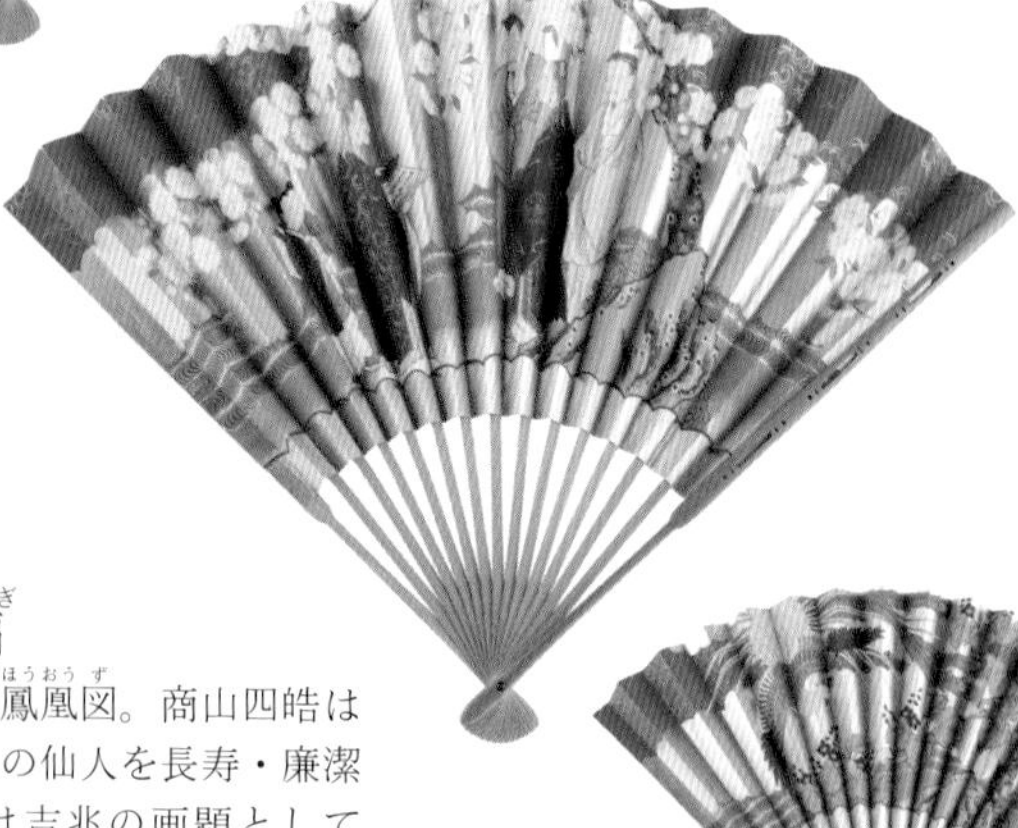

神扇《かみおうぎ》

表は商山四皓《しょうざんしこう》図《ず》、裏は桐鳳凰《きりほうおう》図《ず》。商山四皓は桜花爛漫の下に集う四人の仙人を長寿・廉潔の象徴として、桐鳳凰は吉兆の画題としてそれぞれ描く。扇全体に輝きと明るさが漲り、また白骨の軽快さが人心を爽やかに癒す。『高砂《たかさご》』『養老《ようろう》』などの後シテなどに用いる。

修羅扇《しゅらおうぎ》

人の命を殺める武士たちは、勝者も敗者も修羅道《しゅらどう》に落ちて苦悩する定めにある。その修羅道を語る能を修羅物《しゅらもの》とよび、この波《なみ》に入《い》り日《ひ》図《ず》の修羅扇を用いる。砕け散る波濤が日輪をのみ込むような表現が出色の絵柄で、平家の武人の悲壮と滅びの美学を表す。

勝修羅扇《かちしゅらおうぎ》

松に日の出図。凱旋の感慨を描いたもので、太陽の上部をあえてはみ出させた構図が上昇気運を演出する。修羅物のうち、曲趣の心意気を表した『屋島《やしま》』『田村《たむら》』『箙《えびら》』の三曲で用いられる。

無紅鬘扇《いろなしかづらおうぎ》

妻紺秋草図《つまこんあきくさず》。「無紅《いろなし》」とは紅色を使わない物の総称で、控え目な物寂しさを感じさせる。同系の扇に、稲妻を加えることで複雑な感情の起伏を表した「狂女扇《きょうじょおうぎ》」（下）がある。前者は『砧《きぬた》』や『海士《あま》』、後者は『三井寺《みいでら》』『桜川《さくらがわ》』などに使用。

妻紅鬘扇《つまべにかづらおうぎ》

明皇《めいこう》貴《き》妃《ひ》花戦《はないくさ》図《ず》。玉座の玄宗皇帝と鳳凰座*の楊貴妃、花の美しさを競う官女たちを表し、裏には花を盛った籠と車を描く。源氏物語や伊勢物語の優美な女性をシテとする『野宮《ののみや》』『井筒《いづつ》』などに使用。

＊万葉学者・上野誠氏による、玉座に相対する妃の椅子の呼び名

鬼扇《おにおうぎ》

赤地《あかじ》金唐草《きんからくさ》に一輪《いちりん》牡丹《ぼたん》。古来鬼が好むとされる牡丹が燃え立つ情念を表象する扇で、『道成《どうじょう》寺《じ》』『葵上《あおいのうえ》』で使われる。閉じている扇は怨念を内に秘める様を思わせ、広げると激情が溢れ出る如くに牡丹が咲き開く。能における鬼は人間の心の化身であり、怒り、そしてそれ以上の哀しみに苦悶する存在なのである。

天女扇《てんにょおうぎ》

桜立木《さくらたちき》絵《え》。役柄による専用扇の一つ。天女伝説を題材とする『羽衣《はごろも》』では、穏やかな春の海と白砂青松を眼下に、天女が優雅に舞い上がってゆく様を、この扇を大きく巡らせることで表し、めでたく美しい物語として終える。

能で用いる主な面

（鋳仙会所蔵　撮影：吉越スタジオ　本文 122 ～ 131 頁参照）

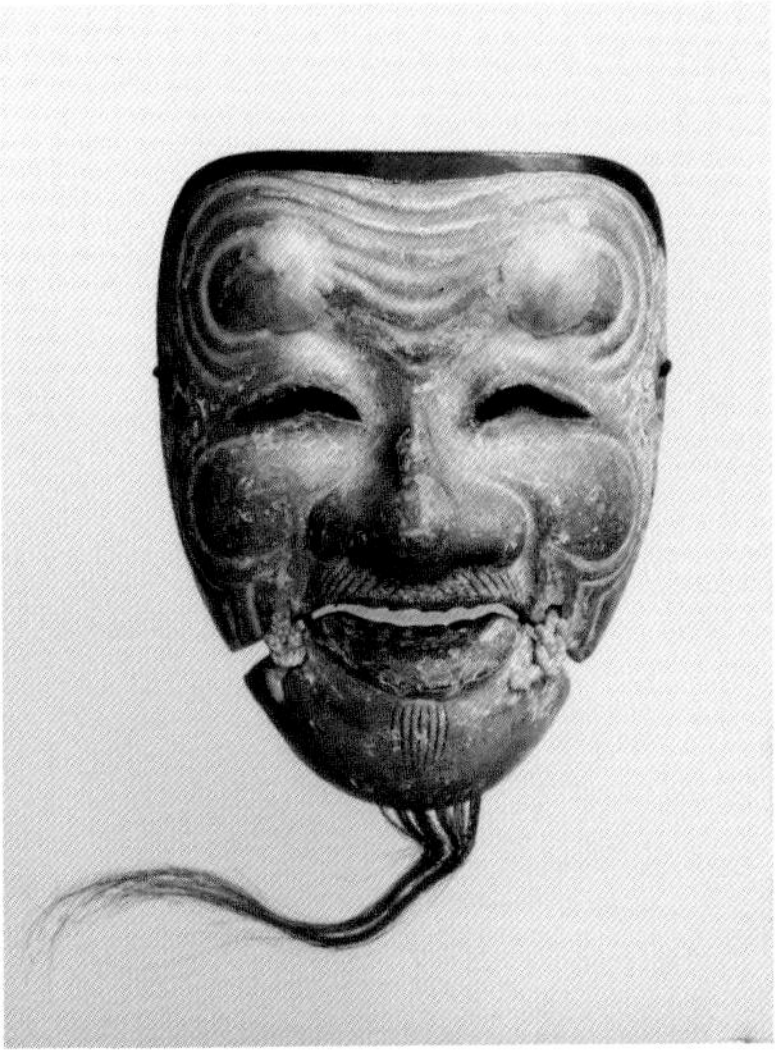

白式尉《はくしきじょう》

皺尉《しわじょう》

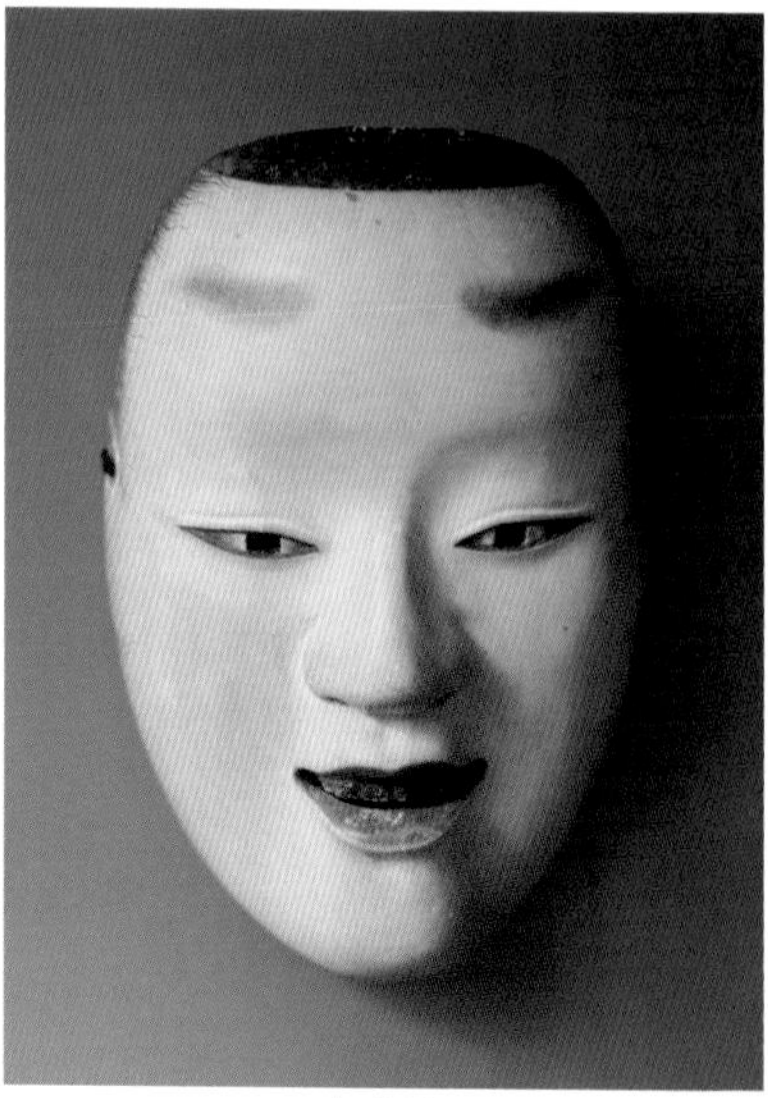

十六《じゅうろく》

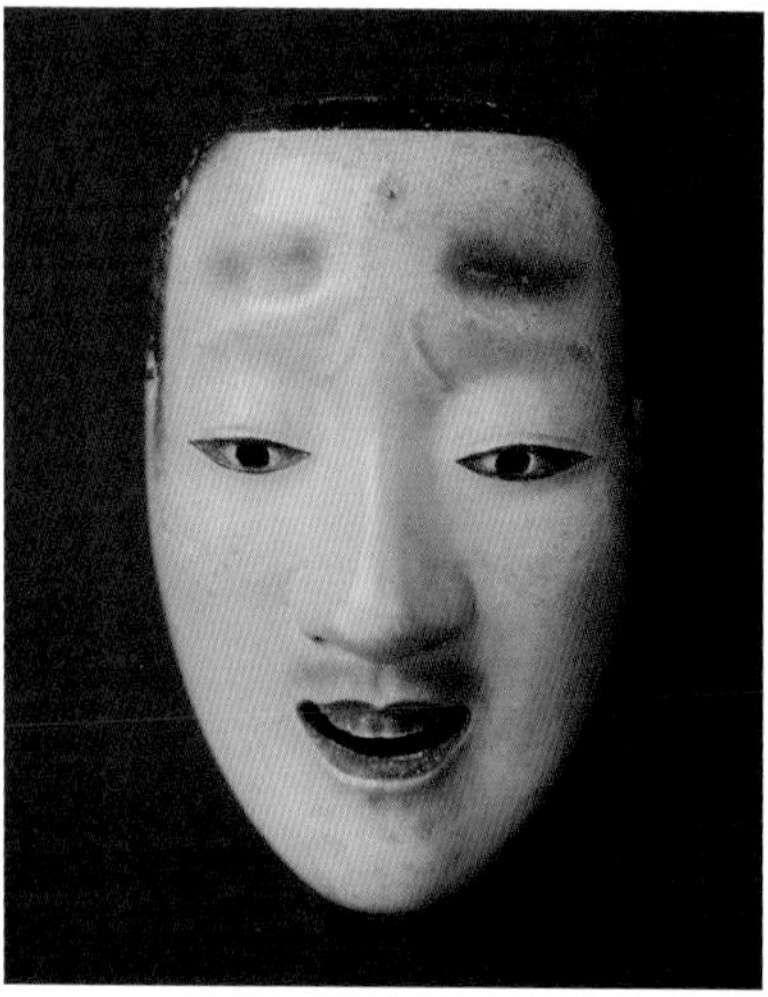

中将《ちゅうじょう》

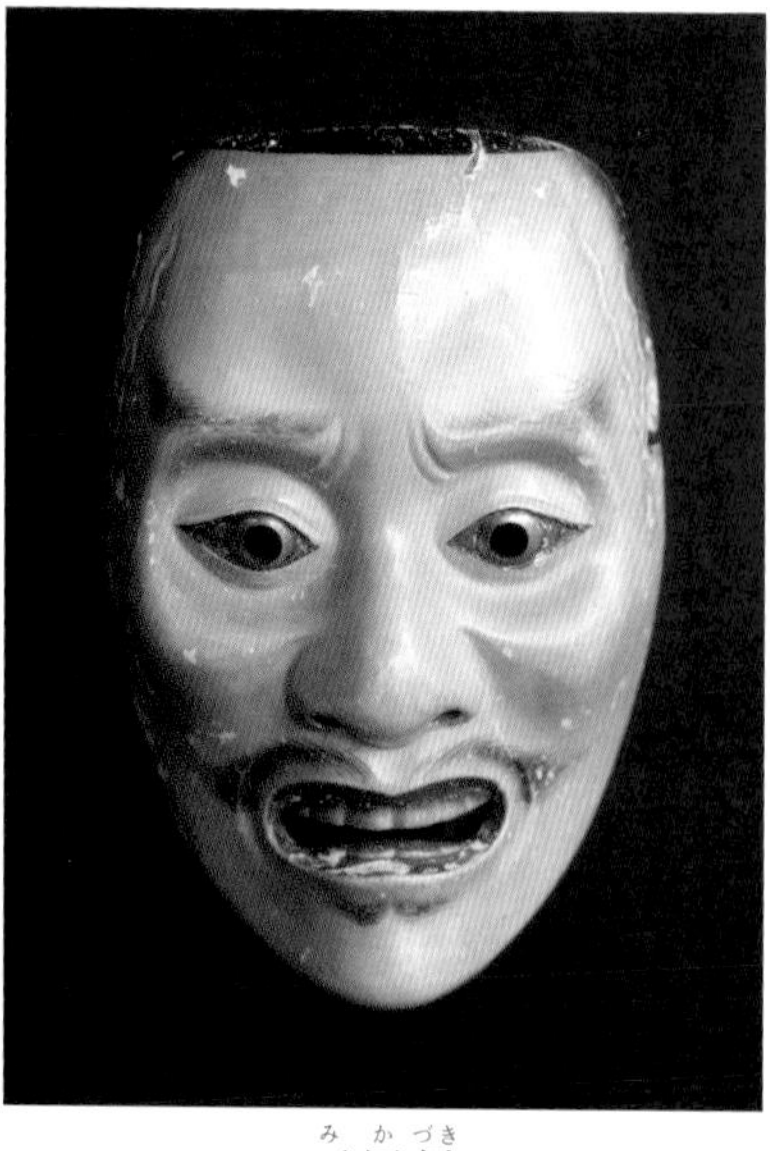

三日月《みかづき》

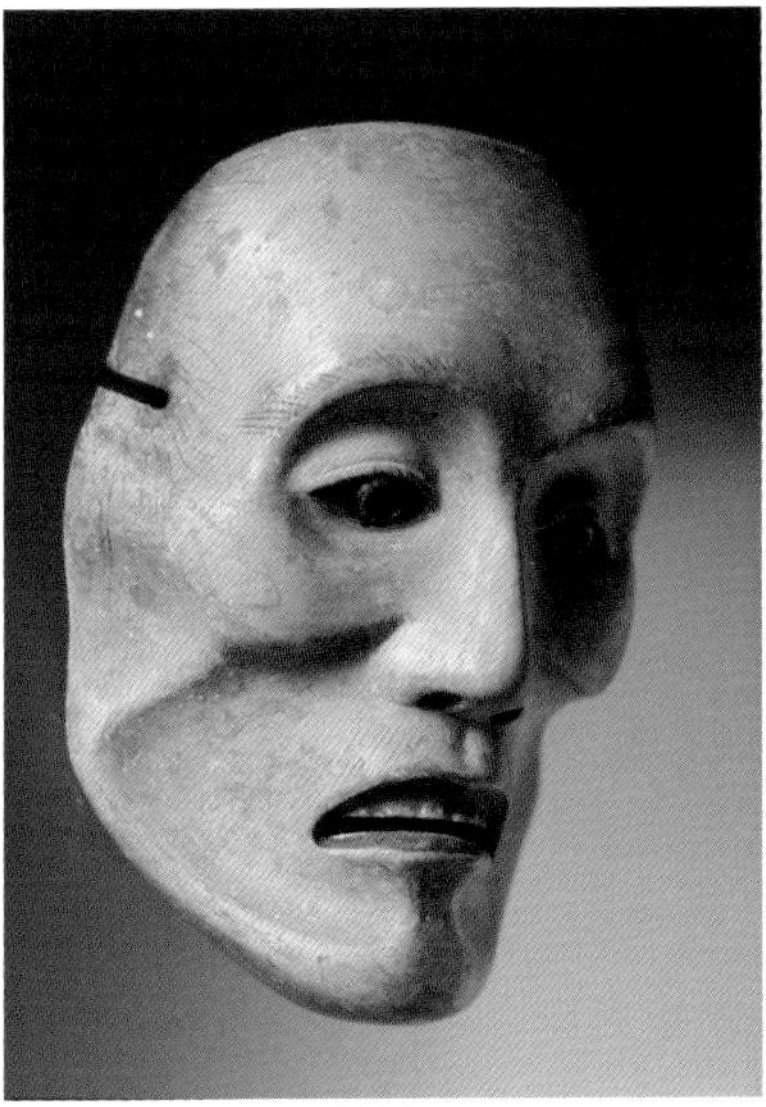

瘦男《やせおとこ》

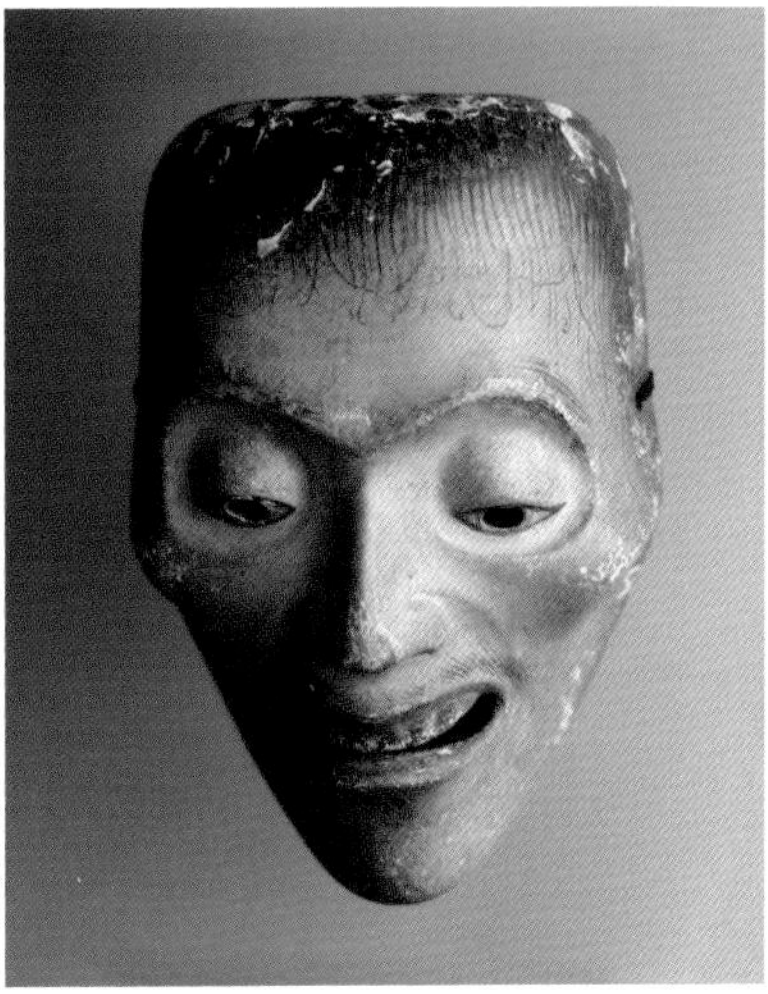

蛙《かわず》

獅子口《ししぐち》

増女
ぞうおんな

孫一
まごいち

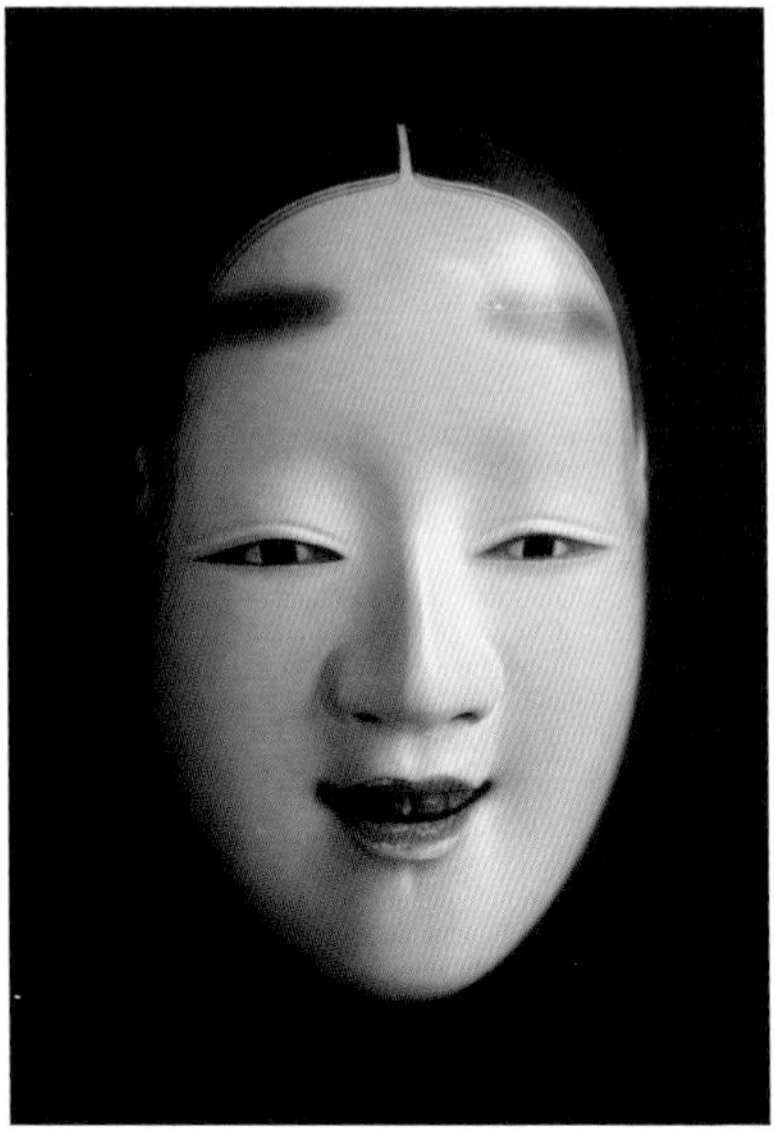

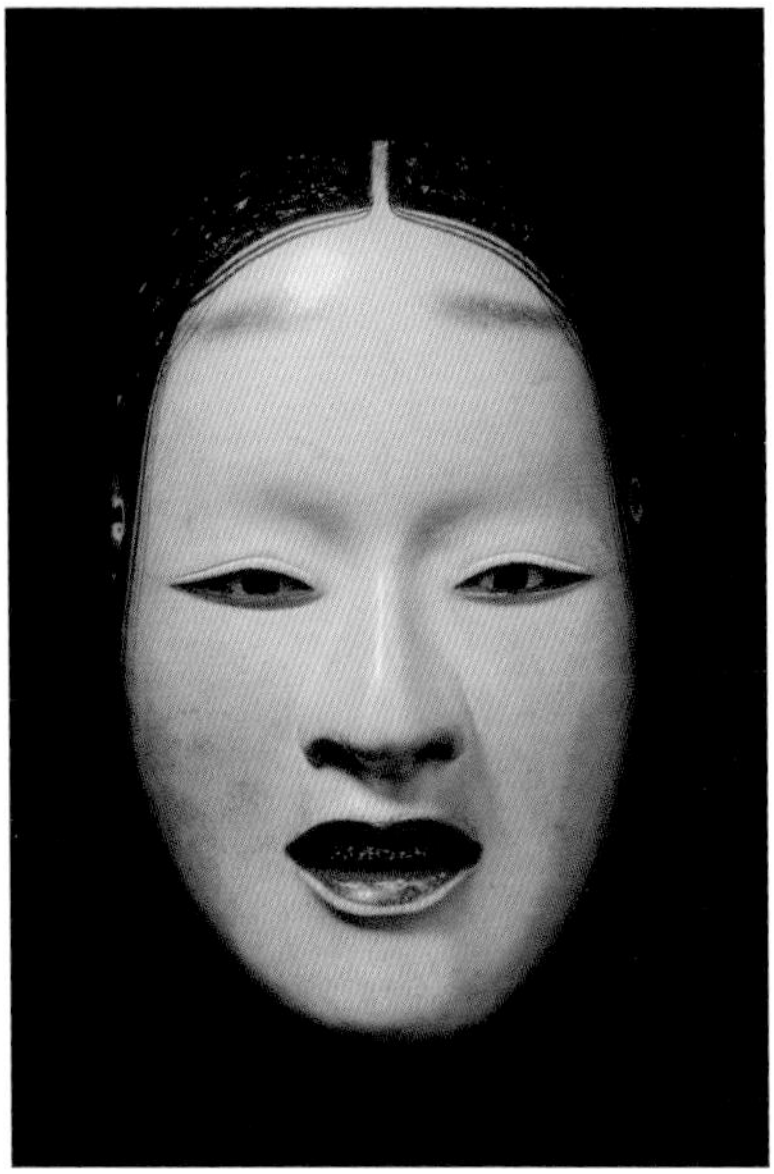

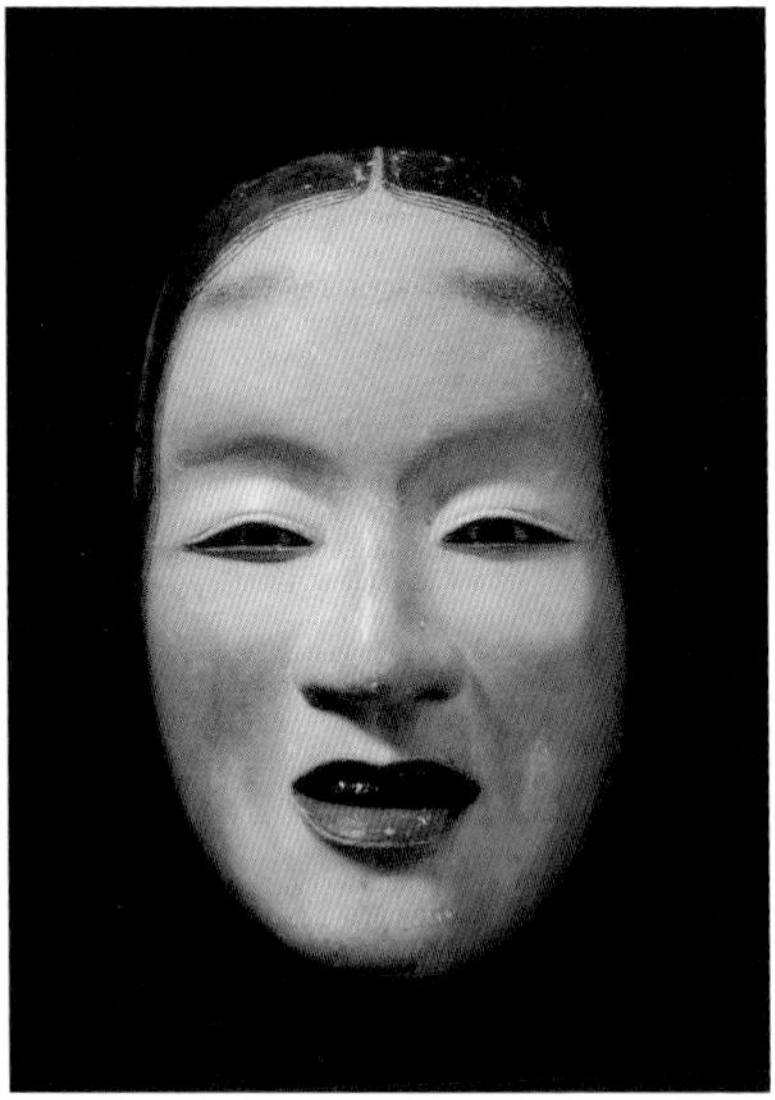

深井
ふかい

梅は匂ひよ　桜は花よ　人は心よ

目次

I 芸を思う

三 能楽よもやま話 55

II　能役者人生

雪号授与（二〇二一年）

梅は匂ひよ　桜は花よ　人は心よ

著者は二〇二一年四月に雪号を授与され、野村四郎改め野村幻雪と名乗ったが、同年八月に逝去したため、本書所収の多くの著述は野村四郎名義となっている。（編者注）

I

芸を思う

例えば、能の中で梅の花が出てきたからといって、梅の香りがするという単純なことではなく、その役者の持っている香りのようなものが出てくるものなのではないか、と思います。役者は五体を動かして表現しているわけですが、人生経験や、いろいろな体験の積み重ねの上に、その役者の芸が存在するのならば、たぶん、香りのある芸というものが生まれるのではないかと思うのです。「香りがする芸」、それが私の今の理想です。

（本書七二頁より）

一　梅は匂ひよ　桜は花よ　人は心よ

1　能を観たいという方へ——大切なのは感じること 想像すること

日本古来の芸能に「能楽」があります。ご承知の方も多いかと思いますが、能楽には「能」と「狂言」とがあって、舞台では「能」→「狂言」→「能」という順で演じられています。

私は能の舞台で主役を務める「シテ方」のひとりですが、元々は野村万蔵《のむらまんぞう》家という狂言の家に生まれ、幼い頃は狂言の役者として舞台に立っていました。十五歳のとき、思うところあって観世流《かんぜりゅう》二十五世宗家観世元正《かんぜもとまさ》師に入門し、以来能役者として今に至ります。このたび縁あって、『ふでばこ』誌で能のお話をすることになりましたので、狂言と能の両方を演じた私ならではの経験をもとに、その魅力をお伝えしてゆきたいと思います。

「能はむずかしい」とおっしゃる方がいます。たしかに言葉が古語ですし、動きが何かとゆったりしているので、観るのに慣れない方は戸惑うかもしれません。でも、お囃子《はやし》にはどのような楽器があって、それぞれどのようなタイミングでどんな音を奏でているのかを比べたり、能舞台ならではの独特の造りを観察したり、あるいは装束《しょうぞく》の豪華さに見とれるのもよいでしょうし、目や耳を楽しませてくれる要素は意外とたくさんあるものです。

言葉を聞き取って理解しようとするよりも、お囃子のテンポの変化で場面転換を予想したり、役者の身振りや装束から、その役がどんな境遇に置かれているのかを想像したりと、耳目に入るまま感じ取ることが、能を楽しむ第一歩です。そのためにわれわれ能楽師も、観る人の感覚を刺激する演技をしなくては、と思うのであり、役者のエネルギーと観客の感性とがうまく呼応することで、その日の舞台がより高いものへ昇華するのだと言えます。

能役者の演技の力と観客の想像力が、何もない舞台上に森羅万象を描き出す

さて、ゆったりと思われている能の動きにも、変化はあります。能の一曲は一時間から一時間半位ですが、その間に「序破急《じょはきゅう》」——序はゆっくり、急は早く、破はその中間——を繰り返

すのです。ゆるやかに始まり、次第に調子を上げて一つのピークを迎え、再び静まるという、ドラマとしての起伏はしっかりと用意されているのです。筋書きも時空の移動に富んでいて、何十年もの歳月を遡ったり、場所を都から山奥へと移したり。主人公が美しい女から鬼女へ変身することもあります。

ところが能舞台そのものには、歌舞伎の書割《かきわり》のような装置がなく、裏で効果音が使われることもありません。主人公の変身は面《おもて》や装束を替えることで成立しますが、時間の経過や空間の移動を表現するのは、役者の演技がすべて。何もない舞台に、演技の力だけで森羅万象を描き出すわけです。

私の尊敬する方が『卒都婆小町《そとばこまち》』*を演じたときのことです。小野小町のなれの果てである老婆が身の上を語り、「百年《ももとせ》の姥《うば》となりて候《そうろう》」と一歩出たとき、私はその一歩に百年の時の流れが凝縮されているのをまざまざと感じたのでした。演じる人の身体的鍛錬はもちろん、精神性や創造性、さまざまなものが籠められた一歩であり、それこそが能の表現の真髄であると思っ

＊『卒都婆小町』 能の演目の一つ。美貌と才覚を謳われた小野小町が、老いて零落した姿で現れ、その老女に小町への恋を成就できずに亡くなった深草少将《ふかくさのしょうしょう》の怨念が憑りついて、今なお続く凄まじいまでの恋慕を語る。小町の驕慢と少将の妄執による悲劇と因果応報を描く。

たことです。

現代はテレビに代表されるように、映像にテロップなどを駆使するのがあたり前で、こちらは画面を眺めているだけで何でもわからせてもらえる時代です。対照的に能は、ぼーっとしていては通り過ぎていってしまうか眠くなるか、です。しかしテレビはとても便利である一方、映像やアナウンスに出てくる以上のものは得にくい。片や能では、感覚と想像力次第で世界が無限に広がると言っても過言ではありません。

もっとも、能にも約束事がありますから、それをあらかじめ知っておくことは鑑賞の助けになり、より深く楽しむ心のゆとりを与えてくれましょう。たとえば舞台の構造（二四―二五頁参照）。能舞台には大きく分けて「本舞台」とそこから左に伸びる「橋掛リ《はしがかり》」とがあります。この橋掛リは普通、出入りの通路とされていますが、これを現世である本舞台と、過去やあの世である「鏡ノ間《かがみのま》」を結ぶ場としてご覧になると、物語がわかりやすくなると思います。また、都の設定だった本舞台からいったん橋掛リに出て、再び本舞台に戻ると今度はそこが琵琶湖になるといった場面転換を意味することも。本連載ではそうしたツボも少しずつお話ししていくつもりです。

演技については私にも夢があります。それは、いい香りのする役者になることです。薄暗い橋掛リに現れたとき、ふっとお香の匂いを感じさせる、そういう役者になれたらと。歳とともにに体力は衰えても、経験や知力、好奇心がそれを補ってくれるものです。「是非初心不可忘《ぜひのしょしんわするべからず》」。*幾つになろうと常に自問自答し、初心と新しい発想をもって演技に臨む所存です。

2　能と狂言、その歴史

初めて能を観ようとしたとき、公演が一日限りであるのに驚いたのではありませんか？　後述するように、能の舞台は神事が発展したものなので、一期一会が基本です。長期間興行する歌舞伎や芝居とは、その点が大きく異なります。

同じ配役で同じ演目が繰り返されることはまずありませんので、観る人にとっては巡り合わせ次第。演者にとっても、その役は生涯で今日が最後かもしれないとの想いが常にあります。

公演では、能と能の間に狂言も演じられます。能と狂言は切っても切れない関係で、両者を

＊　是非初心不可忘　能の大成者である世阿弥《ぜあみ》による伝書『花鏡《かきょう》』にある言葉。「是非の初心忘るべからず　時々の初心忘るべからず　老後の初心忘るべからず」とある。ここでいう「初心」は、若い頃の未熟な芸ばかりでなく、年齢を重ねた段階（時々・老後）の境地をも指し、限りない芸の向上を目指すよう説くものである。

合わせて「能楽」といいます。

よく、「静」の能に対して狂言は「動」であると言われています。能がゆったりとした舞《まい》と謡《うたい》で演じられる一方、狂言は一種の滑稽劇《こっけいげき》（俳《おかし》）でかろみを身上とします。装束も、能では重厚な絹の織物でつくられますが、狂言では軽やかな麻を主体とするなどの違いがあります。

また、「虚《きょ》を実《じつ》にみせるのが能。実を虚のごとく演じるのが狂言」であると、江戸時代初期の狂言の伝書『わらんべ草』にあります。私は男性ですが、能を演じるときには神にも女性にもなります。これが能です。

対して狂言では、実際の出来事を架空の物語に仕立ててみせるのです。たとえば『末広《すえひろ》がり』という狂言では、都へ末広（扇）を探しに行った太郎冠者《たろうかじゃ》が騙されて古傘を高値で買わされますが、それは当時よくあった実話に基づいているのです。

このように表現手法は対照的な能と狂言、けれども、どちらも人間の本質を主題とする点では共通しています。逆に言えば、人間の本質を描き出すには、能と狂言が表裏一体となって演じられることが大切なのです。

諸人快楽《しょにんけらく》のために始まった

さて能楽は、江戸時代まで「猿楽《さるがく》」*と呼ばれており、その源流は、古代に大陸から伝わった

「散楽《さんがく》」であるとされます。散楽とは雑芸《ぞうげい》（手品や軽業《かるわざ》、歌、演劇、舞踊など、種々雑多な芸）を主とするものですが、そこへ日本古来の精神哲学、つまり大和の文化が合体したのち、滑稽な要素を持つものは狂言へ、片や物語性をもつものが能へと深化していったのです。

能にはまた、田植に際して神へ豊作を祈る「田楽《でんがく》」から派生したものもありました。能の演目にある『翁《おきな》』という曲は、そうした五穀豊穣を祈願する農村行事や、大きな法会《ほうえ》で天下泰平を祈って奉納された芸能が起源であるとされます。

そのように、昔の芸能はおしなべて神に捧げるものでした。こうした神事としての能と余興の能とが寺社の祭礼に演じられては、人々がそのおこぼれを頂戴するようになっていったわけです。

一方、世阿弥《ぜあみ》（後述）による能の理論書『風姿花伝《ふうしかでん》』*には、猿楽は、聖徳太子が秦河勝《はだのかわかつ》*に命

＊　猿楽　申楽とも書く。散楽が「さるがく」「さるごう」などと訛ったものとされる。明治十四（一八八一）年、維新の影響で衰退した猿楽の再興を目的に「能楽社」が設立された際、それまで使われていた「猿楽」の呼称を「能楽」へと変更することが決められた。

＊　『風姿花伝』　能の修業、演出等を説いた能楽書で、世阿弥が手がけた最初の著作。「花伝書」、「花伝」とも呼ばれる。

＊　秦河勝　飛鳥時代に聖徳太子に仕えた山背国《やましろのくに》の富豪。

じて、天下泰平と諸人快楽のために六十六番の芸をつくらせたことに始まったとあります。猿楽が衆生の心をやわらげ、世を平穏に保つために生まれたという意味で、これもたいへん興味深い説と言えましょう。

さて室町時代になりますと、力のある寺社を庇護者にもつ多くの座《ざ》（劇団）が成立します。中でも有力だったのが、現在の奈良県を活動範囲とする「大和四座《やまとしざ》*」でしたが、その内の結崎《ゆうざき》座《ざ》から輩出したのが能の大成者である観阿弥《かんあみ》・世阿弥の父子です。

父の観阿弥が、猿楽能に田楽能や曲舞《くせまい》*の長所を取り入れて、優美な芸風を持ち味としたのに続き、息子の世阿弥は幽玄を究めるとともに能の芸術理論を深め、今日に伝わる能の形式をつくり上げてゆきました。

私が思うに、観阿弥の能には原点である土の匂いがあります。対して世阿弥の能は、文学的な美意識に基づく作品が多くなっています。世阿弥の作風が高尚なものへと洗練されていったおかげで、能は将軍をはじめ有力な武家や公家の愛顧を得て、江戸時代には式楽として幕府や藩に庇護されるまでになったのです。

やがて明治に入り幕藩体制が終わりを告げると、庇護者を失った能狂言役者たちはたちまち失業の憂き目にあいます。加賀藩のお抱えだった私の祖父も、東京へ出て鉄道省へ勤めることを余儀なくされました。しかし苦境に屈せずに芸を磨いた役者たちによって、能楽の芸質は、近現代に至ってむしろ高まったのかもしれません。歌舞伎や義太夫、西洋演劇とも交流するようになり、能楽を外側から見直す機会を得たのです。

茶道に「守破離《しゅはり》」という言葉がありますが、それを能楽へと私流に置き換えてみましょう。「守」は基本技の習得、「破」は応用、「離」は創造を意味します。これらのどれかが欠けても伝統は維持できません。伝統とは、過去に生き現在に生き、未来にも生きる可能性があるものなのです。

＊ 大和四座　大和国（凡そ現在の奈良県）で活躍した申楽の座（劇団）のうち、特に知られた外山《とび》座、坂戸座、円満井《えんまんい》座、結崎《ゆうざき》座の四座を指す。主に興福寺や春日大社の神事申楽を勤めていた。大和四座は、田楽や比叡山を基盤とする近江猿楽《おうみさるがく》などと競うも、観阿弥・世阿弥の登場により優位を確立。のちに外山座は宝生《ほうしょう》座、坂戸座は金剛《こんごう》座、円満井座は金春《こんぱる》座、結崎座は観世《かんぜ》座となり、また江戸時代初期には金剛座の別れ、喜多《きた》流が創設され、明治維新を迎えるまで、幕府の式楽（儀式用の芸能）はこれら「四座一流《しざいちりゅう》」が担当した。近代以降は宝生流、金剛流、金春流、観世流、喜多流の「五流《ごりゅう》」と称するようになり、現在の能楽協会もそれぞれの系譜を継ぐ能楽師によって構成されている。

＊ 曲舞　中世に盛んだった芸能の一つで、叙事的な詞章を鼓に合せて歌い、舞うもの。

3 能舞台の造り

今回は、最初の回に触れた舞台のことを、あらためてお話ししましょう。能舞台はご覧のように見慣れない形をしていますね（二四―二五頁参照）。また必ず松の絵があり、屋内でも屋根が付き物とされます。

能楽の源流である散楽や田楽は、祭礼などに奉納として行われ、神様はそれを松の木に宿ってご覧になるとされていました。当時は芝生などで見物人に囲まれて演じていたことでしょう（芝居の語源でもあるように）。

やがて能楽へと発展する中で、その様式は正面はもちろん脇から見ても美しいように工夫され、舞台もそれに応じた形へ整えられてゆきます。室町時代の後期には、観客側に大きく張り出した三間《さんげん》四方の板敷の間（本舞台）と、橋掛り《はしがかり》（左手の細長い舞台）という二つの演技空間が、常設の建造物となって定着しました。また、そうした過程においても、神事としての意味は残り、ゆえに舞台は依代《よりしろ》である松の絵（鏡板《かがみいた》）を伴うようになったのでした。

現存最古とされる能舞台は、京都の西本願寺にあり天正九（一五八一）年築と伝わる北能舞台（国宝）です。同寺には屋外の舞台がもう一つ残るほか（重文の南能舞台）、畳を上げれば板の間になる室内能舞台（国宝白書院の三の間）もあります。また江戸城の本丸御殿には長大な橋掛りを備えた舞台があったそうで、それに相応しい華やかな演出がなされたものと想像します。

そして明治に入ると能楽堂という専用の劇場が生まれますが、能舞台は屋外での姿そのままに屋根や白洲とともに設置されることとなったわけです。

さて舞台では初めに囃子方と地謡《じうたい》、後見がそれぞれの座に着きます。そして笛の音が静寂を破って「ヒーッ」と響き渡ると、神様がその音を合図に松へ降り、さあ能が始まります。

舞台を磨き、芸を磨く

演者は揚幕から橋掛りを通り、おおよそ本舞台に入ったところで最初のセリフを発します。ほとんどの役がそこで事の始まりを語るという意味で、「常座《じょうざ》」の名があります。

能舞台は直線で構成される空間であり、演者はその中で舞う、つまり曲線を描くわけです。直線に囲まれて舞うということは、よほど緊張しませんと負けてしまうもので、そのために私はつねに、四隅の柱を師匠に見立て、目線を感じながら演じてきました。

柱を師匠と思うのは、この道に入った十五歳の時からの習慣です。内弟子としてまず覚えるのは、装束の扱いと作り物の製作、そして舞台磨き（舞台掃除とは言いません）でした。舞台を炒《い》り糠《ぬか》や豆乳ですべりよく、でもすべり過ぎないように磨き上げる。毎朝、この作業を続け

国立能楽堂提供

本舞台　四本の柱で囲まれた三間四方の演技空間。檜の板敷、吹抜に切妻破風造《きりづまはふづくり》の屋根がかかるのが慣らいで、築造には宮大工があたる。足拍子の響きがよいように、床の板と板の間は「紙一枚」の隙間をとる、床下に大きな甕《かめ》を三つ四つ置くなどの工夫がある。また観客が見やすいよう、奥から正面に向かって「撥《ばち》ころがし」とよばれるごくわずかな傾斜を付けるなど、さまざまな配慮が各所になされている。

鏡板　能舞台正面と右側面に仕立てた羽目板。正面には神の依代である老松を、右側面には若竹を描く。

鏡ノ間　姿全体が映る大きな鏡が置かれる。シテは楽屋で装束を着け終えたのち、この鏡の前で面《おもて》を掛け、役になって出番を待つ。また囃子方も鏡ノ間で「お調べ（本番直前のチューニング）」を行い、それが開演の合図ともなる。

橋掛リ　演者や囃子方が出入りする通路であるとともに、本舞台（現世）と鏡ノ間（あの世）を結ぶ、あるいは時空を転換する演技空間ともなる。少なくとも三間の長さが必要で、長いものは九間。本舞台に対しての角度は様々だが、宮島の厳島神社は鏡ノ間から脇柱までを一直線で結ぶ四十五度で造られている。

一ノ松、二ノ松、三ノ松　橋掛リに沿って配置し、順に小さくして遠近感を出す。一ノ松は「要ノ松」、二ノ松は「風

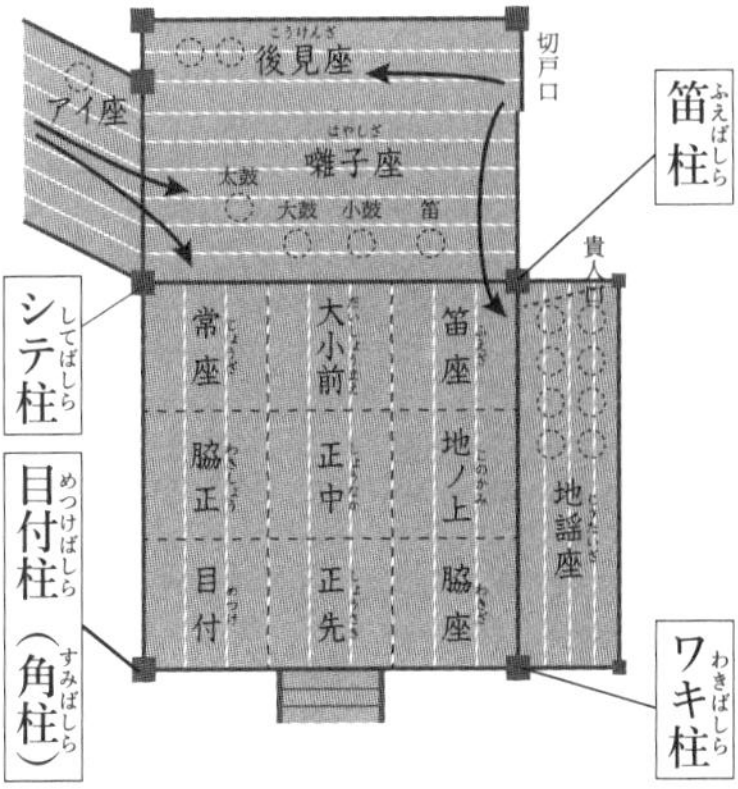

動線を計算しつくした配置
楽屋を含めて能舞台という

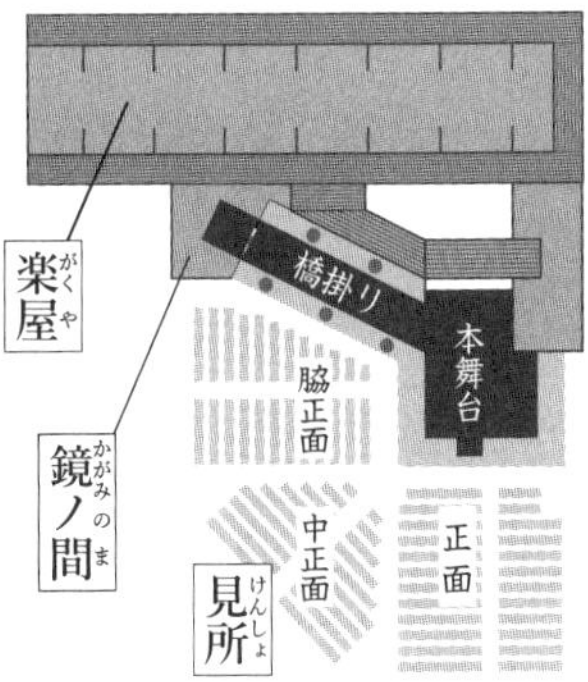

ノ松」「袖摺ノ松」、三ノ松は「掛ノ松」とも言う。

揚幕　橋掛リと鏡ノ間を隔てる、三色ないし五色からなる緞子《どんす》の幕。裾の両端に結びつけた竹で上げ下ろしする。

物見窓　舞台の様子を見る窓。奉行窓、嵐窓ともいう。

切戸口　地謡、後見などが舞台へ出入りするくぐり戸。臆病口ともいう。

楽屋　畳敷の大部屋で、シテ方、ワキ方、狂言方、囃子方などに分かれて支度をする。全員の所在が一目で確認できるように、襖はあっても閉めないのが慣例。

白洲　能舞台と見所とを仕切る、白い玉砂利を敷き詰めたところ。能舞台が屋外にあり、高い格式を求められた江戸時代の名残り。

白洲梯子　本舞台正面にかかる三段の階段。かつて能の開始を寺社奉行が告げる際などに使用した。階《きざはし》ともいう。

見所　観客席のこと。通人は橋掛リに近く本舞台を脇から観る「脇《わき》正面《しょうめん》」を好むという。

御簾ノ間　前面に御簾を掛けた席で、高貴な人物はここから鑑賞した。

貴人口　位の高い人物が身を屈めずに出入りできるよう設けた扉。現在は使われていない。

ワキ柱・笛柱　それぞれワキ、笛方が近くに着座するので、この名がある。

目付柱（角柱）　所作の際に目当てにする柱。

シテ柱　シテがこの近くでワキと対応することが多い。

る間に、舞台の広さや距離感を身につけてゆくのです。

面《おもて》を掛けるシテ方は、視界がごく狭まり、足元や斜め方向を見ることはできません。それでも舞台上での立ち位置をはっきりと認識できるのは、内弟子時代の舞台磨きの体験があればこそ。舞台磨きはまさに、「芸を磨く」ことへ通じているのです。

先日、真言宗のあるお坊さんから「両部神道《りょうぶしんとう》」の伝書にある能舞台の喩《たとえ》を聞きました。いわく「楽屋は母の胎内、橋掛リは父母の胸中、舞台は護摩道場である」。そこで私は、その昔に宝生《ほうしょう》流の大先輩から教わった「橋掛リに一歩踏み出すは　この世に生まれる心なり」の言葉を思い出したのです。「橋掛リを満足に歩けたら、その能は成功である」とも。

「ひのき舞台」という言葉があります。その通りに能舞台にはひのき材を用いるのが習わしとなっています。舞台はハレの場であるとともに護摩道場である、その想いで能役者たちは、生涯芸を磨き続けるものなのです。

4　物語る装束

書割や大道具が無い能舞台では、演技の力で物語の全てを描き出すのだと以前にお話ししましたが、実は装束も、登場人物の身分や人柄を表す大きな役割を担っています。

文様でいえば、最も神聖な能である『翁《おきな》』では、中国ゆかりの蜀江文《しょっこうもん》の狩衣《かりぎぬ》*および有職《ゆうそく》文様の八藤丸《やつふじまる》の指貫《さしぬき》*が定りであるのを始め、菊と水にまつわる『菊慈童《きくじどう》』や『猩々《しょうじょう》』では文字通りの菊水文様、『夕顔《ゆうがお》』では扇面《せんめん》、『船弁慶《ふなべんけい》』では荒ぶる海を表す立浪《たつなみ》、というように、役と文様は密接に結び付いています。

また「紅入《いろいり》」と呼ばれる赤系の装束は若い女性に用い、中年以上の女性は赤系の色を使わない「紅無《いろなし》」とします。そもそも色調も人物像を象徴する大切な要素であり、例えば『羽衣《はごろも》』の天女において、紅地の装束では可憐さを感じさせる一方、白が基調の装束なら純粋無垢な天人像が際立つなど、同じ役でも装束によって異なってくるのです。

なお装束には「唐織《からおり》*」や「長絹《ちょうけん》*」「水衣《みずごろも》*」など多様な種類があります。それらの種類にも役

＊狩衣　元は公家の鷹狩用にした盤領《まるえり》の広袖《ひろそで》で、中世以降は高位の武家が正装としたもの。能装束としては最も格の高いものの一つとされ、神や天皇、貴族を演じる際などに着用する。

＊指貫　狩衣と同様、有職から取り入れた裾すぼまりの袴。文様は八藤丸に代表される有職文様が決まりで、緋色は天皇の役、紫色は『翁』といった位の高い役に用いられる。

＊唐織　金箔や色糸で文様を立体的に織り出した小袖で、元は唐風の織物の意。主として女役の表衣《うわぎ》（上着）に用いる。

＊長絹　直垂《ひたたれ》形式の単衣《ひとえ》（絽《ろ》または紗《しゃ》）の表衣。両胸と両袖に「露《つゆ》」と呼ばれる飾り紐が付いている。公卿や武将の役が腰帯を締めて用いるほか、貴婦人や舞女が羽織って着用する。

に応じた使い分けがあり、さらには着方の違いでも、その役の境遇が表現されています。大《おお》口《くち》*の上に唐織の裾を広げて着付けるのは身分の高い女性ですが、唐織の右袖だけを脱いでいれば、それは労働する身、もしくは狂女である徴《しるし》です。

このように装束には、大変多くの約束事があります。ただしそれをどのように選び、着付けるかは、役をどう解釈し、曲全体をいかに演出するかによって決まってくるのです。

当然のことながら、装束にも時代性があります。現代は、文様も色彩も控えめな傾向にありますが、江戸期の大名能《だいみょうのう》の装束には、驚くほど斬新な意匠が見られます。おそらく大名自らが舞う一夜のためだけにつくらせたものだったのでしょう。まさに一期一会の贅沢です。

私も、時には思い切った演出で大胆な装束を用いますが、それだけが浮き上がることなく舞台効果が上がるかどうか、つねに判断の難しいところです。役の内面を装束に託しながらもそれに支配されないこと。装束の役でありながら、主体はあくまでも私であるのが理想です。

身体の一部として装束を使いこなす

前節で触れましたが、能舞台という空間は直線で構成されており、演者はその中で曲線を描くがごとく舞うのです。直線と曲線の融合と申しましょうか、それは文様にも見られる傾向であり、そもそも直線裁ちである装束が、硬軟の表情を多様に併せ持つことが興味深いのです。

私たちの衣服の文様は入れ墨にルーツがあり、入れ墨の原初の目的は魔除けや身分識別の印であった（入れ墨は「文身」とも書きます）との説があります。先述の通り、能装束において文様が役を象徴するのはまさに「入れ墨→文様説」に合致し、身に着《つ》けることでその役へと導かれてゆくのです。着るというよりは身体の一部とする感覚で、調子がよければ重みを感じませんし、着崩れたりもしません。

もっとも、そのためには着装自体にも相応の技術が必要です。江戸時代までは装束を着せる「物着方《ものぎせかた》」という専門職がいましたが、今は役者同士でいたします。

装束付は役者として演じることと同様に、現在は若手の修業として、楽屋内での重要な心得として考えられています。

能装束を一通り揃えるには三代かかると言われています。たいへん高度な染織技術の結晶で

＊　水衣　（前々頁）薄い絹布で作られた広袖の表衣。漁夫や僧侶、山伏、老人や姥などに広く用いる。
＊　大口　裾口が広く左右に張りを出した袴。多くは無地で、白大口、緋大口《ひのおおくち》、色大口、紋大口などがある。武将や僧侶、貴婦人など位の高い役に用いる。

（参考文献　野村四郎・北村哲郎共著『能を彩る　文様の世界』檜書店刊）

あり、高価な品でもありますが、能役者にとってはあくまでも舞台で使うものであって、美術品ではありません。また、新調したてよりも、何度も使われることで練《ね》れたものが着やすいという面もあります。

しかし、せっかく練れた装束も、やがて朽ちます。ですからできるだけよい状態が保てるよう、取り扱いにはたいへん気を遣います。傷みがあれば修繕しますし、少々のことは自分で繕います。修業時代からのそうした習慣によって、装束の特徴を知り、役をより深く理解し、ひいては自分の肉体の一部として装束を使いこなし、よい舞台をつくり上げてゆくことができるのです。

5　扇が表す能の心

能を演じる上で欠かせないものの一つに扇があります。扇を扇として用いるほか、他の持ち物——太刀《たち》や松明《たいまつ》などの代わりとする場合があり、扇一本で美しい天女にも勇猛な武士にもなることができます。能役者にとって扇は、自分の身体の一部となるのが理想。扇一本で変身。つねに身近に置いて心を通わせ、自然と手の中に納まるよう日々過ごすのです。

扇のルーツは飛鳥時代に渡来した団扇《うちわ》とされます。その後奈良から平安時代にかけて、短冊状の檜の薄板を糸でつないだ檜扇《ひおうぎ》が生まれ、やがて竹の骨に紙を貼った、折りたためる扇が誕生しました。大きく広げて使い、たたむときは小さく。トランジスター化は日本の得意分野でありますが、扇はその発想と言えるかもしれません。

折った紙を用いる点にも日本文化の特徴がよく表れています。神社の紙垂《しで》がそうであるように、紙を折ることと神事は結びついているのです。私が思うに扇の語源は「天に向かって神を招《お》ぐ」にあります。「招《お》ぐ（招《まね》くの意）」が「あふぐ（扇く）」を経て「扇」へと転化したのでありましょう。

われわれ能役者が用いる扇には、大きく分けて唐団扇《とううちわ》、中啓《ちゅうけい》、鎮扇《しずめおうぎ》があります。このうち能で中心的に使われる扇が中啓で、演目と役柄によって絵柄に決まり事があります（**口絵八―一二頁**参照）。

観世宗家の古い扇を拝見しますと今日にはない絵柄もたくさんあり、それらが時を経るうちに洗練され、現行の扇へと集約されてきた様子が窺えます。

扇は表裏一体となって能の祝言性《しゅうげんせい》を象徴する

さて能の曲は、趣によって「神男女狂鬼《しんなんにょきょうき》」に分けられます。面や装束と同様に、中啓もそれぞれに応じた絵柄が選ばれ、舞台を構成する大切な要素となります。何気なく見える風景や花鳥風月が物語の核心を暗示するなど、中啓の絵柄には深い趣意趣向が籠められています。

また表と裏とで意味を成すものもあります。日本には天地、古今、紅白、生死など相対するものを一語でとらえる伝統があり、私はこれを「日本文化の相対性理論」と呼んでおりますが、扇の表すところはまさに表裏一体。この世は物事の一面だけでは判断できないということ、ひいては後退があってこそ前進が際立つというような、バランスの妙にも気づかされます。

表裏一体の概念は、能の精神世界を貫く柱でもあります。それは能は祝言性をもつ〝哀楽心《あいらくしん》劇《げき》〟であるということ。生き別れて悲しみの淵を彷徨った親子が、やがて再会し喜び合うというように、悲劇と思えた能の筋書きにも、終幕ではかならず救いが待っているのです。

江戸時代以前の能楽は「猿楽」といいました。能の大成者、世阿弥が著した『風姿花伝』の冒頭に「猿楽は諸人《しょにん》快楽《けらく》、又は延年《えんねん》のためにつくられた」とあります。「猿楽」は「申楽」とも書きますが、そこに返り点を打てば「楽しみを申す」と読めます。延年のため、楽しみを申すための能楽が祝言性を持つのは必然の理でありましょう。

扇の別名「末広《すえひろ》」は、繁栄を表す縁起のよい言葉で私は大好きです。扇は能の祝言性を象徴するに真にふさわしい道具であり、その奥深い表現力を、能の面白さを感じる一つの着目点にしていただいたら、なお喜ばしきことと思います。

能は祭の芸能から劇へと変化発展。時代〳〵の美意識とともに歩み、様式と心の写実の融合が現在の能と自負いたしております。

二　いろはにほへと

1　二ノ句

日常で「二の句が継げない」と申します。謡本《うたいぼん》にも「二ノ句」という用語があり、また役登場の出囃子、一声にも部分名称として用います。しかし一ノ句、三ノ句とは申しません。原点を探ると雅楽の朗詠にあり、詩句を一の句、二の句、三の句に分けて詠じるようです。この場合の句は区切る意と考えられます。朗詠では独唱から合唱に移る、特に二の句は高音で独唱、そして合唱三の句へと続く、このことが困難な故に前記の言葉が生まれたようです。

能の二ノ句を見てみると、本格的な脇能『高砂《たかさご》』『弓八幡《ゆみやわた》』などには必ず二ノ句があり、すべてツレの謡で高音が慣わしです。また脇能に限らず『葵上《あおいのうえ》』『弱法師《よろぼし》』などにもあり、これらの二ノ句は現行シテの独吟になっていますが、古来ツレが登場し二ノ句を吟じたと思われます。現在、「古式」という小書を添えてツレを登場させる演出も行われています。

脇能のシテ登場の一声を雅楽朗詠法にあてはめると、一の句「五、七五、七五」、二の句「七五」、三の句「七五」の調子になり、『高砂』など文字数を照合するとぴったり合います。音程だと一の句低音、二の句高音、三の句中間音となります。

登場楽の一声にも二ノ句があり、様々な説があり一概には申せませんが、通常の一声は三段に区切られています。打出（掛リ）、一段（越《こし》ノ段）、二段以下を二ノ句と古書にあります。シテが幕を上げ登場するところを出頭《でがしら》、二ノ句、二ノ句頭などと呼称しています。本体を一ノ句、越ノ段と考えるならば、二ノ句は越に添えた囃子、越ノ段で盛り上がったノリと調子に二ノ句を添えて高ぶりを抑え、シテの登場を促す技法でしょうか。出頭は区切りではないと考えられます。その証しは笛の奏法にあります。一段二段は区切りをつけますが、出頭は吹き続けるのです。先人の発想と苦心に頭が下がります。

二ノ句の考察も行き詰まり、「二の句が継げぬ」と相成りました。料理にも本膳に添える二の膳、これなど関わりありや。一の矢は的外れ、二の矢は……。

2　日本の心は奇数

日本人は奇数文化の民族と言われています。偶数は合理的。我々は奇数に関わりが深いのではないでしょうか。身近にある言葉に、婚儀の杯を酌み交わす三三九度、祝事の七五三（しめ（注連）」とも読む）、これらは神道の考え方と容易に理解できます。

能の詞章は大きく見ると七五調で、奇数を中心に文言が組み立てられています。また、細かく見ると文章にも散見することができ、まず『葵上』『東北《とうぼく》』などに「三つの車に法の道」、『松風』に「月は一つ。影は二つ満汐の……」これなどは「満」を「三つ」に掛けた言葉遊びと申せましょう。『羽衣』の「三五夜中の。空に又」とあり、これは掛け算三×五＝十五夜をさしたもの。三でまとめる日本の習性でしょうか。能の用語での三数の代表的なものに三老女、三読物、三婦人、三盛、三クセなどがあります。能以外にも世界の三大美人（クレオパトラ、楊貴妃、小野小町）、作曲家三大B（バッハ、ベートーベン、ブラームス）、これなど日本の智恵か否か……。本題に戻します。舞の段数も三段、五段が基本です。例外に『高砂八段之舞』がありますが、これは末広がりのめでたさを表わした数。曲中に「松」の字を分解した「十八《シウハツ》公《コオ》」とあります。この言葉に寄せた八段、偶数の代表です。

その昔、先代宗家より二十三世清廉師ご執筆の雑記帳と思しきを拝見させて戴きました。内容は能のこと、英語などが記された中に掛け算の九九が全て書いてあり、末尾に「これ小町算《こまちざん》と称す」、と。百夜《ももよ》通いに掛けた洒落でしょうか。洒脱な方で、その一つに舞台を新築された折、四本柱を円柱にされたなど、数々のエピソードが語り継がれています。

終わりに三つの車に因み、少しお話しを……。これは法華経の譬喩品《ひゆほん》の説話です。無邪気に遊んでいる子供たちは火の怖ろしさを知りません。早や家は火に包まれています。一計を案じ、門前に玩具がある由知らせ、子供たちが玩具に飛びつく、その直後、火宅となりましたが一命を取り留めたのです。羊鹿牛《ようろくぎゅう》の引く車、三つの車は実は嘘も方便の法、仏の道の話です。

3　烏の謎

長い間、不審に思っていたことが解明しました。それは内弟子の頃からのこと。能『正尊《しょうぞん》』の前シテに宗家では決まって出す装束があります。畳紙に名称「護王烏《ごおうがらす》」(宝珠に烏が数羽群がっている文様)とあります。私の知る限り、他家に類を見ません。なぜ『正尊』専用なのであろう。

昨年(二〇〇九年)十一月に、「熊野《くまの》古道」世界遺産認定記念の催しで洋楽による『藤戸』を舞いました。この作品は十数年前、「アジアの平和を願う」と題して、京劇、韓国のパンソリが参加。日本は松下功作曲、『藤戸』能と弦楽四重奏」を上演。以来、久々の再演でした。

　熊野三山のことに興味がわき、調べを進めるうち八咫烏《やたがらす》と出会い、ひょっとして護王烏と関連があるのでは、と次第に深みにはまりました。神話に登場する八咫烏は三本足、太陽の化身。赤円の中に黒い烏は黒点を表わす。熊野三山では神の使いなど、諸説さまざまです。当日、熊野速玉《はやたま》大社に参拝。『正尊』のシテの文言に「熊野参詣のためにふとまかり上りて候」と空言《そらごと》を言うも無縁ではなさそう。おみくじなどに交えて、熊野牛王《ごおう》符なるものを見つけました。起請文《きしょうもん》とかかわりがありそうです。それは牛王（玉）宝印（宝珠と烏が彫られた印）。武家社会では誓詞、起請文にはこれを押印する習わしがあり、神に誓う心を表わす印だそうです。装束にも宝珠と烏の図柄が摺箔してあることに驚嘆しました。牛王が護王となっていますが同様の意ととれます。着付といって、これを下に着、その上に重ね着をします。ほとんど文様は目に入らないにもかかわらず、これほど趣向を凝らすものか、役者魂に敬意を表すると共に、私の念願も叶い爽やかな気持ちで拝殿を後にしました。帰路車中で『東方朔』の謡がふと浮かびました。「この程三足の青鳥《せいちょう》、御殿の上を飛び廻り候」これは八咫烏の同類でしょうか。

　三本足の烏は中国、韓国、またギリシャ神話にも登場します。三足は「智」「仁」「勇」の三徳、また「天」「地」「人」を表わしたとも伝えられています。日本代表のサッカーチームのシンボルマークも三本足の烏、八咫烏。

4 古文書

観世文庫の蔵書がインターネット上に公開されたことを記念して、観世宗家と東京大学の協力により、昨秋（二〇〇九年）東大駒場博物館において、宗家に伝わる古文書の大公開がなされました。前代未聞の出来事です。本誌『観世』一月、二月号に座談会で詳しく語られ、読者の方々もご承知のことでしょう。

私が展覧会に参上することを松岡心平教授が聞きつけられ、ご自身の登校日に是非、とのご連絡を頂戴しました。またとない機会と思い、数人を誘い東大駒場校舎に参集し、松岡氏のお導きで展示会場へ参りました。館内は能舞台のような静寂。明瞭、明解な説明を拝聴しました。何か文書が語りかけてくるような感動を覚え、観世家代々の魂とエネルギーのすごさに感嘆しました。我々役者はこの伝統を背負い、受け継ぎ、次世代へと伝える重責を正に実感した日でした。

それにしても水茎の素晴らしさ。このような文字を書かれた大夫は筆跡鑑定ではないですが、人となりが窺える気がします。筆者はどのような能を舞われたのでしょう。瞬時、夢幻の世界へと誘われた気分でした。

内弟子の頃、古文書の調査が行われたことを思い出しました。何年前かは忘却の彼方ですが、西尾実、小西甚一、横道萬里雄、表章の各氏が宗家へ来られました。これが第一回目の調査でしたでしょうか。学者の方々に交じり観世寿夫氏もおられたように記憶しています。当時は世阿弥研究、また古文書に対する認識も、一部の楽師以外は関心を示さなかった時代ですが、とりわけ寿夫氏は造詣深く、先端を行く指導者でした。さて、蔵の奥深く柳行李《やなぎごうり》に納められた古文書が丁寧に敷舞台に広げられ、その様子を遠くから垣間見《かいま》ました。何か一枚一枚の文書が息を吹き返すような……。この調査により多くのことが明らかになったことでしょう。その後、寿夫氏の提案で少人数でしたが、世阿弥の『風姿花伝』を読む集いを発足しました。

伝統とは何でしょう。過去、現在、未来に受け継がれることこそ、伝統の定義ではないでしょうか。芸も文書も生きものなのです。

5 虚実

何年前でしょうか。『朝日新聞』に「折々のうた」と題して大岡信氏の連載があり、毎回楽しみにしていました。ある時、大変興味を引かれる俳句とその句によせての文が掲載され、切り抜き保管したはずがいつの間にか紛失、行方知れず。人頼みにようやく見付けることができました。

「大仏の俯向《うつむ》き在《おは》す春日かな」（『松本たかし句集』より）

のどかな雰囲気が心の安らぎを感じる句。添え書きがとても刺激的で忘れられません。概要は次の通りです。……剣術修業の心得で、真直ぐ棒立ちの姿勢は「仏立ち」といって嫌われ、少し俯向きがよい。俯向く姿勢は「かゝる」といって「生身《いきみ》」、逆の「の〵〵」は「死身《しにみ》」。能狂言の稽古でも大切な心構えだった。……

その頃パーティーで大岡氏にお目にかかり、この文章につき質問を申し上げました。能楽の伝書にあるとのこと。『花伝（風姿花伝）』でもなし、さて出典は何処……。駄目を覚悟で、狂言の伝書『わらんべ草』を繙きました。斜め読みするうち、はっと目に留まる箇所がありました。正《まさ》しく大岡氏の書かれたように記されていました。

『わらんべ草』は狂言大蔵流十三世大蔵弥右衛門虎明《とらあきら》執筆（一六六〇年）による伝書です。剣術にも精通していることが文章から感じ取れます。文中、能と狂言を対比した文言がありました。「能ハ虚を実にし、狂言ハ実を虚にする也。能ハ表。狂言ハ裏也。たがいにしらずんばあしかるべし」。

近松門左衛門の虚実皮膜《ひにく》論と共通するのではないかと思います。「芸というものは実と虚の皮膜の間にあるもの也。虚《うそ》にして虚にあらず、実にして実にあらず」。遅まきながら、勉強になりました。芸の神髄はかくあるべし。大岡先生に感謝。

それにしても能の舞台は真実を敢えて避ける心得があったのでしょうか。例えば通常、神棚の四手《しで》は「よたれ」といって四枚垂らしますが、作り物に垂らす場合は三枚、または五枚にいたします。これは、能狂言が虚構に徹する意と思われます。

6　能面師　河内（その一）

観世宗家に伝わる面《おもて》のうち、能楽大成以前の作は「赤鬼《せっき》」、「黒鬼《こっき》」（作不詳）。その後翁系の「白式尉《はくしきじょう》」、「黒《こく》式尉」などで、作者は弥勒《みろく》、日光《にっこう》、春日《かすが》など仏師と思われる人々です。それ以後は第一次能面創作期、十作ともいいます。次の第二次創作期で創作は区切られます。宗家では第一次創作期の伝来された作を本面《ほんめん》と称しています。安土桃山時代になると模作期といい、創作期の面を写す作業が始まり、やがて面打の家五家が誕生します。家々の作風がやゝ固定化し、その影響が現代にまで至ります。

桃山期の代表的作家は、「天下一《てんかいち》」の称号を得た河内《かわち》と是閑《ぜかん》でありましょう。正式名は近江《おうみ》井関《いせき》家、河内大掾《だいじょう》家重《いえしげ》。大野《おおの》出目《でめ》家、是閑吉満《よしみつ》。二人の作風を端的に比べるならば河内は絵画的、是閑は彫刻的、軟質な河内、硬質な是閑と申せましょう。今回は観世家と縁の深い河内を取り上げてみます。

宗家所蔵面のうち、河内作が数多く伝承されています。河内は観世家お抱えの面打ちであったのでしょう。本面の数々を写しています。模作というと、コピーと思われがちですが、それは間違いです。独自の技法を以てその面の魂と性根を写すのであります。通常、面作家は面の裏側に花押《かおう》、焼き印、金泥《きんでい》で名を記すなど、身の証しをいたしますが、宗家伝来の河内は一切ありません。ただし、知らせ鉋《かんな》といって裏の鼻の部分に小さく刀を二本入れてあり、また「般《はん》若《にゃ》」などは額裏の上部を鋭く欠いてあります。単なる知らせ鉋とは思えません。講談の「肉付の面」と係わるのか……、これは冗談。

さて先代宗家ご存命の頃、河内作「中将」の面、無惨にも彩色が大きく剝落し木地が剝き出し、なんと墨痕鮮やかに河内大掾家重と記されていました。見てはいけないものを見た思いがいたしました。剝落した面の悲しさと感動、複雑な気持ちをいまだに記憶しています。

能楽師は面に対し、尊厳を以て接する精神が大事と受け継がれて参りました。面は黙して語らず、なれど本面からは六百年の伝統を語りかけてくるような息吹を感じます。

7　能面師　河内（その二）

前回に引き続き河内を題材に……。

河内は独特の手法を考案しました。河内彩色、また洗彩色などという言葉がある通り、彩色に特徴があり、前号で絵画的と言った意味はここにあります。その技法は河内の弟子大宮大和《おおみややまと》に伝承されました。

感じたままを申しますと、漆と胡粉《ごふん》の調和、木地に塗るときの刷毛目《はけめ》の美しさ、肌の色付け、毛書の一本一本の線が誠に微妙など、揺るぎのない技術はまさに天下一であります。

数ある宗家所蔵河内作の中で特出すべき面、それは「泥眼《でいがん》」です。『葵上』の前シテ、『鉄輪《かなわ》』前シテ、また『砧《きぬた》』の後シテにも使用いたします。私見ではありますが、河内の創作面と断定してよろしかろうと思います。他に類を見ない格調ある逸品です。

泥眼誕生の経緯を想像するに、当時西国往来の折、泥眼ほか数面を紛失したと文書にあります。観世大夫より泥眼作面依頼は河内の創作意欲に火を付けたでありましょう。入魂の一作、河内の代表作が生まれたのです。宗家の古い型附に『定家』の後シテ（式子内親王）に泥眼使用の記述があります。品位、品格の備わった河内作泥眼あるゆえのことでありましょう。

河内が能面打になった逸話があります。河内は鞍師《くらし》でした。ある時、能の楽屋を覗くと太閤殿下が装束を着け面に一礼をして掛けられた。それを見た河内は面打師になろうと発心したのです。

鞍師の名人河内が鞍を打たないので、太閤殿下は河内を召し、鞍師が鞍を打たぬとは心得ぬ、と申されました。おおせのとおり馬の鞍を打つ職分でございます。されどどれほど勉強して鞍を上手に打ってもそれに乗られる御方は戴いては乗って下さいません。先頃御能遊ばす所を拝見すれば面を戴いてからお掛けになりました。どうせ一心こめて作りますのなら尻に敷かれますものを作りますより、戴いてからお掛けになる面を作ってみたいと存じ、面打師になりたいと決心しました、とお答え申し上げたのです。後に河内はその道の達人となりました。

8　千鳥の面箱（東山手箱）

観世会の初会は『翁《おきな》』から始まる習わしです。ご存じの通り面箱を高々と捧げ持ち先頭を歩む、露払いの役。次に『翁』のシテが続きます。一月号に相応しいと思い、面箱を取り上げてみます。

観世宗家の家宝として伝わってまいりました、面箱の不思議を探ってみようと思います。

「東山手箱」と言いますのは、東山殿（足利義政のこと）愛用の手箱を申します。寛正五（一四六七）年糺河原《ただすがわら》勧進能に音阿弥（三代目）と政盛（四代目）父子が出勤し、義政は興行が成就したことを悦び、その功によって政盛が手箱を拝領したのです。時に音阿弥六十七歳、政盛三十六歳と言われています。その手箱の文様が「群翔千鳥」の総模様（千鳥が群がって空を飛ぶ様を現した）で、現在謡本の表紙、また、扇などに多用されている千鳥模様はこの謂によります。

宗家では代々『翁』の面箱として使用され、家宝重代の品と受け継がれてまいりました。その面箱は東山文化の粋ともいえる工芸的価値の高い逸品だそうです。現在その写しが伝わっており、これもまた貴重な面箱として『翁』に使用されております。

さて、あくまでも私の推測ですが、明治維新の頃に退転したものと思われます。詳細は不明です。先輩から伺った話ですが、二十四世元滋宗家はなんとか回帰させるべく奮励努力されたそうです。然し願い叶わず。その念いは二十五世元正宗家へと以心伝心されました。今を去る五十年も前のことでありましょうか、京都某家別邸に宗家他数人が集い千鳥の面箱を拝見する機会を得、その折宗家は本面の「白式尉」をご持参なされ、翁を面箱に納められました。その時の元正宗家の複雑なご心境が察せられるとともに、息を飲むような感動を覚えました。観世宗家代々の思いを遂げた一瞬。暫しの沈黙が忘れられない思い出となってしまいました。

面箱は神を納める御箱。神聖と尊厳の心を以って接することが我々楽師の心得なのです。

9　扇のこと（その一）

能を演じる時に欠かせない物の一つに扇があります。その種類は
中啓《ちゅうけい》（扇の先が中位に広がっている、中啓《なかびらき》という意）
鎮扇《しずめおうぎ》（先端が広がらないよう引き締めた形、鎮折《しずめお》りと言う）
団扇《うちわ》（開閉できない軍配のような型。また鳥の羽根を円形に並べた扇）（**口絵八頁**参照）
大まかですが、この三種になります。また中啓の骨には白骨、黒骨両方あり、能で鎮扇を用いる時は白骨に定められています。仕舞では中啓は一切使用せず、全て鎮扇。能で笹、太刀《たち》、鏡、松明《たいまつ》などをシテが用いる時も仕舞の折は鎮扇で表現致します。ただし長刀《なぎなた》、杖は小道具として仕舞でも使用する決まりです。

さて現在の扇に至るまでの経緯は、と問われても返答が出来ません。古来より扇は武士の刀の如きもの、と訓話は聞き及んではおりますが、今まで無頓着に過ごしてまいりました。恥ずかしい限り。遅まきながらルーツを辿ってみたいと思います。

起源は奈良時代に遡ります。まず『万葉集』に扇の出てくる歌があることが解りました。ま

た神事と扇が深い関連があり、「あふぎ」「招《お》ぐ」、すなわち神を招くことの意があります。祭事儀式に芸能が結びつき、扇は神秘的なものとして扱われました。歴史的に儀式が芸能に多大な影響を与えたことは事実のようです。

私の認識では、扇の古い形は檜扇《ひおうぎ》だと思います。檜扇はその名の通り、檜の細い薄板を紐で繋ぎ、扇面に絵を施したものです。近代絵画の画題に白拍子《しらびょうし》が檜扇を持って舞う姿を見掛けます。またご存じのように、内裏雛《だいりびな》に檜扇を広げ身に添えた姿などがあります。

日本で発案された扇が、中国へ渡り改良され、その後逆輸入されたと言われています。開閉自在の発想は日本人の智恵。開けば大きく、閉じれば小型。これ日本の十八番《おはこ》、トランジスター化。ひょっとしてそのセンスの根源は扇では……。

その二では能に使用する扇の文様など、ご案内申し上げます。

10　扇のこと（その二）

前回は、扇の種類と簡単なルーツを探ってみました。今回は扇の模様を能の五番立の順にご紹介いたします（**口絵九―一二頁**参照）。

その前に扇の特性を述べます。まず扇の面は曲面です。その弓形状を生かした構図を編み出しています。また開いた時の襞《ひだ》も充分に考慮したものと思われます。扇の地色は金箔地が多く、他には銀地、白地（砥《と》の粉《こ》色）などがあります。扇面の上部左右を妻《つま》といい、雲型妻文様に紅または紺で彩色されており、妻紅《つまべに》、妻紺《つまこん》と申します。その両妻の中に金泥《きんでい》で細かい文様が施《ほどこ》されております。また片方のみ雲型のあるものを片妻《かたづま》と呼称します。『屋島』の間狂言、奈須与《なすのよ》市語《いちのかたり》（那須語）の扇の的《まと》を射るところに「妻紅《つまぐれない》の扇」との文言あり、この文様のことでしょう。しかし全ての扇に妻文様があるわけではありません。

扇は能の象徴的持ち物です。

・作品の系列により定められている扇。
・役柄によって定められている扇。
・能一曲専用の扇。

基本的にはこの三通りに分別されています。

「翁扇《おきな》」――白骨、片妻紺、蓬萊山図吉祥文様。海上中央に亀が島の如くに描かれ、亀の甲に松の大木が生い茂り、松竹梅のめでたさが満ち溢れ、天空には鶴が舞う絵。神聖、荘厳な舞台。天下泰平、また人々の延年を祈る『翁』のシテに最も相応《ふさわ》しい、神秘的で気高い扇です。『翁』、『鷺』、小書付き（特殊演出）の『安宅《あたか》』などに使用することがあります。

「尉《じょう》扇」――白骨、竹林七賢人図墨絵、薄く金泥で霞の如く横引きされている扇もあります。数ある扇の中で最も地味ですが、水墨画の持つ深みはなんともいえない風情があります。特殊な役目を担う扇と申せましょう。舞事で使うことはほとんどありません。『景清《かげきよ》』、『雨月《うげつ》』、小書で演じる『屋島』などの所作事で力を発揮します。ただし演者の表現力が扇の生死を分けるのです。その名の通り、特に前シテ、尉の役のほとんど全てに用います。

「神《かみ》扇」――白骨、妻紅、表は商山四皓図《しょうざんしこう》。仙人と童子が描かれ、裏は桐に鳳凰という代表的吉祥の図柄。扇全体に輝きと明るさが漲《みなぎ》り、また白骨の持つ軽快さが人の心を爽やかに癒してくれる感じがします。神能の祝言性を象徴的に表した扇。『高砂』、『養老』などの神能の後シテに使用、その他、直面《ひためん》物（現在物）の武士役にも使われます。

「修羅《しゅら》扇」――黒骨、勝《かち》修羅扇と負《まけ》修羅扇の二種類ありますが、通常は修羅扇と言えば負修羅扇を指します。修羅能を勝ち負けで選別するのはあまり好みません。私案ですが、日出《ひので》扇、入日《いりひ》扇と呼称してはいかがかと思います。勝修羅扇は松に日の出のいかにも晴れやかな図柄です。凱旋の気持ちが率直に描かれ、太陽の上部が扇面からはみ出しています。この欠けた部分が想像力を高め、ますます上昇気運を感じさせる構図です。『屋島』、『田村』、『箙《えびら》』三曲専用扇。負修羅扇は波に落日。扇面の中心に大きな落日が描かれ、その中に金泥で細かい貝やまた雲の文様が書き添えられています。日輪を左右から砕け散る怒濤がのみ込むような表現力は扇の中での秀逸と思います。北斎の『富嶽三十六景神奈川沖浪裏』の波を想像していただければ……。『清経《きよつね》』『経正《つねまさ》』など、勝修羅以外、修羅能に使用します。修羅扇の基本は変わりませんが、『敦盛』専用の貝尽しの絵が描かれた特殊な扇もあります。

扇の魅力、少しは感じていただけましたでしょうか。あとは次回に続きます。

11　扇のこと（その三）

さて私たち演者が扇（中啓）を持って登場する時、必ず扇の骨で表裏を確認します。扇を広げ、よくご覧ください。光沢のある方が表で裏はつや消しに仕立ててあります。文様でも判断いたしますが、骨で選別する方が確実です。仕舞を舞われる時など、ご参考に……。

「鬘扇《かづら》」――黒骨、妻紅、明皇貴妃花戦図《めいこうきひはないくさず》。金箔地で右の玉座に玄宗皇帝と鳳凰《ほうおう》座に楊貴妃が描かれ、その間を数人の唐美人がとりどりの花を手にかざし立つ姿、官女の表情もさまざまで、余白は花と図案化された唐文様で埋められ、扇の趣向を深めていると思います。表は古墳の壁画のようで、裏は花車模様で和風な感じがします。黒塗りの車に大きな籠が置かれ、溢れんばかりに色とりどりの花が盛られ、表の唐美人らが花戦をするための花を現したのでしょう。表裏一体化された発想は能の美意識を凝縮したともとれる構図です。白楽天の『長恨歌《ちょうごんか》』を画題にしたと一説にあります。表裏ともに繊細な文様で、明らかではありませんが、重厚かつ優雅な観世流の芸風に備わった扇です。三番目物の代表的な扇、『野宮《ののみや》』、『井筒』などに使用します。

「無紅鬘扇《いろなしかづら》」――黒骨、妻紺。「無紅」とは紅色を使わない物の総称です。秋草文様ですが、その草花は多岐に及び、明確にこれがとは申せません。秋の草花は扇面下部に描かれ、控え目な何か物寂しい感じがこの扇の特徴と申せましょう。同系の扇に「狂女扇《きょうじょ》」がありま す。こちらの方は草花の絵もややはっきり目ですが、それを遮るように中央部に稲妻形が大胆に直線で描かれており、松の絵も添えられています。いかにも狂女物の持つ複雑な感情の起伏、シテのさまざまな心を描写します。作品に対する考慮と工夫がされているものと思われます。「無紅鬘扇」は『砧』、『海士《あま》』、『芭蕉』、『弱法師《よろぼし》』に、「狂女扇」は『三井《みい》寺《でら》』、『桜川』などに用います。

「鬼扇《おに》」――黒骨、赤地に金泥で唐草文様が流麗な線で描かれ、真ん中に大輪の牡丹、この対比に特徴があります。牡丹は私の思いでは濃厚な花です。しかし鮮やかな色使いに救われます。別名、一輪牡丹と言います。鬼と牡丹は古来より、鬼が好むという由来から結びついているのです。扇面から溢《あふ》れんばかりの牡丹一輪。扇の絵そのものを表した名称です。この扇は『道成寺』、『葵上』に使いますが、二曲とも燃え立つ情念を表す作品です。思い切った図柄はこの二曲に最も相応しい扇といえます。一輪牡丹の扇を観点をちょっと変えて、『葵上』シテの心理と合わせてみます。閉じている扇は怨念を内へ込めて、懸命に燃え立つ気持ちを抑えている心情。扇を開くと、堪えていた感情が激情に変化する如くに牡丹が出現します。これは牡丹の蕾が次第〳〵に開花する過程にも共通する、劇的な世界の表象のように思えるのです。

次に役柄による専用扇を図柄のみご紹介いたします。

「天女扇《てんにょ》」――桜の立木絵。『羽衣』など。

「山伏扇《やまぶし》」――表、松に蔦紅葉。裏、破れ芭蕉絵。『安宅』など。

「童扇《わらわ》」――流水菊花図。『菊慈童』など。

「老女扇《ろうじょ》」――表、柳橋白鷺絵図、裏は木立に群鳥の絵。『卒都婆小町《そとばこまち》』など。

「男扇《おとこ》」――四、五匹の鮎文様と金地紺三段図などあり。『芦刈《あしかり》』など。

また、一曲専用扇の名称を連記いたします。

「山姥扇《やまんば》」、「乱扇《みだれ》」、「融扇《とおる》」、「善知鳥扇《うとう》」、「阿漕扇《あこぎ》」などがあります。

扇の図柄が現在のように固定されたのは不明です。観世宗家の古い扇を見ますとさまざまな文様の扇があり、現行に至るまでの趣向と美的感覚の歴史が見えるようです。また家元の専用図柄の扇もあります。

本稿を纏《まと》めるにあたり、思い出したことを書き添えます。先代観世銕之亟師が考案された、『求塚《もとめづか》』後シテに使用する扇。図柄は暗夜に春草とおぼしきが、陰の如く描かれ、それを青光が薄々と照らし、全体に幽界を現しています。その中に朱色の火焰《かえん》が一本走る扇です。『求塚』は果てしない地獄の苦悩を表現する作品。その世界を演者の感性で捉えた傑作です。

以上、扇のさまざまをご案内いたしました。扇は演者の演出、また好みなどにより幅広く応用されています。扇は能の心の表現、ご想像ください。

三　能楽よもやま話

1　昔日の思い出（その一）

昨年（二〇一三年）から世阿弥生誕六五〇年記念ということで、最近、世阿弥の芸論がよく取り上げられますが、役者としての精神性、美学、哲学が説かれている中で、その土台となっているのは、やはり稽古を怠りなくすることだと思います。まさに世阿弥の言う「稽古は強かれ情識はなかれ」ということですが、その稽古の一つとして、昔は寒稽古《かんげいこ》というのがありました。

寒の入りから一週間くらい、朝四時半頃から稽古をするのです。私が宗家に内弟子修業に入っ

寒稽古の風景（渋谷区向山町の観世宗家にて）
左より野村四郎、25世観世左近元正宗家、関根祥六氏、杉浦元三郎氏。
（昭和29年1月8日付『サン写真新聞』）

ていた時の寒稽古が取り上げられた新聞の写真が残っています（上図）。『小袖曽我』の仕舞の稽古をしているところですが、一番左で地謡を謡っているいがぐり頭が私で、隣がご先代（二十五世元正宗家）です。古い写真で見にくいかもしれませんが、舞台の窓を全部開け放っての稽古で、真冬の朝四時半ですからまだ外は真っ暗です。写真で、私の背後の暗くなっているところが全て外なのです。新聞記事によると、この年は暖冬で「暖げい古?」という見出しになっていましたが、昔は今よりも寒かったはずです。寒風にさらされながらの稽古は、身体もこわばっていますし、冷たい空気の中での稽古はものすごくつらくて、三日もすると声がガラガラになりました。

武道などにも寒稽古がありますが、その根本にあるのは技術ばかりではなく、精神を鍛えるということなのでしょう。医学的に言えば、そんな状況で声を出すのはよくないのでしょうが、江戸三百年の武家社会で、武術的な教えが日本人の美学の中に反映されて、自然に能の世界も影響を受けたのではないかと思います。寒稽古の前には舞台拭きもしますし、精神を鍛えるという意味では、寒稽古の意義があるように思います。

寒稽古のあとには必ずおかゆを炊いて食べました。なぜおかゆなのか、はっきりした理由はわかりませんが、お能以外の分野でも、寒稽古のあとにおかゆを食べると聞いたことがあります。精神的にも肉体的にも自分をいためつけて、耐え続ける寒稽古のあとで、消化のいいおかゆを食べることによって、体をあたため、胃の働きを保護するというような、昔からの知恵があるのではないでしょうか。

そんな寒稽古の経験があるのも私の世代くらいが最後で、その後は周りの環境も変わりましたし、やらなくなってしまいました。

それから、これは銕仙会での話ですが、夏の酷暑には歌仙会というのがあり、今も続いています。三十六歌仙にちなんで、三十六番の舞囃子を演じ、雅雪先生（七世銕之丞）がすべてご覧になり注意をいただくのです。また、歌仙会は謡曲愛好家の方々も浴衣掛けで謡われ、納涼謡の宴席には、謡の文句を使った遊び感覚あふれたおみくじ会のような会もありました。例えば、「春来つては遍くこれ桃花の水」（『草子洗小町』）と謡えば、白酒、「天に偽りなきものを」（『羽衣』）と謡えば、針五本（五針《いつはり》）だったり、「青柳にうぐひす伝ふ羽風の舞」（『遊行柳』）ではうぐいす餅だったり……。このように謡に合わせ、それにちなんだ品物を用意して、ちょっとおちゃらけた遊びをしながら、昔は謡会が行われていました。私もそのような会に参加させていただいたことがあります。

お素人の方たちは、寒稽古はご存じないと思いますが、能という緊張感漂う舞台もある一方で、そうした楽しい謡会もある、という硬軟相和しているのがいいものです。今はお稽古も含めて、全体的にお能の敷居が高くなりすぎている感がありますが、もうちょっと遊び心を持って楽しんでいただいてよいのではないか、と思います。

2 昔日の思い出（その二）

前回、内弟子時代の寒稽古の話をいたしましたが、内弟子時代、もう一つ印象深い思い出は、ちょうどその頃に研究者の方々が観世宗家の文書の調査に来られたことです。

そのときにお見えになられた方で私が記憶しているのは、西尾実先生、小西甚一先生、横道萬里雄先生、表章先生。それから観世寿夫先生がその中に参加しておられました。

私ども内弟子はお茶を出して差し上げる程度で、具体的にどんな調査をなさっていたかは、よくわかりませんでしたが、舞台に文書を広げて、皆さん丁々発止とお話をしていらっしゃる光景には、日頃と違う空気を感じて、すごいものだなと感心しました。

調査をする前は、宗家のお蔵にある古文書はばらばらに保管されていたのでしょう。それを整理して、桐箱に収めておられました。通常使う面《おもて》や装束《しょうぞく》は二階にありましたが、古文書は、伝来のお装束や通常使用しない本面などと一緒に三階に収められていました。私たち内弟子は、お蔵の掃除をよくいたしましたが、普段はたとえ内弟子であっても、桐箱には、一切手を触れてはいけないというお達しがありました。ですが、調査の時はお蔵から文書を運び出すのは内弟子の仕事でした。

調査は相当に難航したのではないかと想像します。文字を読むだけでも大変なのに、分散している資料を先生方が整理なさるのですから。

世阿弥の伝書『風姿花伝』は、昔、火災に遭い、まわりが焦げていて、字が読めない部分がありますす。そのような不明な字は世阿弥の書きぐせで推測するらしいです。例えば、「一」の右半分が欠けてしまって、「二」の横棒なのか、「七」の横棒なのかがわからないとき、たとえ縦棒の部分が焼失して見えなくても、残っている部分から、筆遣いで判読できるのだそうです。研究者というのは机上の学問ばかりしているのかと思ったら、さにあらず。筆圧や書きぐせ、それから紙質によってその時代の考証までも行うというのが、学者の研究範囲なのだと、そのときによくわかりました。

その研究者の中にいらした観世寿夫先生は、先代の宗家を除けば唯一の能楽師で、世阿弥の伝書にも非常に興味を持っておられました。能楽研究というよりは、何かこう、心の糧になさっているという意識があったように思います。能楽の伝書というのは、能楽について書いてある文書でありながら、我々役者の世界とは別のもの、という感覚がありました。とくに戦前から戦後の一時期までは、能楽伝書は研究者のものという意識が強くて、役者の世界からは遠のいていたように思います。それが、戦後、観世寿夫という人が世阿弥の『風姿花伝』などを読み始めたのですから、先駆的な能役者だったといえるのではないでしょうか。

私も知らず知らずのうちに影響を受けて、後に「世阿弥を読む会」を催しました。観世寿夫先生と私とそれから数人が集まって『風姿花伝』を紐解こうという会で、表章先生をお招きしました。先生の読み解きを、私たちは拝聴していたのですが、あるとき、一人ずつ一部分を担当して、自分なりの解釈を皆の前で発表してみよう、ということになりました。けれども、自分では解読できないので、結局あちらの本、こちらの本といろいろな本を参考にして、つぎはぎだらけの発表でした。当然、発表を聞いている皆も、同じことをやっていましたから、ばればれだった、という笑い話になりましたが……。でも、そういう経験も無駄なことではありませんでした。

内弟子時代の寒稽古の経験や、宗家の古文書の調査の時期に私が遭遇できたことは貴重な体験でしたし、忘れられない私の一ページです。

3　「芸は人となり」

伝えられる人がだんだん少なくなりましたので、今回は観世元昭さんのことを書かせていただきます。私が十五歳で宗家に入門させていただいたとき、先々代の奥様（二十四世元滋夫人・佳子様）と先代の家元（二十五世元正）と弟さんの元昭さんが一緒にお住まいでした。元昭さんと私は生まれ年は違うものの、学年が一緒でしたので最初から非常にうち解けましたが、元昭さんはとても明るく、やんちゃでした。ご次男というのは、そういう方が多いのかもしれませんが、内弟子生活に慣れずに右往左往していた私の気持ちを明るくして、救ってくださった方でした。

　私は修業中の身で、舞台のことではお相手できないものですから、よく元昭さんの遊びの相手をさせられまして、棒切れを持ってチャンバラばかりやっていました。また、青年になられてからの元昭さんは大変いい男で、私は映画『カサブランカ』の俳優、ハンフリー・ボガート、とあだ名をつけました。その方にとても似ていらしたのです。

　舞台での思い出といえば、観世会は、昔、始めに稽古能がありました。私はそこで初シテをさせていただきましたが、それは生涯忘れられません。『俊成忠度《しゅんぜいただのり》』で、俊成卿に元昭さん、トモに関根祥六さんをわざわざつけてくださいました。末輩の初舞台に、先輩方がその脇を固めてくださるというのは、普通あり得ないことです。これは先代の特別のお計らいだったのだと思いますし、いまだに感謝しています。

元昭さんは観世華雪先生（六世銕之丞）にも習われたと思いますが、主に雅雪先生（七世銕之丞）にお稽古されていましたから、やはり、自然と芸風も雅雪先生に似ていました。小鼓は幸祥光先生、笛は寺井政数先生に習われていたように記憶しています。二十歳のときに、橋岡久共（慈観）さん、ワキの宝生閑さん、小鼓の北村治さん、狂言の和泉保之（元秀）さんと「五人の会」を作られるなど、どんどん頭角を現され、大曲にも積極的に挑戦されました。先日、昔の番組を見ていましたら、昭和五十七（一九八二）年に『木賊《とくさ》』をなさっていて唖然といたしました。『木賊』は五十歳でも二の足を踏んでしまう曲ですが、元昭さんはその時、四十五歳でした。

元昭さんは威風堂々とした風格と、天性の明るさがありました。豪快と表現されることも多かったですが、乱雑なところはありませんでした。芸でも小事にかまけず大きなところでもって演じていくといいますか、おおらかな芸風でした。

能が自分の使命であるということは当然ですが、もっと大きなところで能より芸がお好きでした。日本舞踊を見たり、歌舞伎もご覧になっていたでしょう。芸者衆とのおつきあいもたくさんありましたから、日本の芸能に自然と興味を持っておられたと思います。そういう意味で、一つのことしか興味がないという人と違って、いろいろな友達がおられました。お酒の大変お好きな方で、大曲《おおまがり》（新宿区新小川町）の能楽堂は神楽坂に近かったので、よくご一緒させていただきましたが、お酒の思い出は数限りなくございます。そういう部分も含めて、おつきあいも多かったですし、それは自然と人柄にもつながってくることだと思います。

「芸は人となり」と、多田富雄先生が書いていらっしゃいましたが、元昭さんにも通じる言葉です。能役者は人間的に明るくなければならないと思います。シリアスで陰惨な能の舞台を勤めるには、明るい役者がいいのです。そのギャップから舞台が作られるのだと思います。狂言もただ笑いがあるだけではなく、その中に哀愁がありますから、やはり狂言の役者も明るくあるべきだと、私は思います。

4　虫干し

能役者の家、特に代々継承しているお宅には、必ず面や装束があります。我々にとって、面と装束は命ですので、武士の刀と同様に考えるべきなのではないかと思います。

それで、必ず年に一度、虫干しをするのが通例になっています。だいたい夏に虫干しをいたしますが、なぜ、八月の酷暑真っ盛りの時にやるかというと、舞台があまりないからです。暑い時ですから、装束に汗がつかないように注意しながらやります。でも本来は、あまり湿気の多い時にするものではなく、少し乾いたそよ風がちょっと吹き出すような季節、秋口くらいに虫干しというのはやっていたのではないかと思います。

私が内弟子の頃、宗家のお装束は、通常使うものはお蔵の二階に、特殊なものは三階に収めてありましたから、虫干しの時には、私たち内弟子が装束を運び出しました。そして舞台の柱に傷をつけないように布団を巻きつけて、その上から紐を結び、その紐に装束を掛けるようにして、風通しのよい状態にして干しました。でも、本当に古い装束、たとえば拝領の勝ち虫……トンボの柄の装束（竹屋町菱蜻蛉単法被）は『朝長《ともなが》』の懺法《せんぼう》に使うと言われておりますが、その装束などは、あまりに古くて、掛けるとさらに傷んでしまいますから、二人でそーっと床に広げて虫干ししていました。

装束の数が多いので、朝、装束を出して、夕方、日が沈む前にはしまって、というのを三日間はくりかえしました。家によっていろいろなやり方があると思いますが、虫干しというのはどこのお家でも同じようなスタイルでやるのだと思います。

また、能装束の虫干しというのはただ干すだけではなくて、装束を点検して補修することも目的の一つです。簡単な繕《つくろ》いものはみんな内弟子の仕事でした。これはもう手に負えないというほど傷みがひどい装束は専門家に修理を頼みますが、我々で繕うのか、修理を願うのかを選別することも、虫干しの大きな仕事です。このように虫干しは、一年に一度、必ず点検をして、修理をするということによって、装束の維持保存を厳密にするという一つの手段でもあるのではないかと思います。

いろいろな種類の装束がありますが、素袍《すおう》と呼称している麻の装束は、使っていくうちにしわが出て、なかなかそのしわがとれないことがあります。その時には、うどん粉を水に溶いて薄く伸ばして（ものにより水だけでも）、霧吹きで装束にかけ、しわをのばして、折り目をきちっとさせます。次に、それをござの間に入れて重しをかける。そうすると、ぴんと伸びるのです。それが伸びたら、湿り気の残ったまましまうとカビが生えますから、今度は陰干しをします。シテ方の装束には麻のものは少ないですが、狂言の家で育った私は麻の装束の扱いには慣れていました。

ところで、古《いにしえ》より明治までは装束付け専門家がいたと聞きます。その人が作り物も作ったようです。いろいろな装束の付け方によって、例えば壺折《つぼおり》着付などは習物としての扱いで、誰にでもできるものではなかったようです。ですが、だんだんと装束付け専門の跡継ぎがいなくなって、結局、我々能役者が装束を付けるという、現在に至るやり方になったのだと思います。

じつは、装束付けと虫干しというのは、非常に関わりがあると思っています。虫干しでは数多くの装束に触れますから、装束自体の、硬いとか、柔らかいという質感を知ることができます。これが、装束付けをするときの非常に大事なポイントになります。日頃、装束を出したり、たたんだり、しまったりすることによってももちろん、そういう感性は得られますが、虫干しの時は、絶好のチャンスなのです。そういう時にこそ、普段はなかなかやらせてもらえない装束付けをちょっとやってみたり、繕いものがなかった場合は、虫干しの間に先輩から稽古をしてもらったり、いろいろな勉強の場になりました。虫干しといっても、ただ干すだけではなく、日々の修業の一環なのです。

5　うたうも舞うも法の声

毎年元日に、観世会所属の玄人が観世能楽堂に集まって観世宗家主催の謡初を行っています。宗家が『老松《おいまつ》』、山階彌右衛門氏と観世芳伸氏が交互に『東北《とうぼく》』、分家の観世銕之丞氏が居囃子『高砂』を、待謡は毎年交代で勤めています。その曲目は江戸城での謡初の頃からずっと変わりません。

江戸城での謡初では「弓矢立合《ゆみやのたちあい》」も演じられていました。「弓矢立合」というのは、立合という言葉が示すように、三流の大夫が演じます。三流というのは観世と喜多、もう一流は宝生・

金春・金剛による輪番です。江戸城での謡初についてはよくわかりませんが、二十四世観世左近の『能楽随想』に十代将軍徳川家治の頃の謡初の記録が紹介されています。それによると、一献始めの儀（江戸城での年中行事）に合わせ、老中の「謡いませい」という号令で、観世大夫が平伏したまま「四海波《しかいなみ》」の小謡を謡い、その後、囃子が入って、観世大夫の『老松』、輪番の流儀大夫による『東北』、喜多大夫の『高砂』が演じられました。次に三人の大夫に時服《じふく》（将軍から賜る装束のこと。ここでの時服は裏が紅の白綸子）が与えられ、それを素袍《すおう》の上に壺折に付けて「弓矢立合」を相舞で舞ったようです。その様子は観世宗家に伝わる掛軸で知ることができます。

現在でも「弓矢立合」は、記念の催しなどで稀に演じられます。その時にも、時服をいただいたり、小さ刀《ちいがたな》を落差《おとしざし》（刀の末端を下げて腰に差す）にして身に付けるなど、普段の能とは異なる作法があります。私も何度か地謡を謡わせていただき、大夫に時服をお付けしたことがあります。

今の謡初では「四海波」や「弓矢立合」は演じられませんが、『老松』『東北』『高砂』だけは、観世流の謡初によって、現在にその名残を伝えていると言ってよいと思います。

話を現代の謡初に戻しますが、謡初は能楽堂だけでなく、各能楽師のお宅やお稽古場で、師弟やお素人の方々が相集って行っていることもあるでしょう。謡初をもう少し現代的に身近な言い方をすれば、私は恵方《えほう》に向き、めでたい詩歌を書いて一年の計を祈る、書初めと似ていると思います。能舞台の恵方は年によって変わることはありませんが、その精神は書初めと同じだと思います。本来、謡初は儀式ですから鑑賞を目的としたものではありません。いい声で謡うべきものだというものではなく、そこに精神性みたいなものがあって、そして、臨む。日本の文化は礼に始まり礼に終わるといいますが、元旦の謡初というのも礼であると思います。

ところで、正月の「正」という字を分解すると「一」と「止」になります。一度止まる、ということです。すなわち、正月というのは、立ち止まり、一年を振り返って反省し、再出発する、というのが正月の意味だと考えたらいいのではないかと思っています。「あらたまの年」というのも、一年間やってきたことを反省し「改める」という意味にもつながると思います。

日本にはもともと神仏習合の歴史があります。例えば『道明寺』の上歌の詞章に「げに神力も仏説も～」とあるように、能の世界では神も仏も同一体とも申します。「無念の念を念としてうたうも舞うも法《のり》の声」。これは、白隠《はくいん》禅師の『坐禅和讃』のなかの一節です。一切の妄念などをなくし、すべては仏様の道につながっているのだという教えです。謡を謡うとか、舞を舞うということ自体が、仏事や神事につながっていくということでしょう。その精神文化が、儀式としての謡初にも、現代の謡初にも根底にあるのではないでしょうか。そして、謡初は自分たちのことだけではなくて、多くの人たち、民衆の幸せを祈念するということにもつながることだと思います。

6　有為転変

現在の観世能楽堂は三月（二〇一五年）をもって閉館します。思い出は数限りがありませんが、老女物などの大曲《たいきょく》はすべて松濤で披かせていただきました。

これまでの能楽堂を私の内弟子の頃から振り返ってみると、戦後すべての能楽堂が焼失し、舞台がありませんでした。駒込の染井能楽堂が唯一演能可能で、観世会もその舞台で開催されていました。染井能楽堂は雨漏りや停電など悪条件でしたが、大勢のお客様がおみえになっていた記憶があります。別会は戦後いち早く建設された水道橋能楽堂（現・宝生能楽堂）で開催されましたが、その後、昭和二十九（一九五四）年に流儀をあげて皆さんの協力のもと、大曲《おおまがり》（新宿区新小川町）に観世会館が建設されたのです。この連載で度々触れてまいりましたが、私の若い頃の舞台の思い出はやはり大曲です。

大曲の能楽堂がなぜ移転することになったかというと、首都高速道路の建設や地下鉄開通などの騒音・振動の問題が大きくなったからでした。ご先代が能楽堂建設地を一生懸命探されて、候補地が三カ所くらいありましたが、結局、渋谷区松濤の旧鍋島藩邸があった地に決まりました。松濤というくらいですから、大昔にはその辺りに松がたくさん植わっていたようです。現在の能楽堂正面の松は、その松のうちの一本を残したもので、現在渋谷区の保存樹木にもなっています。

それから四十年余りが経ち、銀座に移転します。私の生涯の間で、染井、大曲、松濤、今度は銀座、と能楽堂を変わることになります。それを考えますと、「有為転変」というものをひしひしと感じます。有為転変の世界には、ある意味、無常観というものもあると思います。現在の能楽堂が新築された頃の私は、他のことに目を配る暇《いとま》などなく、感覚的にこのようなことを考える余裕もありませんでした。

今生あるものは必ず変化する。竹に節があるように、人生にも節目があります。ある時期をもって再生していく、ということは芸術の世界も同様で、時代の移り変わりにともなう価値観を共有しながら、自然に変化し、再生していくものだと思います。それはまた、新しくなるばかりではなく、過去へ戻ることも、ある意味では再生なのです。

能楽堂の移転は、演者たちも一緒になって再生能力を発揮する絶好の機会でもあります。一方、お客様にとって今回は能楽堂が移転しても現在の舞台が移築されますから、舞台の雰囲気はある程度移すことができるのではないかと思います。しかし、役者はどんな舞台であっても慣れてはいけません。「慣れて慣れるな」と私はよく言うのですが、慣れるというのは、役者にとって危険の一歩手前です。役者は常に新鮮でなければなりません。能楽堂移転にあたり、役者は「故きを温ねて新しきを知る」（その逆もまた言えるでしょう）という感性を持って、今後立ち向かうべきだと考えます。

有為転変。能も生きています。能は、それ自体の持つ再生能力とともに六百数十年生きてきたのではないでしょうか。

7　六根清浄

役者の身体には、燃えるような情感と、冷めた冷感とが内在しています。情感がプラスで、冷感がマイナスと私はとらえていますが、プラスとマイナスに分けるのではなくて、それが一体化したものが能の表現につながっていき、その心の世界を観客に伝えていくものだと思います。そして、それはいつも無機的な世界から発信されるというのが能の特徴ではないでしょうか。ここでいう無機的な世界というのは、役者の中に存在するプラスとマイナスの心を中庸にすること、つまり中間に心を置くわけです。真ん中は無の世界ですから、どちらかに偏れば有機的になります。能は、その無機的な世界から情や心が生まれ、さらに能の心や作品の性根を、役者を通して観客に発信していくものだと思うのです。

普通、能の舞台で、役者が観客に向けて発信する芸というのは、視覚と聴覚に訴えるのがほとんどです。しかし、本来は、視覚、聴覚だけではなく、「六根」に訴えるのではないかと思います。「六根清浄《ろっこんしょうじょう》」の六根ですが、すなわち、眼・耳・鼻・舌・身・意の六つで、意というのは心です。六根清浄するというのは、それらが清らかになるということです。

よく、「あの人の芸には味がある」という表現をしますが、「あの人の芸には香りがする」という表現はあまりしません。能の舞台には、本当はその作品の香りがするものだと思います。

例えば、能の中で梅の花が出てきたからといって、梅の香りがするという単純なことではなく、その役者の持っている香りのようなものが出てくるものなのではないか、と思います。役者は五体を動かして表現しているわけですが、人生経験や、いろいろな体験の積み重ねの上に、その役者の芸が存在するのならば、たぶん、香りのある芸というものが生まれるのではないかと思うのです。「香りがする芸」、それが私の今の理想です。

ところが、なかなか、香りというものは、作為的に出せるわけではありません。「老い木に花の咲かんがごとし」という言葉どおり、芸を積み重ねた年輪を通して、老い木に花が咲き、自然にその花の香りがしてくるような、そういう芸が生まれたら理想ではないかと思います。

絵画でも、実際には香りはしませんが、じっと絵を見ていると何か香ってくるような、においを感じる絵があります。情景的な表現もあれば、人間の深層心理を描くものもあります。それは、彫刻でも同じかもしれません。彫刻的な美と、絵画的な美が渾然一体となっているのが能の演技だとも考えられないでしょうか。能の舞台に役者が立っている姿は彫刻的な世界ですが、動き出したら絵画的な世界になる。能のなかに彫刻と絵画が、同時に存在している。うまく表現できませんが、そのような世界が能の舞台にはあるのではないかと思います。

そして、絵画的なもの、彫刻的なものの根本にあるのが文学です。能の文章は文学と言えます。非常に写実的な文章もあれば、詩的な文章もあり、七五調の文章もあります。謡曲文学として、もう学術的に認められているのではないでしょうか。能の文章の中には、一人称や、三人称が入り交じっていますが、謡曲文学で一番大事なのは、詩と同じように、行間にあるものだと思います。能の文章の行間にあるものを、役者として探りたいと思います。

三位一体という言葉をよく使いますが、彫刻的なもの、絵画的なもの、それに文学、この三つが一体となって能が出来上がっているのではないでしょうか。そして、その能の根本にあるのが、人間が生きるエネルギーや人間の喜怒哀楽なのだと思います。

今までは、あまりこういうことを考えませんでした。とにかく、前向きにぶつかって、がむしゃらにやってきましたが、ある年齢になってくると、さまざまな動きをどんどん消去していきます。しかし、消去した分だけ中身が濃くなっていかないと、それは目減りしているだけです。消去した分、中身の濃さを何かプラスしていかないといけません。年齢を重ねてきた今だから考えることなのかもしれませんが、そういうようなことを、近頃少し感じています。それはある意味で、却来《きゃくらい》なのかもしれませんせん。

8　畏敬の念

先日、法政大学能楽研究所拠点の「型継承研究会」に招かれ、型の継承ということについて話をしてきました。「継ぐ」と「承る」、これが継承ですが、この機会に型の継承の過去・現在・未来を考ええました。

観世宗家には実際に時代時代の型付《かたつけ》がたくさん残されています。それを読むだけでは型の継承にならないように思います。型が書いてある部分と、その裏に存在するものが見極められると、古文書としての存在が活かせるのです。昔の型付というものが現代の価値観とどういうふうに対峙《たいじ》し、対応していくか、それが役者に課せられた一つの使命のような気がするのです。ただ書いてあるものを次世代に残すというのでは、継承とは言わないのではないかと思います。その中に含まれている精神性、内在している心、それから気、それらを息吹かせられるかということが、重要になってきます。ものされた型から、型の継承、心の継承、そして人から人への命の継承というものが生まれてくるのです。

舞台で動く内容を書いてあるのが型付ですが、心なくして型だけでは価値が減少してしまいます。より価値を高めるためにどのようにすべきかは、我々役者にかかってきます。型の精神を感じ取り、師から伝授されたことを忠実に仕似《しに》せて、寸分違《たが》わず体で覚えることから始まりますが、そう容易《たやす》いことではありません。そして書かれたものを読み解きます。そういう日々の錬磨の中で、型や先人に対する敬意、「畏敬の念」を持っていれば過去の型の心を読み取ることができるのではないかと思うわけです。

また、型だけでは芸にはならないのではないでしょうか。型の発生は、いわゆる宗教的な儀式と関わっているだろうと想像できます。無機的象徴的な型を通してどこまで表現できるか、リアリティである心をプラスし、その狭間《はざま》に身を置くことが表現では……。近頃そういうふうに考えています。

あるとき裏千家の前宗匠、十五代千宗室（玄室）さんがある方の結婚式の祝辞で、「茶道も型というものを非常に大事にしています。そういう意味では能と同じ、同系なものを持っています。しかし型だけではだめで、血が通っていないとならないのです。そこで血の通ったものを〝かたち〟というのです」。そう言って型の意義を説き、ご出席の皆さまの心を和らげたのです。ちょっと遊び心のあるよい言葉で、私にとって忘れられない祝辞の一つです。

この血が通うということと、心を入れ、それから気を入れるということ、これが大切です。

気とか心は見えないものですが、見えないものが見えてきてこそ型が生きるわけで、型の本質はそこにあると思います。

また一方、芸術的な世界を創り上げるためには、根っこから作っていかないと成りません。草が芽生える根っこの根本から作っていくことによって、それが雑草に生えてしまうか、〝芸《げい》草《そう》〟に育つかの分かれ目で、苦難や疾風にも耐えて強い草が育つわけです。表面だけではなくて、根っこのところに型の根本がなかったらうわべだけの型になってしまうのです。根っこを鍛えて、ぐーっと深く舞台に根をおろす、各人の意志と努力が芸の花を咲かせるわけですから……。

それから、型付の中身を読み取る力というものも経験により兆《きざ》してきます。文字で書いてある型の解釈だけだったら、それは字句の解釈にすぎません。役者の読みは、中に潜んでいる心を探ってこそ、その型が生き生きと息吹くのだと思います。型を体現して、初めて型の継承ということになるのではないでしょうか。

人により型の表現方法は違います。背中に「心」を置いて、型を以て表現したものが、観客の想像の中に〝香り〟や〝味〟を感じさせられるような、そんな舞台が作れたら……、と思っています。

古いものや先人に対する、現代ではほとんど死語となってしまっている畏敬。畏《かしこ》まって敬《うやま》う、その祈りにも似た念、気持ちというものが、茶道でも能の世界でも、お茶を立ててお出しするとか、サシ込・開とか、ただの型になってしまっては何も成らないのです。確か、『花鏡《かきょう》』（世阿弥伝書）などにも心を入れるという言葉があったかと思います。型に心を入れることによって、表現という世界が生まれてくるのではないでしょうか。

よもや、かような話になろうとは……さていかに。

9　昔日に感涙

観世能楽堂が三月末で閉館したあとで、観世会の事務所から、一九六五（昭和四十）年の欧米能公演（八月三十一日―十月一日）の折にフランス国立放送局のスタジオで九月十七、十八日に撮影したＤＶＤをいただきました。もう半世紀、五十年前のこと、映像を見て私は感無量というか、昔日に感涙しました。

能楽の海外公演は昭和初期から行われていたようですが、数ある海外公演の中でも観世流史に残る画期的な公演は、この欧米能公演であろうと思います。能楽界ではこれが三回目のようです。流儀を挙げておおぜいの方々が初めて渡航した、流儀の歴史の中で大きな一ページになるのではないかと感じたわけです。当時の『観世』誌でも一年にわたり特集しています（昭和

四十年四月号―四十一年四月号／能楽師二四名・関係者五名参加、八カ国七都市、一二公演。演奏曲目は能『羽衣』『船弁慶』『猩々乱』『隅田川』『天鼓』『松風』、狂言『二人大名』『首引』『棒縛』ほか）。

この渡航の前に大曲《おおまがり》の観世会館で「渡欧能楽団後援招待能」（『猩々乱双之舞』『二人大名』『千手郢曲之舞』『土蜘蛛入違之伝』）が、二日間催されています。要するに募金をしたわけです。趣意書が『観世』（昭四十年八月号）に載っていますが、当時能楽協会理事長の喜多実師からも全面的に支援するというお言葉を戴いています。能楽愛好者からの寄付や日本政府、招聘先の各国からの援助資金は渡航と滞在の費用に充てられ、みな奉仕的に参加したようなものでしたから、海外で公演するということは並大抵のことではなかったのでしょう。

フランスで撮った『船弁慶《ふなべんけい》』の映像を見ていて、故人になられた方がたくさんおられることの寂しさをひしひしと感じました。出演者で今となっては藤波重和さん、関根祥六さん、アイ狂言の万作、そして私と、それだけです（ほかに出演されてはいないが、横山晴明さんと野村萬（万之丞））。その『船弁慶』は偶然に私が義経役の出番に当たり、出演させていただいたものが収録になりました。映像は前シテが先代梅若六郎師、後シテが先代の観世宗家。ワキから諸役すべての方（宝生弥一、森茂好、藤田大五郎、幸祥光、安福春雄、金春惣右衛門の各氏）が超一流という中で、義経という光栄なるお役を勤めさせていただいたということに改めて感動しました。実際に撮影が八時間を二日間、長時間に及んで装束はつけっぱなしという、それまでに体験していない大変さだったので、余計に印象深いのです。ご先代と千絵子夫人が帰国後の『観世』の対談で、次のようにおっしゃっています。

宗家「……一番最後のシーンで、何処に居たのでしょうか、猫が舞台を横切っちゃって、やり直しをさせられましたが、もうこの時は皆ヘト〳〵でした。テストの時が愉快ですよ。ライトが強いので、皆サングラスをかけているのです。だから地謡は裃をつけてサングラスをかけますから、妙な感じでしたよ（笑）。」

千絵子「それに温度が四十五度くらいで、野村四郎さんが一番大変だったでしょう、義経になったのですから。装束を着けて十二時から八時まで（中略）五分休憩がございますが、彼だけ降りて来ないのですよ。私がみかねて、休憩の時くらい休みなさいと口出しを致しましたら、彼は何だか足を上げるので、何かと聞いたらマイクを体に通して、はるか彼方のコードにつながって、縛られているみたいなのですよ」（昭和四十年十二月号）

それから、ギリシャ公演が最初でしたから、特に思い出に残ります。有名なパルテノン神殿のあるアクロポリスの丘の南麓の、ヘロデス・アティコス野外円形劇場での公演でした。『羽衣』の松の枝振りを剪定して使ったり、『隅田川』の作り物の緑の生木（普通は榊を使う）と同類のものを探しましたが、政府機関の許可がないと木が切れないということがあり、非常に手こずったりしました。造花も持参しましたが……。

ドイツではウルムという町での公演がありました。歴史のある町ですが、全員が宿泊できるホテルがないので、分散してそれぞれ個人宅にお世話になりました。それも楽しい思い出の一コマです。

この間、梅若能楽学院会館の二階ロビーにギリシャ公演の『松風』の写真パネルが飾ってあるのを見ました。先代六郎師がシテをお勤めになっていて、よく見ると私が後見でちょこっと写っていました。

（編注）他の出演者は、坂井音次郎、武田太加志、山階信弘、梅若泰之（恭行）、浅見重信、片山博太郎（幽雪）、藤波重和、木原康夫、井上基太郎、山崎英太郎、野村悟郎（万之介）の各師。

10　新作能『利休』

先年、京都での祝宴の折に、現千宗室家元に久々にお目にかかりまして、『利休』のお話をいたしました。

この新作能『利休』は観世清和宗家が依頼を受け、宗家監修のもと、作品を作り上げたことが大変懐かしく思い出されます。それはグランシップ静岡開館五周年記念事業に際して上演されました（平成十六年十一月三日）。そののち観世文庫主催で、松濤の観世能楽堂で第二回目の上演（平成十八年八月十一日）となりました。

初演のときは、裏千家の今日庵に主だった方々とご挨拶に伺いました。そのとき家元の問いに「利休は私が……」と申しましたら、「あ、よく似てられる」とおっしゃられたのをいまだに覚えております。彫刻や絵画はそうでもないのですが、仏壇奥の利休像を拝見しますと、割と骨太でがちっとしていて、どこか私に似ているのかなと想像したわけです。

この作品と出会い、私はそれ以前の能役者としての人生を顧みました。当時の新聞のインタビューに、「能は通常、シテとワキの関係を通して物語が進むが、この作品にはシテ（朝顔の精）でもワキ（連歌師）でもない存在として利休を登場させる。その利休の役が私で、現在と過去の間にいて朝顔の精と対峙するのが利休。現在でも過去でもないグレーな部分がこの役の幅なのかと考えている。（略）ブロックを一つ一つ積み上げるような新作作りのエネルギーは、旧作を読み下すうえでも重要」と、結んでいます。事実、新作というものは従来の作品を通した、新しい感性で演じます。利休は演技で演じきれると思いません。大地に足を踏まえてエネルギッシュに演《や》る、それしか方法はないです。

さらに、この作品を通して「わび」「さび」というものに初めて触れたと実感しました。室町時代の、いぶし銀のような銀閣寺の世界、その姿をそのような言葉で表現できるのではないかと思いました。また「利休」という名前の由来、「名利共に休す」はいわゆる名誉とか利欲を一切止める。そこに利休は自分と茶の道を確立したのではなかろうかと……。

利休の精神というのは能と共通するところがあると思います。作為的なものを排除することによって、侘茶《わびちゃ》の世界が生まれたのではないでしょうか。だんだん年を増していくと若い頃の芸と変ってきます。さびた感じというのは日本（人）独特の美意識です。いわゆる消去法、近代の絵画では、東山魁夷の『道』という絵がやはりこういう精神で描かれていると思います。

この『利休』のテーマでもある朝顔、この役をご宗家がされたわけですが、秀吉が朝の茶事に利休の庵を訪ねると、すでに利休は朝顔の花をすべて摘んでしまっていて茶室に一輪だけ咲かせたという逸話（「朝顔の茶会」）があります。朝顔の美を一輪に集約させたわけですが、これも能の精神と通い合っていますね。

当時の大名は、舞や謡を嗜み（能楽）、茶の湯と生け花を楽しむ、いわば三位一体の生活です。これは日本文化のある一面を表わしているのではないでしょうか。

『利休』初演のときには、利休の肖像の掛軸に千宗室家元が献茶（お茶湯の儀）をなさって、それに引き続いて能が始まりました。掛軸から利休が登場してくるという演出でなされたわけです。終わって楽屋に戻って参りましたら、どなたかに次回は直面で演ったほうが良いと言われ、東京のときには直面でいたしました。それとご宗家には、私がデザインした朝顔をイメージした長絹《ちょうけん》を着ていただきました。いわゆる朝顔染めという藍染めで、上が白くて裾に行くほど濃くぼかし、朝露に見立てた銀の雪輪模様をつけました。そういう能装束はないのです。
また、『利休』の作者は深瀬サキさんですが、この作品で忘れられない言葉（詞章）があります。秀吉に切腹を命じられ、「自然と申さるるやさなり。わがひと世は茶の湯なればおのれが命乞いは茶の湯の命を絶つことぞかし」。利休は自分の命、命脈を絶つことによって茶の湯が生きる。命を助けてくださいと言うと茶の湯が死んでしまう、と。その利休の精神、それは今の茶の湯の精神とつながっているのではないでしょうか。

（編注）節付・型付＝野村四郎、地頭＝梅若六郎（玄祥）ほか。

11　ソメイヨシノ

「靖國の　英霊誘ひ　天女舞ふ」

昨年（二〇一五年）は戦後七十年という大きな節目でした。その鎮魂の祭りに依頼され、靖国神社で『羽衣』の舞囃子を舞いました。さて昨年から本年にかけて、能楽界は数々の重鎮を失ったこと、誠に惜しみてあまりあります。春を迎えますと桜の便りが届いてまいりますが、その花の便りとこのことが私には結びついて思い出されます。加えて、染井能楽堂が甦ります。桜と言えばソメイヨシノです。今の駒込あたりに染井という所があり、三代徳川家光公が庶民の心の和みにと、桜を品種改良させて江戸に増殖したという話が伝わっております。その桜がソメイヨシノだそうです。

その染井には戦後、能楽堂がありました。その能舞台は前田家から松平家の所有として根岸にあったのを移したと言われています。東京の戦災によってほとんどの舞台が焼失してしまった中で唯一残った（実際には三つぐらい）、その染井能楽堂で観世会が催されていました。この能楽堂は戦後の激動期を支え、能楽復興の起源となった舞台ではないかと思われます。またそこでは囃子方の養成事業も行われました。三役養成会の第一期生には、第一線で活躍している方々が大勢おられます。当時の師匠は名人揃い、藤田大五郎、一噌正之助、寺井啓之、寺井政数、幸祥光、北村一郎、幸円次郎、穂高光晴、森重朗、鵜澤寿、宮増豊好、川崎九渕、吉見嘉樹、安福春雄、亀井俊雄、大倉七左衛門、それから柿本豊次、金春惣右衛門、宇野親一、観世元信、そういう諸氏が指導をされていました。その方々は戦後の新しい感性も持ち合わせながら、先人から受け継いだ魂も渾然一体となって体の中にあるという風で、その芸は独特な空気を持っておられました。我々もお手伝いに伺って舞囃子や稽古能で参加し、私は地謡の端っこに座らせていただきましたので、非常に懐かしく思っております。その後、戦災の前にあった大曲《おおまがり》の能楽堂のあとに新しい観世会館が新設され、そこから大きな一ページが始まるわけです。

人間の一生というものも有為転変です。その中で芸能というものがどうやって生きるかということ、その転変というものにただ沿ったのではなくて、その有為転変する価値観の移り変りとともに呼吸をしながら、伝統と改革というものがその中から生まれて来やしないかと思うのです。先人がどんどんいなくなっていくというのは、なにか散る花を見るような感じがいたします。花が散ると、次には芽を吹くわけですが、日本の芸能というのは、桜の花のように散ったらその人の人生とか持っていた芸とかがすべて終わりになってしまうような気がします。しかし花が散り葉が散る、散ると土に戻り、翌年にまた芽が息吹く、これは輪廻思想、循環思想です。秋に木の葉が散って、そしてまた春に青い芽を吹いて緑が甦る、これが自然の哲理です。ですから過去を大事にして今につながっていくわけです。時代が移り変わっても、能は能でもっていつも新鮮になって甦ってくる。時代が移り変わろうと、能の精神というのはそういうふうに存在したいものだなと思っています。しかし花を見る目（感性）は、どんどん変わってよいと思います。奈良・平安時代の人から今日に至るまで、桜の愛で方、鑑賞の仕方は時代時代によって違います。能の世界も、そうであれば行く末が明るいのではないでしょうか。

染井能楽堂が、今は横浜能楽堂に移設されています。前田家のご縁でしょうか、鏡松の竹に梅が添えられてあるのがとても妙味だと思います。偶然に先年、『檜垣』を舞ったときに久々に舞台の下見に行きました。長い変遷を経たというのでしょうか、独特の雰囲気を醸《かも》し出していて、「こういう鏡板《かがみいた》のような『檜垣』ができればいいな」とふっと洩らしました。幾度もの激動期を乗り越えた松が、その証しのように存在しているのです。鏡板の前で舞う人間として、私は昔から四本柱が師匠だと思えと申しています。その師匠の前で舞を舞うような、厳格なまなざしを鏡板に対し感じました。そして、その横に添えてある梅が慈愛のまなざしでそっとやさしく見ていてくれるような……、何か一つの心、ドラマを感じました。

12 映画『能』

今からちょうど五〇年前のことです。一九六六（昭和四十一）年に外務省が企画し桜映画社製作で、日本の伝統文化の「能」を紹介する映画が作られました。タイトルは『Noh Drama（能）』、英・仏・独・葡・伊・西の六カ国語版で、その後一九八七（昭和六十二）年に日本語版が作られ、それは文部省特選の栄を受け、また英語版は第一〇回日本紹介映画コンクールで金賞を得ました（カンヌ国際映画祭短編フィルム部門に正式出品）。

先日、武蔵野大学能楽資料センターで、「能・狂言映像史研究序説――啓蒙・教育映画『Noh Drama』『狂言』を中心に」（公益信託稲生雅治・惠子能楽振興基金に基づく研究会・第一回）が催され、三浦裕子氏（同センター長・文学部教授）より招かれ、同センターに赴きました。櫻間金記氏（シテ方金春流）と私、羽田昶氏（元センター長・客員教授）ほか関係者が集い、映像（日本語版）を拝見しました。

「この映画の製作当時は、まだ能の認識が今日のようではなかった。優雅だが古めかしい舞台芸術というのが一般の見方だったので、（略）まず、現代人に受け入れられる演劇性を備えた演目として『藤戸』（後藤得三）と『松風』（観世寿夫、ツレ野村四郎）をやや長く、前後に据えた。間に、先行する民俗芸能との関わりという点で、『高砂』（宝生英雄）と『土蜘《つちぐも》』（西川〔櫻間〕道雄）を、また能の舞踊性と技法の多様性を見るために『猩々《しょうじょう》乱《みだれ》』（先代梅若六郎）と『道成寺』（観世静夫〔先代銕之亟〕）の見せ場を加えた。」

（製作当時のプレス・シートより「『能』日本語版完成に寄せて」横道萬里雄＝監修・指導）

舞台は観世会館であったり梅若能楽学院会館であったり一カ所ではないのですが、映像には能ばかりではなく楽屋や鏡の間も映されています。空気感が今とまるっきり違う……、方々《かたがた》の佇《ただず》まいも含めて舞台の映像から感じられる空気、半世紀前はかくあったのか、と驚嘆しました。一つ一つの作品を通して、現代との相異をしみじみと実感しました。奥行きのある表現、一挙一動……、「能とはかくあるべきだ」と鉄槌を下されたような気がしました。

印象に残るのは後藤得三氏と櫻間道雄氏です。道雄氏の『土蜘』や得三氏の『藤戸』などは現代の趣向とは異なる空気が画面一ぱいに漲《みなぎ》り、いわばいぶし銀のような〝さび〟の芸と申せましょう。ふとその昔、櫻間道雄氏が『源氏供養』を舞われたときのことを思い出しました。後シテで出てこられたときに、何か薄い雪洞《ぼんぼり》の光と香《こう》の立ちこめるような匂いを感じたことがあります。香りのする芸、舞台全体に夢幻的で絵画を見るような世界が広がったのです。

観世寿夫氏の『松風』は、世阿弥が古曲『汐汲《しおくみ》』（田楽）を改作し純粋な美の世界をより強調した、まさしく世阿弥志向の『松風』だと思いました。いわゆる『井筒』に共通するような『松風』なのです。鋭利なる感性で世阿弥の持つ美学を体現したのは、この『松風』ではないでしょうか。私はこれを〝月光の舞〟と命名しました。寿夫氏は内的な心の創造、心のオリジナル（独創）によって能の改革をめざしたのです。

「演者も観世、宝生、金春、喜多のシテ方四流をはじめ主な流派の代表的な名手を揃えることができた。このたび初めて完成した日本語版を見直してみて、これだけ目の詰まった作品を作るのは、現在でも容易ではあるまいという思いが大きい。それに、出演の人びとの多くはすでに故人であるが、その至芸に接することができるのも映画ならではのことで、感慨無量である。」と横道氏が書かれていて、まさに同感です。芸の根本は、時代時代の体験が育むものでしょうか。

この映像で五〇年前の自分というものも感じ取り、月日の流れ、過去と現在と未来を考えました。過去を振り返ることによって未来性を高めていくのです。温故知新、昔の能を見ることによって新しきを知るわけです。世阿弥曰く、「公案して思ふべし」(『風姿花伝』)。戦後二〇年、復興半《なか》ばにして国が行政として行ったということに敬意を表します。海外に向けて発信した、先人のすばらしい〝大和魂〟ではないかと思います。

(編注)映画『能』カラー三〇分、語り(日本語版)観世栄夫(檜書店よりDVD発売中)

13 「多武峰　談山能」

過日、五月半ばに久々に奈良へ赴きました。小鼓方大倉流宗家大倉源次郎氏の依頼によるもので、常々「多武峰《とうのみね》　談山能《たんざんのう》」というものが催されていることは存じていましたが、このたび私がそこへ出向くことができたことは大変うれしく、思い出の一日となりました。

談山能を実行されている会の名誉会長は梅原猛氏、会長の加藤精一氏(岡三証券会長)ほか、能楽師の錚々《そうそう》たる方々が委員をお務めになり、その中で総務の任にあたられているのが大倉さんでした。加藤様は長らく観世流の流友として御支援をいただいた方で、今年一月に御急逝されたことは惜しみても余りあります。談山供養能という意味合いも感ぜざるにはおられません。

さて、奈良に到着。降りたとたんに空気の違い、神秘的なパワーを感じました。何かひんやりとした空気、その空気を吸うと身も心も六根清浄《ろっこんしょうじょう》されるようでした。またバスからの景色には、何か祝詞《のりと》と声明《しょうみょう》が響いてくるような雰囲気がありました。「山川草木みな仏なり」という言葉があります。山川草木のすべてに魂が宿っている、それが日本人の精神性であり根本です。宗教観とも違う自然観とでもいうようなものです。それが奈良の自然の中にあると感じたのです。

この多武峰は、大化の改新の中臣《なかとみの》（藤原）鎌足《かまたり》と中大兄皇子《なかのおおえのおうじ》が蘇我入鹿《そがのいるか》を討って蘇我氏討伐を企てる談合（談《かた》う）をしたと伝えられる「談《たん》の峰《みね》」の名に由来し、談山神社（旧妙楽寺）の御神像はその鎌足公を祀っています。摩多羅神面《またらじんめん》と呼ばれている神社秘蔵の、大ぶりの翁面（白式尉）を拝見し、独特なおおらかさを感じました。私流に例えるならば、このおおらかさは大和の心ではなかろうかと思います。芸能と宗教の習合です。そんなことを思い、皆さんと奈良のパワースポットでのひとときに、身体を整え、翌日の備えといたしました。

翌五月十八日の当日は、『談山翁法会之式』梅若玄祥氏、それから観世宗家の『三輪』の演能がありました。あけて十九日は世阿弥の父、観阿弥の祥月命日と伝わり、この二番のほかに観阿弥原作と伝わる『自然居士《じねんこじ》』『松風』『百万』、『通小町《かよいこまち》』（筆者）の仕舞が演じられました。

今回は談山神社での催しの五年の区切りとされるわけですが、古《いにしえ》の談山能（多武峰猿楽）では新作やいろいろなものを演じ発表して、その評価のもとその年の作物の吉凶を占っていたと聞きます。『風姿花伝』にも「座敷を見て、吉凶をかねて知る事は……」と世阿弥が問いかけていますね。客席の様子からその場の空気を読み、その時に応じて演じる。観客と心がひとつになり作品や演能の善し悪しを判断し改善するという、ある意味では大きな試しの場でもあったかもしれません。

また、この一帯は芸能発祥の地であると思われます。観世座発祥の結崎《ゆうざき》(磯城《しき》郡川西町、ここには面塚がある)や観阿弥・世阿弥の祖と『風姿花伝』神儀篇に書かれている、秦《はた》氏に縁ある糸井神社(川西町)や、世阿弥夫婦が帰依した補巌寺《ふがんじ》(田原本町味間)、また宝生座の外山《とび》(多武峰の外郭)なども多武峰が源流という寺川沿いにあり、能楽史上、重要な場所が点在しているそうです。

また奈良は芸能、音楽の都です。考えてみれば仏教の声明、祝詞や神楽も、もちろん能も音楽です。いわば祈る音楽、「祈禱音楽」と言えるかもしれません。祈禱音楽である『翁』から出発して、だんだんとドラマが誕生して演劇的になってゆく、音楽と一緒に演劇化される、そういう歴史を辿ってきたのです。

我々現代の役者は能の歴史を背負って、日本人の心や文化、大和の持っているおおらかさ、大和心を能楽を通じてオリンピック・パラリンピックなどで世界の人たちに示すことにより、平和への礎《いしずえ》となり得るのではないでしょうか。

(編注)「談山能」は、平成二十一年に梅原猛氏が長岡千尋宮司の案内で摩多羅神面に対面されたことがきっかけとなり、その後の権殿（常行堂）の修理完成に伴って実現した。二十三年に観世宗家がその面をかけ権殿にて『翁』を奉納し、次年以降『多武峰式　翁』と神社所蔵面使用の能が行われてきた。また、二十三年、二十七年のシンポジウム「摩多羅神面と翁――能楽の原点を探る」「大和多武峰の翁――同二」では、摩多羅神や摩多羅神面に関する問題などが天野文雄氏、松岡心平氏、宮本圭造氏ほかによって提起された。なお平成二十八年の談山能の模様は、ＮＨＫ・Ｅテレで放送された。

14　名人、橋岡久太郎の面影

一昨年（二〇一四年）、橋岡慈観（久共）氏が残念にも急逝されました。私は観世宗家の内弟子の頃より、橋岡家主催の淡交会に参上させていただき、それまでのつたない認識とはまるっきり違う世界を学ばせていただきました。その頃のご当主は橋岡久太郎先生、ご子息には久馬さんと久共さん、お二人の兄弟がおられ、ご先代元正宗家が淡交会で勉強しておいでと仰ってくださって、私は地謡に出演させていただいたというわけです。

橋岡久太郎先生の世界は独特なものでした。芸風を一言で言えば茫洋《ぼうよう》とした芸というのでしょうか。果てしなく広々とした世界のような、そういう芸です。その芸風は私にとっては大変な驚きで、いわば異次元を感じるような、それほど特殊なものでした。

その謡と型の技法は独特。合理的世界とはまったく異なったもの、間《ま》拍子も型も私の認識を超えたもので、これも観世流かと疑問を感じました。私の発声、言葉、節、これに対して厳しいご指導を受けました。型で申せば、体全体で舞う、そういう世界なのです。先ほどの茫洋とした世界が、また表現にもつながるのです。体全体で表現して気持ちが果てしなく広がる、私には新鮮で革新的に見えました。

その後随分遅れてのことですが、銕仙会で横道萬里雄氏の講座があり、その講座で実演を担当させていただいた折に、久太郎先生の間拍子の取り方は、横道氏に「近古式《きんこしき》」の当たりというと教わりました。ここでは詳しくは申せませんが、例えば一拍が言葉をいかに生かし強調するか、ここに根本があると知らされました。メトロノーム的な合理的な間《ま》ではなくて伸縮自在に表現されるのです。また、舞の拍子の踏み方に独特なノリがあり、楽器を演奏しているがごとき間と強弱とリズム感があり、「楽《がく》」の拍子などは特別な感性でした。

こういう謡を体験し、舞を拝見したということを、今は宝のように感じています。後に聞いたことですが、先代山本東次郎師が久太郎先生の拍子の踏み方を絶賛されていたとうかがっています。

拍子当たりも謡も独特でしたが、それを打ちこなすお囃子方もおられたわけです。合理的には計れず、今では到底考えられませんが、その謡と謡の緩急、その一拍の伸縮を囃子方も受け取って共演していたのです。その謡を久太郎先生の芸として感じますが、歴史の流れ、伝統継承の中でそのような芸が誕生したのだろうと思います。時代時代の価値観、ここにあり。

あるとき、能『船橋《ふなばし》』のツレの役をいただき、お稽古にうかがいました。シテとツレの連吟、上歌の中の「二河《にが》の流れはありながら」、ツヨ吟からヨワ吟に転調するところですが、ここまできて、「二河の」と何遍やったか数知れず、何十遍も繰り返し謡っても先生の意に沿うものではありませんでした。「二河の流れ」、「ダメ」。「二河の流れ」、「ダメ」。……、挙げ句の果てに稽古中止。最後に一言、「お前たちはこの道には不向き、やめなさい」。あまりの言葉に愕然としました。忘れられない一言です。宗家に戻り、家元にご報告、「橋岡先生に『やめろ』と言われました」と申し上げたら、「ははは……」とお笑いになり、その笑いがなんとも言えない笑いで、お家元も久太郎師の芸の有りようを当然ご存じで、笑みを浮かべられたと思います。

『阿漕《あこぎ》』の能では、「俄かに疾風《はやて》吹き」と面をぱっと切られると、舞台全体に疾風が吹きすさぶようでした。それが特に印象深いのですが、ほかにも断片的にいろいろ思い出します。晩年の能『室君《むろぎみ》』では、重ツレの観世寿夫さんとともに、私もツレに出させていただいたことなど思い出します。

ここに継ぐものは？　芸は生きもの……。

15　大慈大悲

元旦早朝に、NHK Eテレ『新春能狂言』が放映され、『西行桜《さいぎょうざくら》』を演能させていただきました。お家元に地頭をしていただき、また御宗家の本面「皺尉《しわじょう》」と、錆朱《さびしゅ》の狩衣《かりぎぬ》を拝借して演じたという、終生の思い出に残る能となりました。

ほかの芸能にはあまり見られないと思いますが、草木の精をテーマにして劇をつくりあげる、これは能の独特の世界ではないでしょうか。現行曲の中にも、『西行桜』『遊行柳《ゆぎょうやなぎ》』『藤』『六浦《むつら》』……、と多くの曲があります。

『西行桜』はご存じのとおり、西行法師が「花見んと群れつつ人の来るのみぞ　あたら桜のとがにはありける」と歌を詠み、桜の精はそれに対して反論します。「浮世と見るも山と見るもただその人の心にあり　非情無心の草木の　花に浮世のとがはあらじ」、桜に咎《とが》はありませんよ、と戒めるわけです。西行は鳥羽上皇に仕えた北面の武士でしたが、現実世界が嫌になり出家してしまった人です。この歌のやりとりで、桜と西行は師匠（桜大僧正）と弟子の関係のようになりますね。この曲は「戒め桜」ともいえるのではないでしょうか。

「花に咎はない」というのはやはり大和の心、自然というものにみな魂が存在すると考えています。自然に対して畏敬の念を持つというのは大和の心でしょう。その心が「草木国土悉皆成仏」という言葉になり、その精神性によりこれだけの草木の精を主人公とした作品が生み出され、根本にはその大和心という日本人の大事な心、心身が伝統の中にあるということを思いました。演じるときにも、何か違う気持ちになります。座禅を組んでいるときの状況、その精神状態を性根に持って演じなければと、このたびよくよく感じました。

座禅の心、心を無にするというようなことですね。座禅とは姿勢を正して座し、心を統一させる修行の一つで、物事の真実の姿を見きわめ、これに正しく対応する心を養うこと、すなわち心を一つに集中させることで自己と向き合うということです。

たまたま昨年（二〇一六年）十一月末に横浜能楽堂で『六浦』を演じました（開館二〇周年記念、同能楽堂企画公演）。続いて十二月初めに先に述べた『西行桜』の収録がありました。私はそれぞれの作品と向き合い、心の安定を計り、今までとは異なる能を模索し演じることに心掛けました。それから一月末には、能楽協会主催、日本能楽会共催の「能楽フェスティバル 2017-2020」の第一部特別公演で『隅田川』を舞いました。草木の精とは対照的な、煩悩とか迷いがドラマになっている人間の情を描くような作品です。

この「オリンピック能楽祭」とは二〇二〇年の東京オリンピック・パラリンピックに向けて、日本文化の粋である能楽を日本や世界に発信し、振興発展も目ざすといった、能楽界挙げて取り組んでいる大きな運動です。

　またここで、「大慈大悲」という言葉が浮かびます。苦しみとか悩みとかが起こり、この大悲に触れて信ずる心が生まれる。そして、あらゆる手立てによってすべての人々を救う大慈の心。これが『西行桜』の心ではないかと思います。人とともに迷い、人とともに悩む大悲の心。大悲の心を大慈の心が救うわけです。ちょうど『隅田川』で、子を思う母のように、しばしの間も捨て去ることなく守り育て、救うのが仏の心であると思います。また信ずる心によって悟りが得られる。それは子を愛する母の心と、母の心に触れて子の心が安らかになるようなものです。片や座禅に通じ、片や煩悩と迷いに沈む、不思議な二曲の対比体験をしました。これらは両方とも日本人の美学ではないかと思います。雑念から派生した美と昇華された美、いわゆる人間の世界と人間の世界を超えた世界。『隅田川』という曲は、心身の不安定が一曲を通じて描かれていて、これを演技者として客観的にとらえ表現する。『隅田川』の象徴は作り物の柳です。「柳桜をこきまぜて」と『遊行柳』にありますが、ちょうどその詞章のような日々の中で錯綜しながら過ごした、年末年始です。

16　舞台を磨（研）く

内弟子の大事な仕事の一つに、舞台拭きがあります。「いつかは自分もこの舞台に立ちシテを演じるんだ」、その思いで舞台を磨くのです。これは取りも直さず芸を磨くことに通じます。舞台拭きは舞台空間を身に付ける、一番の方法なのです。私は舞台を磨くことによって、知らず知らずのうちに舞台空間を内弟子中に覚えました。

舞台を磨く、芸を磨く、精神を磨く、人格を磨く、心を磨く……〝みがくこと〟つまり研磨するという意味は、深く研究研鑽したり心身を鍛えるということです。我々能役者は体験を通して芸を学び、繰り返し稽古することにより自分を鍛錬し、芸を磨いて行くのです。

実際、舞台の拭き方にもコツがあります。まず舞台の塵《ちり》を払います。そうして板目に沿って固くしぼった雑巾で拭きます。新しい舞台は特に豆乳を使用し、表面に油をしみ込ませるのです。この時にちょっとした工夫があり、柱に接する板は柱のところまで拭いたら、そのまま柱に這わせ垂直にすり上げるのです。柱の下部の色に斑《むら》ができないように、舞台と柱が同化し自然に見えるようにするのです。そのあと炒糠《いりぬか》の袋で磨いてつやを出します。ちょっとした気遣いが舞台にとってとても大切なことです。

私は以前、四本の柱は四人の師匠（師匠柱）で、舞台に立つといつも四方からにらまれているような厳格なまなざしを感じる、と申し上げたことがありました（「11　ソメイヨシノ」の項参照）。三間四方の空間でどう構えるのか、どの位置に居るのか、常に存在が問われます。その舞台を一所懸命磨くという行為が、能役者としての第一歩なのです。

もう故人となられましたが、十五世宗家喜多実先生はかなりのお年まで自ら舞台拭きをされたそうです。心底、襟を正される話です。実先生のすばらしい舞、その強靱《きょうじん》な微動だにしない腰が脳裏に浮かんできます。それは、厳しい修練を重ね技術の習得で得られたものなのでしょうが、あるいは舞台拭きの錬磨によって、もたらされたものでもありましょうか。

四　全てがわが師匠

能楽堂の舞台

狂言の家に生まれ、三歳から父の手ほどきを受けて育った。狂言と表裏一体の関係にある能は身近な存在だったが、自分が能楽師を目指すようになったのには戦争体験が影響したと感じている。新潟に集団疎開して栄養失調となり、生きながらに餓鬼道を見たことや、戦後の荒廃のなかで過ごした少年時代。人間の喜怒哀楽に飢えていた。

そのせいか十代の頃は切った張ったの西部劇よりも恋愛映画が好きで、硬軟で言えば軟派。ロマンチストを自認していた。知らず知らずに具体的なセリフ劇の狂言よりも、詩的な能に魅了されていったのだろう。

十五歳で能の世界に飛び込んでから、一〇年間の内弟子時代を振り返ると、能舞台の床を清める雑巾掛けが日々の修業の根本だった。能楽堂で舞台の汚れを防ぎ、平滑に保つために豆乳や炒《い》り糠《ぬか》を含ませた雑巾で掃除する。もちろん自分が能を舞うためにではない。「舞台に上がるのは舞うためでなく雑巾掛けするためなのか」と思うと、それはただただ悔しかった。「いつか舞うんだ」「今にみてろ」と自らを叱咤《しった》する毎日だった。

後になって思うと、雑巾掛けにより足腰が鍛えられただけでなく、能楽堂の舞台空間を体得することができた。能面をかけて舞台に立つと視界は限られて、位置感覚をつかむのが非常に難しい。同時に悔しさに耐えることで、後に舞台で発揮する精神的なエネルギーを蓄積していた。

いまでも能舞台で物言わず真っすぐ立っている四本柱に囲まれると、四人の師匠に厳しいまなざしでにらまれているような気分になる。おのずから体に緊張感が生まれる。能は曲線的な人間の体を直線的にみせる芸術。柱に負けないように立ち、舞台の空気にふさわしい居住まいがないと見苦しい。だから四本柱は能の師匠だと思っている。

内弟子になった日からつけていた日記が残っている。「稽古についていけないのが寂しい」とか「今日もダメだった」とか。思ったことをしゃべるわけにはいかない環境で、誰かに訴えたかったんだろう。稽古で教わったことをメモしてあったり、気晴らしにエリザベス・テイラーの似顔絵を描いていたりもする。実家に帰れるのは正月だけ。内弟子になった年に詠んだ俳句が記してあった。

「秋の夜の　月見て家を　なつかしむ」

観世宗家の扇と父の色紙

「鼻高く　頭も高く　気も高く　高慢な芸　たかが知れたり」――。父の六世万蔵が記した色紙で、狂言や能に限らず、芸を志す人間の心得を面白く言い表している。ずっと自宅の床の間に飾っている。

父の時代はまだ世阿弥の再評価は進んでいなかったが、この言葉は世阿弥の精神に共通する。「稽古は強かれ　情識はなかれ」という世阿弥の言葉がある。稽古は厳しくていい、情識（思い上がりや傲慢）はあってはいけないという意味。常に目の前のことについて是か非か、自問自答しろということだ。

前進するにも、たとえ現状を維持するのにも「かくあるべきか、かくあるべきだ」と自問自答し苦悩せよ、と。これは洋の東西を問わず、あらゆる芸術の地下水脈として流れている共通認識のように思う。

先輩たちは芸の心得を短い言い回しで巧みに表現していた。父の「下手な能は狂言だ　下手な狂言は能だ」という強烈な言葉も記憶に残っている。下手な能はおかしいし、下手な狂言は面白くないということを単純に言っている。私が若い頃、別の先輩に「せめて下手になれ。下手の次は上手だ」と言われて励まされたこともあった。「稽古を一日休むと神が知る。二日休むと己が知る。三日休むと客が知る」という言葉も忘れられない。

そうした言葉に導かれて修業に耐えてきた果てに、平成十七（二〇〇五）年、二十六世宗家の観世清和師から頂いた老女扇がある。自分にとってはオリンピックの金メダルのようなものだ。観世宗家にのみ伝わる「柳浪ニ鷺《さぎ》　椿《つばき》ニ若松」という江戸時代の図柄だ（**口絵九頁**参照）。

この扇は小道具を超越した芸術作品だ。柳と鷺と水の組み合わさった表側は非常に繊細で躍動的な画が描かれている。実は裏側が特徴的で、通常の老女扇はカラスの図柄だが、これは非常に派手で独特。椿と若松の二つの模様がふすま絵のように様式的に合わさっている。まか不思議な図柄で、こんな大胆な扇はない。実際の舞台でも使わせていただいている。老女物を舞うときはもちろんだが、裏をみせて『弱法師《よろぼし》』をやることもある。私の宝物だ。

父が打った「泥眼」と「小面」

能楽師が面《おもて》を打つことは珍しいことではないが、父の六世万蔵は生活のための副業として能面をつくっていた。現在のように日々能狂言の公演もなかったころの話だ。祖父の初世萬斎の方針で、息子である父らに彫刻や絵画を習わせたのがきっかけだったと聞いている。

狂言面はいまでもオリジナルのものをつくることがあるが、能面は江戸時代より前の一時期に創作されたものを模作するのが基本だ。私の手元には「泥眼《でいがん》」と「小面《こおもて》」の二面、父の打ったものがある。女の妖気に満ちた「泥眼」の面はもともと観世宗家にある名品で、江戸初期に河内大掾《かわちのだいじょう》家重と称した井関河内が打った作品を写したものだ。

これまで色々な能面を見てきたが、泥眼で河内作に勝るものは見たことがない。もともと観世宗家にはもっと古い泥眼の面があったのだが、西国巡業の折に紛失してしまったという。そこで河内が見本なしに心魂を傾けて打ったと言い伝えられている。照りのない独特の彩色だ。

いつも父が自ら刃物を研いでいた姿も記憶に残っている。自宅の二階にちょっとした作業部屋があり、そこに入ると何時間も出てこないことが多かった。戦中や終戦直後はほとんど舞台公演もなく、父にとっては我々息子たちへの稽古と、副業のはずの面打ちが日常だった。進駐軍の関係者から依頼を受けて能面を製作し、お礼に洋服をもらったということもあった。面のほかに根付けなどの小物も上手に彫っていた。

さかのぼれば祖母はミルクホール（喫茶店）を開いたとか、祖父は鉄道省に勤めたとか。明治維新により武家の保護を離れた我々の先達は、いろいろな苦労をしてきたようだ。これから能狂言がどうなるか分からないという不安定な状況のなかから、数々の名人も生まれた。その名人たちが昭和に入って我々に厳しい稽古をつけ、能狂言の伝統を守ってくれた。

戦後、能狂言が復興したことには父も一定の貢献をしてきたと思う。そうして父が副業として面打ちを続けることなく、舞台公演が増えてきたことは幸せなことだった。

観世寿夫の形見の花帽子

これまで多くの先輩たちに救われながら修業を続けてきたと思っているが、中でも私の救世主といえるのが、「昭和の世阿弥」と称された観世寿夫先生（一九二五―七八年）だ。

観世宗家の内弟子時代、楽屋でばったり会ったときに「君、稽古してもらってるのか」と聞かれたので「いいえ」と答えた。すると「なんだ。うちへおいで。稽古してやるよ」と。行きたいのはやまやまだけど、どうしようと思っていたある日、内弟子の仕事を終えた夜に思い切って寿夫先生に「これからいいですか」と電話すると「いいよ」。師匠には内緒で、自室に布団を敷いて寝ているように見せて抜け出した。

夜九時、十時から真夜中まで稽古してもらい、稽古が終わるとお酒を飲みながら芸談を伺う。自室に戻るのは深夜一時、二時。そういう稽古を何度もしてもらった。後に分かったことだが、師匠の宗家は私が夜中抜け出ていたことを知っていたという。知っていて何も言わなかった。その話を第三者から聞いたときは、ありがたくて涙が出た。

内弟子修業を終えて独立後も、寿夫先生のもとで学ぶ機会は多かった。なかでも一九六七年に『鷹姫《たかひめ》』という新作を一緒につくらせてもらった経験は大きな財産だ。それまでは完成された古典作品を稽古して、一所懸命やってはいたが、ゼロからの舞台づくりを経験したのは『鷹姫』が初めて。今まではあぐらをかいていたな、と思い知った。

能はただ台本を見てやるだけではいけない。その裏にあるもの、あるいは行間をどう読むか。台本に書いてあることがどういう意味なのか、回り道して考えるようになった。寿夫先生の舞台づくりは、まさにそういうものだった。

寿夫先生が『大原《おはら》御幸』の建礼門院をやられたとき、後白河法皇に出させていただいたことがあった。終演後、「君が建礼門院をやるときは、この花帽子をあげるからね」と約束してくれた。結局私が演じることになったのは先生がお亡くなりになった後で、弟さんから譲り受けて舞台で使った花帽子は先生の形見となってしまった。

新作への挑戦

人生の大きな転機と言えるのが、六十歳を過ぎて東京藝術大学教授に就いたことだ。今までとまるで違う環境で、邦楽はもちろん洋楽、美術の先生方との親交を得ることができた。在任中に私が発案したのが、各部門を横断して作品をつくって発信しようという新作づくり。忘れもしないのが二〇〇七年に上演した坪内逍遥原作の新曲『浦島』だ。

早稲田大学の演劇博物館に通って資料を集めるうち、逍遥の役を設けようと考え、歌舞伎の坂東三津五郎さんにお願いした。洋楽やダンスも入る長いドラマの節目節目に登場し、軽妙な語りで舞台の良いアクセントになった。

舞台が成功した夜、「学生を連れて行く焼鳥屋があるんだけど」と三津五郎さんを誘った。店の広間に通されて乾杯すると、三津五郎さんが「『道成寺』の乱拍子をやってくださいませんか」と言う。板の間があったので、私が口で鼓を言いながら観世流の乱拍子をやった。同席していた宝生流の能楽師にもやってもらい、「最後は坂東流を」と三津五郎さんに踊ってもらい、思わぬ競演となったことがあった。

文楽の豊竹咲太夫さんと〇八年につくった『隅田川』も思い出深い。能にも文楽にも『隅田川』の台本はあるが、新しい台本を探そうと思い、舞踊研究家の村尚也さんに探してもらったのが古い浄瑠璃の『白川合戦』にあった「都鳥の段」だった。ほかの隅田川物と違い、ラストで主人公が尼となって入水するのが珍しい。花道を使ってゆっくりとあの世に向かうシーンは、咲太夫さんの語りで十分な余韻を醸し出す素晴らしい舞台になった。

昨年(二〇一五年)はシェイクスピアの『ロミオとジュリエット』を新作能として上演した。八十歳を前にしてのロミオ。心にメーキャップしたつもりで純愛物語に挑んだ。

新作をやることは本業の滋養になる。外国に行って視野が広がり、再び日本の良さが分かるようなものだろうか。分野を越えて出会った先輩や仲間たち、すべてが私の師匠であり、尊敬の念を忘れることはない。

学びや能楽堂、有終の舞台

能楽観世流の本拠だった東京・渋谷の観世能楽堂が今月(二〇一五年三月)をもって閉館し、来年秋に銀座の松坂屋跡地にできる複合ビルに移転する。私の能役者人生とともに歩んだこの能楽堂の思い出は数限りない。

十五歳の時に観世流入門　渋谷の閑静な住宅地、松濤に現在の能楽堂ができたのは一九七二年。私が先代二十五世宗家・観世元正師に入門してちょうど二〇年の年であった。

私は野村万蔵家という狂言の家の四男として生まれ、三歳で初舞台を踏み、十代半ばまで狂言役者として舞台に立っていた。兄の萬（七世万蔵）、万作、そして弟の万之介（二〇一〇年没）も狂言を始め、四男の私は何か居場所のなさを感じ、年中見ていた能に次第に引かれていった。意を決して父に「能のシテ方になりたい」と打ち明け、五二年、十五歳の時に観世流に入門した。

大曲《おおまがり》（現・新宿区新小川町）にあった観世の能楽堂をはじめ、東京の能楽堂はほとんど空襲で焼失。残ったのは駒込の染井能楽堂と多摩川園内の多摩川能楽堂、狂言の山本東次郎家の杉並能楽堂の三つだけ。私が内弟子に入った頃の観世会は染井の舞台で開かれていた。

その後、五四年に流儀を挙げて皆さんの協力のもと、大曲に観世会館が建設された。私の若い頃の研鑽はこの能楽堂の舞台で培われた。

大曲から現在の松濤へ　大曲の能楽堂がなぜ移転することになったかというと、首都高速道路の建設や都道の拡幅、地下鉄開通などのため騒音・振動の問題が大きくなったからである。

元正宗家が八方手を尽くされ、最終的に三カ所の候補地から渋谷区松濤の旧鍋島藩邸があった地に決まった。閑静な住宅地に能楽堂ができたのは近隣の方々や東京都などの行政の協力があってのこと。そして、大勢の協力が得られたのは元正宗家のお人柄ゆえであったと思う。

私より六歳年上だったが、幼少の頃にお父上（二十四世宗家）を亡くされ、そのご苦労は並大抵ではなかったはず。穏やかで優しく教養があり、皆が敬慕していた。

「芸は人となり」というが、舞台も穏やかなものだった。焦土から立ち上がり、染井を経て大曲、そして松濤と二つの能楽堂を建てられたのは、流儀の司《つかさど》りとして、常に流儀全体のことを考えられていたからに他ならない。

七二年四月十四日から「観世能楽堂舞台披《ぶたいびらき》祝賀能」が行われ、私は元正宗家の弟の元昭師とともに当時としては斬新なパンフレットの監修を務めた。そして十九日に『望月』を勤めさせていただいた。その時の子方は現在の清和宗家であった。

能楽堂は地上二階、地下一階建て。舞台の様式は唐様を基調とした檜《ひのき》造り、屋根は入母屋《いりもや》造り檜皮葺《ひわだぶき》。

舞台正面奥の鏡板の老松を描かれたのは能画家の松野秀世氏で、大曲の松はお父上の松野奏風氏だった。親子二代のご縁である。

音響、照明も専門家によって整えられ、声もよく通り、残響もない理想的な舞台である。銀座にはこの舞台が解体され移築される。

従来の能楽堂になかったところといえば、二階に敷舞台を併設し、稽古場としたこと。これも元正宗家が若い人たちの養成を考えてのことだった。

一階の楽屋口のそばにイス席の食堂ができたことも珍しかった。それまでは食事も楽屋でしていたので、装束を汚さぬようにと気が気でなかった。

八一年からは勉強会「野村四郎の会」を始めた。『檜垣』『姨捨《おばすて》』『関寺小町《せきでらこまち》』など老女物の大曲も全てこの能楽堂で披かせていただいた。この二月には『安宅《あたか》』を舞い納めた（**本書カバー写真**参照）。

銀座で新たな再生志向　今月下旬に行われる「観世能楽堂さよなら公演」で私は『井筒』（二十七日）を舞う。作者の世阿弥も傑作と自賛する、能役者なら誰もが若い頃にあこがれ目標とした曲である。これをさよなら公演で舞わせていただけるのは感慨もひとしお。心して勤めたい。

四三年間通った渋谷から銀座へ。数年後にはオリンピックもあり、新しい能楽堂は能の海外宣伝に大きな効果をもたらすことだろう。私も新たな再生を目指し、かつ父や元正宗家をはじめ諸先輩方の教えを次の世代へ伝えていきたい。

区切りは自分で見極める

父は、人間国宝の狂言師だった六世野村万蔵。三歳で初舞台を踏み、十五歳まで狂言の修業を積みました。長兄が野村萬、次兄が野村万作です。稽古ですか？　父は明治の人ですから鉄拳が飛んできましたよ。教育の主眼は耐え忍ぶことにあったのでしょう。忍の一字。舞台で生きるには、生やさしい稽古では無理なんです。人間の喜怒哀楽を表現するためにも必要な厳しさだったのでしょう。

狂言の舞台に出ているうちに、だんだん能の素晴らしさに取り付かれていきました。能の幽玄の美というものが、何とも言えぬ魅力として目に映ったのです。もう一つは兄たちがいましたから、私が狂言師になってもどちらかにくっついて舞台に出るしかないという事情もあり、十五歳で観世流の宗家に入門しました。

狂言師から能役者になった例は極めて珍しいと思います。逆も聞きませんね。戦後の混乱期には狂言から能に移る人がいたようですが、今の能楽界には僕以外にいないでしょう。父はそれなりに心配して「四郎が能の道に進みたいと言っている」と周囲に相談したようです。観世宗家への入門時には一緒に行きましたよ。やっぱり父親ですね。

十七歳ぐらいから、戦後の能楽界の救世主と言われる能役者の観世寿夫さんに稽古をしてもらいました。寿夫さんは古典的なものを土台にして近代的な能を作り上げた人で、構え一つにしても合理的、論理的な考えを持っていました。五十三歳の若さで亡くなったのですが、みんながあこがれた天才でした。私は努力の末に成り立つ秀才ぐらいにはなりたい、と今でも思い続けています。

寿夫さんが長生きしたら、現代の能は変わったでしょう。でも道半ばだった。だから私は、「長生きも芸のうち」とよく言います。芸は人生経験がプラスされて良くなっていきます。能役者は五十歳でようやく一人前というのが持論。一人前になってもっとも脂が乗るのは五十五歳ぐらいかな。だから七十八歳の今、一番戻りたいのは五十五歳のころですね。体も動き、華々しい。五十五から六十五歳ぐらいが一番いいかな。

体力は落ちるので自分で区切りを作っています。気力体力の充実する時間を長く持続しないと舞えない『道成寺《どうじょうじ》』『安宅《あたか》』といった能はもう舞いません。区切りは自分で見極めることが大事。一方で、好奇心を常に働かせ、新鮮な気持ちを抱き続けることも必要。楽をしたらだめですね。

父が亡くなった七十九歳を私も十一月（二〇一五年）に迎えます。狂言をやった経験は、能役者人生にとても役立ちました。父は私を「裏切り者め！」と思う反面、ここまでよくやってきたと認めてくれると思います。

いつまで舞台に立てるか分かりませんが、長く役者をやっていくためには、年齢相応の研鑽の仕方を編み出さないといけないでしょう。いかに少なく動きながら最大限の効果をあげるか。若い頃に著しかった作為的な演技を排除して、これからは消去法の芸を身につけていかないといけない。桜の古木の根がどっしり張っているような能を、これからも一番一番舞っていきたいというのが願いです。

宇宙を感じる笛――藤田大五郎を語る

何十年か前のこと、ある能楽研究者の方から、「一噌流《いっそうりゅう》の笛は遠山桜《とおやまざくら》、森田流の笛は墨絵の松にたとえられる」とうかがったことがあります。そのとき、藤田大五郎先生（一九一五―二〇〇八年）は一噌流ではあるけれど、墨絵の松だと思いました。当時、先生の笛は、力強くモノクロの禅の世界といいおうか、修道《しゅどう》的な雰囲気を湛えていたのです。ところが、今日は、ほんのり艶やかで明るい。遠山桜の深遠な芸境に達しておられると感じます。

先生のお宅は、私の家から道路を隔てた少し先にあります。毎朝のように、お稽古されている笛の音が聴こえてきました。そのお宅へ私が笛のお稽古に通うようになったのは十五歳のとき。父・六世野村万蔵の元で狂言の稽古をしていた私は、「シテ方になりたい」と父に願い出、シテ方の修養のひとつとして、笛のお稽古をすることになったのです。その稽古の峻厳なことはよく知られていますが、以来、私にとって藤田先生は神のごとき存在で、本当は先生を「語る」など、あまりに恐れ多いのです。

こんなこともありました。あるとき、舞台に向かうため生意気にもタクシーを待っていると、荷物を持った先生が「おはよう！」と後ろを歩いて行かれる。電車で舞台に向かうのです。私が楽屋に着くと、すでに先生は到着しておられ、恥ずかしくて反省しきりでした。いつでも準備万端、舞台に臨めるぞというその心構え、日常生活は、全能楽師の規範になっています。

また、観世流の地謡は、一番若手が前列の笛座《ふえざ》寄りに座ります。若手たちは誰しもすぐ近くの先生から放たれる緊張感、威厳に度肝を抜かれるのではないでしょうか。能は長い曲ならば二時間以上かかりますが、その間、微塵も動くことがなく、自らに課した舞台への厳しい姿勢に、私たちは性根を入れられるような思いがします。

能の中で特に重要な舞は序ノ舞《じょのまい》です。曲中もっとも作品のドラマ性が昇華された部分ですが、先生の序ノ舞は、それぞれの能のドラマをあますところなく描き出します。たとえば、昨年舞台をご一緒させていただいた『遊行柳《ゆぎょうやなぎ》』。シテは朽木《くちき》の柳の精です。その序ノ舞の笛は、朽木の柳から緑葉が甦り、見事に救済されまた再び朽木に戻っていくという想像を絶する劇的表現でした。能では序破急といいますが、先生の笛には再び序に戻っていくような回帰志向があると感じています。

また、『高野物狂《こうやものぐるい》』という、亡き主君の子を訪ね、物狂いとなった男を描いた能では、その中《ちゅう》ノ舞の、しっかりとした吹き出しに、高野山奥《おく》の院《いん》の静寂と宗教観が感じられ、舞が進むにつれ境内の人々の賑《にぎ》わい、最後に物狂いの男の心中へと、次々と情景が展開するようでした。

私の座右には、先生が演じられた天狗の登場楽《とうじょうがく》「大《おお》ベシ」を録音したテープがあります。時空を超え、雲に乗り風を切って飛来する天狗が眼前に浮かび、異次元、宇宙を感じさせるすごさに身震いさせられます。先生の笛は人跡未踏の境地に到達しています。この大ベシを私は折に触れ、自分の精神の建て直しのために聴いています。先生の笛が私に「喝」を入れてくれるのです。芸は人となりと申しますが、大正・昭和・平成と生き抜かれた先生の人生観すべてが芸に取り込まれています。まさに一代の芸といえるのではないでしょうか。

II 能役者人生

能の世界は夢幻です。夢と現ではなく「ゆめまぼろし」。つまり、実在しない幻影を写す「虚から実」の芸術が能だといえます。一方、狂言は現実を虚構で描く「実から虚」の世界。この二つの世界が合わさって能楽なのです。

（本書一七五頁より）

一　能役者人生——温故知新

仮面芸術としての能

ただいまご紹介いただきました、野村四郎でございます。このような高い所から見下ろしながらお話をするということは普段私共にはございません。まことに不遜なことながら、お話をする内容も準備万端整えておりませんので、あちこちへ脱線というようなことになるかと思います。その辺は私が能の役者でございますので、ご寛容に願いたいと思います。偶然に、本日の会場が桜楓会館ということですね。私、実は先月、横浜能楽堂で『六浦《むつら》』という能をやりました。楓の木の精で滅多に出ない曲目です。それから数日後にはＮＨＫでお正月に放映する『西行桜』という作品を収録いたしますが、これは桜がテーマの作品です。そういう経緯がありますものですから、こちらの桜楓会館の名称を伺って何かご縁があると思いながら、この門をくぐらせていただきました。

能楽に関しましては、学者の方々が本当に素晴らしい本をたくさん出していただいていますし、私どもが歴史的なことをお話しするというのもいかがかな、そちらをご購読いただく方が、正しいことが認識できるのではないかと思っております。

さて、それでは役者である私は何を話しましょうか……、能というのはどのようなものでしょうか。すなわち能は世界に誇るべき日本の宝の芸術ではないかな、と自負しております。

第一に、他の芸術と異なるところを一つ上げろ、と問われるならば、それは仮面芸術ということです。仮面をつける、「能マスク」ですね。もちろん、他の芸能でも、例えば悪魔祓いする時にお面をつけるというようなことは、お祭りなどで各地にございますけれども、演劇としての仮面、劇能としての仮面劇はあまりないのではないかと思います。

それでは西洋にはそういうものがないのかと申しますと……、実はございます。まず、ギリシャ。ギリシャに仮面劇があります。私も若いころギリシャに参り、仮面劇があるということを知っておりましたので、現地の方にいろいろとお話を伺いましたならば、仮面は残っているけれど現在はやられていない、台本と仮面が少し残っているという程度のことで、ほとんど劇としては死滅してしまったということです。残念なことですが、ギリシャの方はそういう具合です。ところが、その活動は日本でもやっているのです。偶然ですが、東大にギリシャ研究会というのがありまして、ギリシャの仮面劇を再興しようという運動をしていました。学生だけではもちろんできませんから、新劇の若い役者を集め、演出家もお呼びして、野外で仮面劇をやっていたのを数度、拝見しております。ほかにはイタリアのピッコロ座、これは今でもあるようですね。

というわけで、能はすなわち仮面劇であるという、ここがまず第一のポイントと思います。仮面をつけないで、顔に何か白粉を塗って登場するということはありません。しかしながら実は昔の人はちょっとした工夫をしていました。そのようなことをお化粧ではなくて「お色付け」と呼びました。特に狂言の役者は、舞台へ青い顔して出て行ったのでは狂言の明るさが出ませんよね。ですからお色付けは、楽屋のお神酒《みき》をちょっといただいて……、化粧ではありませんが、そういうようなことを過去にはしていました。

さあここで、いろいろな仮面を皆さんにご覧いただきながら、仮面の話をさせていただきたいと思います。どうぞ、映像の方よろしくお願いいたします（舞台上のスクリーンに、面《おもて》を映し出しての説明。**口絵一三―一六頁**参照）。

「白式尉」——能の始まり

これは「翁《おきな》」という面《おもて》でございます。私たちは面《めん》とはいわないです。能面という言葉はございますけれども、私共、能に携わる人間は、面《おもて》という、まあ、敬語を使っているような気持ちですね。表裏の「表」というような気持ちもございます。

それで、日本の芸術というのはだいたいが渡来文化でございましょう。奈良時代に散楽《さんがく》というのが日本に伝わって参りました。その内容は多岐に渡っています。喜劇、悲劇、それから一人相撲とか手品、散楽というのは、「散る」「楽しむ」と書くわけですから、まさしく色とりどりの芸能のわけです。それらが伝わる以前には、割と儀式的な芸能の雅楽《ががく》、舞楽《ぶがく》が渡来して参りました。その影響を受けて、日本で出来上がったのがこの「翁」です。「翁」は顎《あご》のところが切れています。能面で顎のところが離れているものは、これしかないのです。ですから「翁」の面というのは、能面にして能面にあらずとも申せましょう。たとえば伎楽面《ぎがくめん》とか、そういう系統の面の影響を受けて、儀式に使う仮面として出来上がったのがこれです。眉毛のところに、真ん丸い綿がくっついております。これは「ボウボウ眉」といいます。ここにことしていて、何か見ているだけでも幸せな感じのする顔ですね。これを掛けて天下泰平、国土安穏を祈るのです。

それから、この面ともう一つペアになる面があります。それは真っ黒い顔をした「三番叟《さんばそう》」という面です。「三番叟」というと、日本舞踊やいろいろな芸能に、能を元にして移ってゆきましたから、ご存知の方も多かろうと思います。すなわち「翁」の面は白く、「三番叟（三）」の面は黒い。ですから「白式《はくしき》」「黒式《こくしき》」と正式には呼びます。「翁」は天下泰平、国土安穏を祈ると申しましたが、「黒式尉《じょう》」は、作物が良く出来ますようにという祈りの儀式を行います。両方とも儀式でございますから、ドラマではありません。能は、たいていこのような儀式から始まっていて、それからいろいろな曲が生まれてゆくのです。

その色とりどりの曲目に使う面が、これから登場して参ります。

「皺尉」——儀式からの脱皮

これも、先ほどと似たような顔をしたおじいさんです。皺《しわ》が特徴的なので、「皺尉《しわじょう》」と呼ばれています。この面は顎のところが切れていません。「翁」の面は「切り顎」といって、顎の部分が切れていました。「皺尉」は「翁」の面から脱皮をして、能独特の仮面が生まれてきたということでございます。この映像の「皺尉」、これは素晴らしい名品です。先ほど申しました『西行桜』という作品の、桜の老木の精には、この面をよく使います。私はこの面を持っておりませんので、観世宗家にお願いをしまして、それこそ世阿弥の時代から代々伝わっている面（本面）を拝借して、『西行桜』を収録いたします。その放送をもしご覧いただく際には、その面が、代々伝わっている面なのだということも思い出していただきたいと思います。

「十六」――平家の若武者

この面は見ただけで若いということがわかりますね。どういう時に用いるかというと、「初陣《ういじん》」、初めて戦争に出るというような時です。たいてい元服して戦《いくさ》に行くわけですね。この面の名前は「十六《じゅうろく》」といいますが、ちょうど十六歳という意味をこめて「十六」と呼ばれています。目もきりっとしていて素敵な面だと思います。ただし、戦というと、まず『平家物語』をご想像なさると思いますが、平家の武者と源氏の武者は全く顔つきが違います。「十六」は平家の若武者が使う面です。源氏の武者というと、もっと荒々しい感じの顔つきをしています。ご存じの通り、平家は貴族的な生活の中でどんどん侵されて、滅亡の一途を辿ってしまうわけですね。それはやはり貴族文化にあまりに接しすぎたために、戦をすることが二の次になり、笛を吹いたり琵琶を奏でたり、そういう芸能の方に重きを置くようになってしまったからだという説があります。ですが、平家と源氏の違い、平家は船戦《ふないくさ》が強いです。平家というのは船戦はもう誰にも負けないくらいに強いですね。一方の源氏は陸《くが》の戦です。馬に乗っての戦は源氏というふうによくいわれております。それで「十六」、これは平敦盛役などに使います。

「中将」——雅な男性の象徴

これが「中将《ちゅうじょう》」という面です。この面は平家の武者にも用いますが、例えば光源氏とか、あるいは在原業平とか、雅な男性、そういう役に使います。「中将」という名前がついておりますけれども、これもなかなか良い面です。

「三日月」の面——亡霊の瞳の秘密

これはちょっと怖い顔をしていますね。「三日月《みかづき》」という名前がついております。平家の武将に平知盛《たいらのとももり》（清盛の四男、母は時子）という人がいました。戦に敗れて壇ノ浦の海に沈んで、その亡霊として現れるような役（『船弁慶《ふなべんけい》』の後）にはこれを使います。今までの面はみな墨で描いてあるのですが、この面は目のところに金箔をあしらい作ってあります。目の金箔を、墨で描いたのではなくて金物をはめてある。それは目をより強調しようという細工なのです。この面が直に顔を出すことはありません。たいてい黒い髪の毛ですが、そういうのをご覧になったことがありますか？　頭に黒（黒頭）とか赤（赤頭）とかのちぢれた髪の毛で、能では「頭《かしら》」といいます。むろん日本にはこのような毛がないので、中国を経由して輸入したヤクの毛を使って、そういうものを作ったのですね。ですから、今もなかなか手に入りません。

「痩男」――僧が考案した亡霊の面

これはちょっと怖い面ですね。これは「痩男《やせおとこ》」といいます。もう人間を離れて亡霊となった顔です。完全に痩せ衰えて肉付きがございません。この作品を作った人は氷見《ひみ》といいます。氷見とは土地の名前、お聞きになったことあるでしょう。富山ですね。富山に氷見というところがあります。あそこの僧職にあった人が、面を打って、それで考案した面だと称されています。僧はいつも死者と対座しているわけです。ですから自然とそういうものがイメージとして湧いてきたのでしょう。これが氷見の作品で「痩男」と申します。

「蛙《かわず》」――代々継承された重要美術品

これはやはり「痩男」ですけれど、少し顔付きが違います。ある動物に似ているということで「蛙《かわず》」と呼ばれています。蛙《かわず》、すなわち蛙《かえる》。実に名品でございまして、観世銕之丞家に伝わっている面です。先ほどは本家（観世宗家）の面の話をしましたけれども、銕之丞家は分家です。これは重要美術品に指定されている面でございます。素晴らしいこの面を使って名演技をされた、私の尊敬してやまない方がおられます。それは観世寿夫という、戦後の能の、いわゆる改革者でした。寿夫さんはこの面を使って『藤戸《ふじと》』という能を舞われました。素晴らしい演技だったと、未だに脳裡から去らないくらいに私の心には刻まれております。

「獅子口」——迫力溢れる子獅子

これは「獅子口《ししぐち》」といいます。獅子というと……、神社に行きますと、狛犬が二つ左右に並んでいますね。口の開いているの（阿）と、それからもう一つ口を結んでいるもの（吽）と、両方あります。口をカッと開いているほうを獅子といい、口を結んでいるほうを狛犬といいます。これが正しいかどうか分からないのですが、いろいろな説のうちの一つとご紹介させていただきます。

この面は口をカッと開いていますね。ですからこれは「獅子」と呼んでよろしいわけです。これは、実は子獅子です。親の獅子は観世の本家にあり、これは分家の子獅子なのです。分家が興された時に、本家がいろいろ分け与える、その時に与えたものの一つがこれでございます。この子獅子とその親獅子とが一対になって、親子の獅子で舞う（『石橋大獅子』）というのは、なかなかないことですから、いっしょになれないでさみしい思いをしているのではないかと思いますよ。

「孫一」――「神男女狂鬼」の中の「女」

能面の種類の中には、先ほどの「翁」というのがありました。「翁」、これは能以前の儀式の時に用いられるような面です。儀式から次第に、神様が出てくるお能が始まるのです。神様の出てくる能とは……、よく「高砂や」などという言葉をご存知でしょう。落語にも出てきますね。『高砂』などの曲、それが「神」能です。それで次が「男」。男性の出てくる能というのが先に申し上げたように、源平の武将が登場してくる能。そして、この映像のような綺麗な面、この雅な女性、例えば宮廷の女性ですが、そういう女性が主人公になって現れるのがこの「女」の能です。

そして順番とすると、次には「狂」となります。『隅田川』という名曲が能にありますが、それなどは「狂」にあたるのです。この曲は、子どもを人攫《さら》いに攫われて、その母親が我が子を探して苦しむ、そういうストーリーです。ですから「狂」というと、ちょっと誤解されやすいのですが、要するに「神」「男」「女」は神様だったり過去の人間が現れたりする話なのに比べて、これはたいがいが現在形なのですよ。今の出来事が能になって展開されてゆくといったような作品群が、この「狂」です。それを現在物ともいいます。また、何に狂うかと申しますと、花鳥風月です。花鳥風月というものに心が奪われる、心が移される。いわゆる風が吹いてきて花が飛んでくると、急に悲しくなったり、子どものことを思い出したりなんかして……。

ですから花鳥風月によって心が動かされると、それが「狂」というふうに考えてよいでしょう。さあ、そして最後は「鬼」です。これで五種類。能には「神男女狂鬼《しんなんにょきょうき》」という種類分けの言い方があります。この言い方は能の大成者である世阿弥が『風姿花伝（花伝書）』の中でもこういう分け方をしております。

ここで先程の面の話に戻りますと、これは特殊な面でして、普通の女性の感じよりは少しふっくらとしている。「孫一《まごいち》」という名前ですけれども、若い女性の面（「若女《わかおんな》」）でもちょっと特殊なものですから、名前もこの面だけについています。これは私も使ったことがありますが、とても綺麗な面です。艶がありますね。能では色気という言葉はあまり使いませんけれども、艶《つや》という言葉を大事にして我々も使っております。あの人の芸は艶があるなあなどと、そういう言い方もしていると思いますね。

「増」の面——各地に見られる羽衣の伝説

これが「増《ぞう》」という面でして、何に使うかというと、『羽衣』などに使います。三保の松原の出来事です。天人が衣を漁師に奪われて、何とか返してもらおうと、お礼に舞を舞い、舞ううちにだんだんと昇天していくというストーリーです。『羽衣』というと、三保の松原しか劇がないと思われている方もおられると思いますけれど、実は至るところに羽衣伝説というのがございます。北欧にもございます。それから沖縄にもそれと似たお話があります。これらは羽衣伝説というよりは、私は白鳥伝説、そういうものと同じ系列のものではないかと思っております。それからまた、機《はた》を織る『夕鶴』という作品も、『羽衣』に似通ったものがあると思います。

「深井」の面――「狂」の中の母親像

これは少し年をとった女性ですね。いわゆる「神男女狂鬼」の「女」のところにはたいてい若い女性が出てくるのですが、「狂」の場合は「深井《ふかい》」という面を掛け、おおむね中年女性、母親などの役で出てきます。なんとなく頬がこけていますね。またよく見ると、目の切り方が、半月形、ちょうど丘のような恰好をしたそういう切り方をしているので、全体的にやつれた感じに見えます。若い女性ですと真四角に切ってあります。そうすると瞼《まぶた》がパーっと見開いたように見えます。それでだんだん年をとってきますと、丸く切ったり、この「深井」のように細く切ったりして、年嵩の女に見えるようにしてあります。能面というのは、細かい所にそういう工夫を施しているのです。

それからだいぶ古くなりますけれど、野上豊一郎博士（英文学者、能楽研究）が作った言葉ですが、女性の面の表情、それを称して「中間表情」という言葉を野上先生は使われました。それに反対している人もいますが、遠からずと思います。能を演じるには、喜怒哀楽を作品のなかでいろいろ表現しなければなりません。演能はおおよそ一時間から一時間半くらいの時間がかかります。その間にいろいろな表情、いろいろな心の表現をしなければいけないので、ちょうど中間的な表情をしている面があることによって、多岐に渡った表情が生まれる可能性がある、ということだろうと思います。

狂言役者の家に生まれて

実は、私は能役者の家には生まれておりません。私は狂言役者の家に生まれました。初舞台は三歳で、『靭猿《うつぼざる》』の猿の役でございます。父親の厳しい稽古を受けて、猿の役をやりました。どうということはないんです……こうやって扇を持ったり棒を持ったりして、ちょっと踊ったりするんですよ（猿の動きを実演）。「ちょっと出て月を見ろ」というとお月さまを見たり、舟を漕ぐ仕事をしたりして時々「キャーキャーキャーキャー」というふうに言わなければいけないんですね。そのような稽古から始まりまして、それでいろいろな狂言もいたしました。狂言の謡《うたい》と能の謡とどう違うのかと申しますと、まあ狂言の謡には軽みがありますね。こんな謡です（『七つ子』の謡を実演する）。

七つに成る子が、いたいけな事云うた、殿がほしと諷《うと》うた、さてもさても和御寮《わごりょ》は、誰人《たれびと》の子なれば、定家葛《ていかかずら》か離れがたやの、離れがたやの。(略)

こういうような狂言の調子。なにか、はやり歌のような感じです。

私は狂言をやっていたからわかったことが一つあります。ある展覧会に行った時のことです。それは白隠禅師《はくいんぜんじ》(慧鶴)の展覧会です。有名な達磨の絵とかございますが、その中に布袋《ほてい》さんが傘をさしている絵がありました。そうしたら傘の中にいっしょに子どもが入っているのです。そしてその横に賛《さん》が書かれている、それが今の歌です。狂言に『末広がり』という狂言があります。太郎冠者が主《あるじ》に都に行って末広がりを買ってこいと命ぜられます。末広がりとは扇のことなのですよ、本当は……。ところが騙されて番傘を買ってきてしまった。それで主に怒られて……、しかし最後には主の機嫌を直していっしょに傘を仲良くさし、めでたしめでたしと終わるわけです。片方は大名みたいなもので、もう片方は家来。その白隠さんの絵と賛を見て、人間は皆平等であるということを白隠禅師が訴えられているのではないか、ということをそれから感じました。後日、友人で狂言師の山本東次郎さんにその話をしたら、「ああそうですか、私も観たいです」などとおっしゃっていました。画集も出ていますし、そういう絵をご覧になって、ちょっと文字もお読みいただいたら面白いと思いますよ。

能に魅せられて——狂言から能へ

さて私が狂言から能に移ったというのは……、中学生の頃、映画研究会に入っていました。周りの友達はどっちかというと西部劇とかアクション映画が好きでした。しかし私は全く違い、ラブロマンスが好きでした。エリザベス・テイラーにファンレターを出したり、ちょっと軟派だったのですね。

野村の家は代々が加賀藩前田家のお抱えの狂言の家でございまして、どうしても宝生流という流儀と密接な関係がございます。子供の頃から舞台というと宝生流の舞台へたいてい伺います。そして宝生の能を拝見しているうちにだんだん魅了されました。狂言が嫌いというのでなくて、能に惹かれて行きました。それで父親になんとか能役者にしてほしいと頼みましたならば、「そんなこと言ったって知らないよ」とそっぽを向かれました。けれども父は父でそれなりにいろいろな人に話をして、また狂言の謡やら、発声やら諸々を勘案して、宝生流も立派な素晴らしい流儀ではありますが、やはりそれだったら観世流が良いだろうと観世の家元に話しをし、お許しを得てくれました。観世流のシテ方になってからですが、宝生流の謡に魅せられてどれだけ勉強したか……。そういう意味で私の師匠は何人も居ますけれども、先ほど申し上げた観世寿夫さんは非常に宝生流の流儀に心を惹かれ、特に名人・野口兼資《かねすけ》に非常に魅了されていましたから、宝生流的な思考というのがたくさんありましたね。そういうのが我々にもだんだんうつってくるわけです。

私は十五歳で内弟子に入りました。それまでの父の稽古というのはどちらかというと、昔は当たり前の鉄拳制裁とまでいうと強いけれど、鉄拳稽古、スパルタ式というのでしょうか。そのような稽古はどこでもやっていたんですね。いろいろな方々のお力添えで観世流の内弟子に入らせていただいたら、まるっきり違うのです。何が違うかというと、片方は鉄拳的な稽古で、観世宗家は稽古しない。芸は盗め、盗むのだ、と。そういう稽古だったものですから、私はとてもそれでは追いつきません。寿夫さんが「稽古してもらっている?」とおっしゃったから、「いいえ」と答えましたら、「じゃあうちへおいでよ」と。それで夜中に宗家をそっと抜け出して寿夫さんのもとへ行って稽古を受けました。それが私の元を作ってくださった、大変な恩人でございます。観世寿夫という方は歴史的なこともよく学び、しかし歴史だけに心を奪われているのではなくて、未来志向と申しましょうか、発想が柔軟でしたね。

能というのは、未来があって現在があって過去がある。その三つがあってこそ、伝統という言葉になるのではないかと私は思っています。過去がない伝統はないですね。また未来のない伝統などというのは伝統とはいわない、私はそういうふうに感じております。そして大いに未来に向かって我々は想像力を高めてゆく。こういう教育をどんどん若い人たちにしなければいけないのではないか、と常々思っています。

謡に隠された遊び心

謡の中には、ちょっと面白いことがあります。謡の中に掛算《かけ》が入っているのですよ、考えられないでしょう。

「三五夜中《さんごやちゅう》の空にまた」これは先ほど申し上げた『羽衣』の一節。「満願真如《まんがんしんにょ》の」と続くのですが……、三と五を掛けると十五でしょう。ですから十五夜のお月さま。それが真如の月です。このように隠れたところに掛け算が入っているのです。もう一つ例を挙げると、「百八煩悩《ひゃくはちぼんのう》の」(『三井寺』)というでしょう、あれも掛け算ですよ。まず六根清浄(眼・鼻・耳・舌・身・意)の六。これに「苦・楽・不苦楽」の三つを掛ける。そうすると今度はそのできあがった数に「貧・不貧」の二つを掛ける。そして今度は「過去・現在・未来」の三つをそれに掛ける。そうするとぴったり百八つになります。日本人はそうやって掛け算を上手に使っているのです。

日本文化の継承

（扇を取り出しながら）私は扇を持ってきました。例えば高松塚古墳などで、壁面に女性が団扇《うちわ》を持っているような絵が描かれていますが、そのような壁画に描かれているのは団扇です。それを折り紙のように折りたたんだのが扇で、これが日本人の力です。有名なドイツの哲学者、カントは折り紙を非常に推奨したのです。なぜかというと左手と右手を使うでしょう。これが外にある脳だというのです。中にある脳とそれから外にある脳と人間には二つの脳がある。この外にある脳が手で、それを鍛えるのが折り紙だと。さらに折り紙について例をあげれば、天皇の息女（内親王）が何回も何回も川で禊《みそぎ》をし精進潔斎して、斎宮として伊勢神宮に入られます。初めての仕事は何かといったら折り紙だそうです。今ご紹介申し上げたのは、折り紙というものを歴史的に考察した本、それに書いてあった話です。

そのように日本の文化であり伝統を守っていこう、継承していこうと心がけて、私も八十路という年になりました。私どもは「能楽師」と呼称されておりますが、私はその言葉が大嫌いで、「能役者」という言葉で自分自身を呼んでいます。さあ、私はある年齢で区切りを付けました。歌舞伎に『京鹿子娘道成寺』という大変長い『道成寺』があります。それは体力的にも大変なものなので、役者の中には「これを最後にこの曲は終わり」と口では言っても、また後で何回も何回もやる方がいらっしゃいます。私はそれは嫌だなと思って、『安宅』はこれで終わり、『道成寺』もこれで終わりと、そういうふうに自分に言い聞かせております。

ここで、作品の一部をご紹介申し上げます。

『安宅』に寄せる思い

（『安宅』の映像が流れる）

これが、能の『安宅』です。歌舞伎などでは『勧進帳《かんじんちょう》』と称します。私は、どうも能の中の「勧進帳」というのは、最初あまり気に入らなかったのです。能はもっと質の違うものであったはずだと、何か引っかかるものがあったのです。歌舞伎の『勧進帳』がはやりだしてから、能が逆輸入しているような気がして、華やかな『安宅』などというのは良くないと、私は反抗しておりました。ではどういう『安宅』をやりたいのだというと、要するに落人の悲哀というものを強調するドラマです。弁慶の立派なところを見せる劇ではないと思うわけです。歌舞伎はそれで良いけれども、能の場合には山伏の団結力とか、関所を破っていく義経主従の世界ですね。ちょうど軍師である弁慶が周りを統率して、そこにあるエネルギーが劇になっていく。こういうふうに私は思っていたものですから、先代の家元（二十五世観世左近元正）から『安宅』をやったらどうです」と言われた時に、「いやまだ十年早いです」と答えました。実は四十の時でした。そしたら、「歳に不足はないでしょう」と逆に言われて、「家元はどうしてなさらないのですか」と私が聞き返しましたら、「それは勝手なことです」、と。私は派手な演出(小書《こがき》など)が大嫌いで、派手な演出だったらご遠慮したいと申しましたら、「そうではなくていいよ、その気持ち、考え方を中心にやったらどうか」と仰ってくださいました。そのような経緯がありました。

その後何回もやりましたけれども、この(映像)演出は、法政大学教授の山中玲子さんと協議を重ねて作りました。文献的に残っている「稚児延年之舞」というものを参考にして、いっしょに演出から何から文献も調べて作り上げていった、という思い出がございます。

『竹生島』の唱和

それではここで、皆で声を出して謡ってみようという企画がございます。皆さま方にお配りした、『竹生島《ちくぶしま》』と書いてある紙をお広げください。この『竹生島』という曲は、「神男女狂鬼」の「神」にあたります。音の推移を横線書きしましたので、すぐにおわかりいただけると思います。それでは、私が一通り謡ってみます。

緑樹影沈《りょくじゅかげしず》んで　魚《うお》木に登る気色《けしき》あり　月海上《かいしょう》に浮かんでは　兎も波を奔《はし》るか
面白《おもしろ》の島の景色や

それでは、いっしょに謡いましょう（場内一同、『竹生島』を唱和）。

琵琶湖に竹生島の岩礁が浮かんでいる。湖面にはさざ波が立ち、水に月が映り、その月の兎が、波を奔っているように見えるという、絵の世界を思い浮かべて謡うと、楽しいと思います。もう一回やってみましょうか。声はばらばらで構わないです。皆で謡う時、コンダクターがいたならば、その方に合わせて謡います。しかしながら、ご自分ひとりで謡う時はどんな音でも良いのです。少し乱暴な言い方ですけれども、さほど難しい制約はございません。

またこんな話もあるのです。太陽は、東から上がって西に沈んでゆきます。私は一日に神と仏が一回ずつ現れるのだと思っています。東から神が昇ってきて昼になり、西に沈んで夜になり仏様が現れる。この一日の繰り返しです。太陽が上がってくる時には、「陽」でしょう。「陰」ではありませんね。ですから、反対に午前中は少し「陰」に取る。それで「陰陽」のバランスが保たれます。午後になり、だんだん日が沈んで、「陰」になります。ですから「陽」に……。こんな考え方が謡の伝統にあるのです。ということで、高い調子で午前中に笛を吹いてはいけないのです。盤渉調《ばんしきちょう》であるとか、黄鐘調《おうしきちょう》であるとか、いろいろな調子の名前があります。因みに昼間は盤渉調はやらないで午後になったらいたします。そういう相反する二極のものを、まとめて一つとして考える。日本人は、「東西」「南北」「善悪」「光陰」、そして「陰陽」、このように対する言葉を一つの概念と考える文化が多くみられます。とても面白いことだと思います。今申し上げたように、高い音と低い音は、一日の中でそういうふうに扱われているのです。

では、「緑樹影沈んで」からもう一度謡いましょう（再び場内一同、『竹生島』を唱和）。

『道成寺』にまつわる逸話

（質疑応答時、質問者から『道成寺』を拝見したいとの要望。能『道成寺』の映像が流れる）

『道成寺』の中で、小鼓方と私（シテ）が一騎打ちみたいにやっていた、あれがいわゆる「乱拍子《らんびょうし》」、「足踏み舞」と申します。要するに「白拍子舞《しらびょうしまい》」の根本ではないかというふうにいわれています。因みに「足踏み舞」と命名なさったのは、横道萬里雄先生という能楽の音楽理論に関する有名な学者で、「あれは「足踏み舞だ」ということを、私は直接教えていただきました。義経の想い人、白拍子の静御前《しずかごぜん》が頼朝の前に引き出され、舞を舞わされました。その時に鼓を打ったのが工藤祐経という武士なのですが、鼓でもって散々にいじめたと。いじめるという言葉ではなくて、「責《せめ》」というらしいですね。責めていく。それに静御前は泣く泣く対応して舞ったという逸話が残っているようで、それが元だということです。

というわけで、たいして皆様方の実になるようなお話しはできませんでしたけれども、ご不満なところはご寛容に願いまして、話はここまでにさせていただきます。ありがとうございました。

二　生涯初心不可忘《しょしんわするべからず》

我が生い立ち

家系は、加賀藩前田家のお抱え狂言師（現在の職種、正式名は能楽師、狂言方和泉流）で、父は故六代目野村万蔵。私の兄、萬、万作と同様に家業の狂言の稽古を始め、三歳で狂言『靭《うつぼ》猿《ざる》』の猿役で初舞台を踏み、その後も学業の傍ら狂言の稽古も日々行うといった日常でした。

当時は然《さ》して珍しいことではないのですが、父の稽古は鉄拳教育でした。教本もなく、尤もあっても変体仮名のような文字で子供に読める代物ではありません。能楽の古来からの稽古法に〝鸚鵡《おうむ》返し〟の方法があり、三回程繰り返し、その間に暗記をするのですが、成せる技にあらず、出来ないと当然の報い、鉄拳制裁を受ける羽目に相成るわけでございます。

能と狂言は江戸時代より表裏一体の如きものです。一日の催しは能と能との間に狂言が演じられる習わしで、現在もその様式は変わりません。私も多感な年頃を迎えるにしたがい、能の静寂な美の世界に心引かれるようになり、十五歳の時、意を決して父に進言したのです。

「能役者になりたい」

父は暫し沈黙。その間《ま》は私にとって魔《ま》の沈黙の一時でした。ややあって、「お前が決心したのならそれもよかろう、今後一切知らんから覚悟して臨め」と突き放され、途方に暮れるも身から出た錆。その後、数日は夢遊のような境地でした。

私に能役者になる手立てなど毛頭ないことを先刻承知。父も見かねたのでしょう、観世宗家元正師に四郎が能を志したい旨を懇願してくれ、それが実り、内弟子として入門が許されたのです。

能役者の修業

十六歳から内弟子修業の始まりです。学業と内弟子の両立を暫く続けるも、とても無理と感じ高校を中退、修業に専念することにしたのです。

まず驚いたのは、稽古に対する考え方の相違。父の稽古は前にも述べた通りスパルタ式です。能の稽古法は〝芸は盗むもの〟。この根本の違いに戸惑いながらも、環境に馴染まねば、と難行苦行でした。

飯炊き、舞台掃除、師匠の身の回りの世話など総ての雑事が日課。胸中に思い浮かべていた世界とは雲泥の差、夢の又夢の如し。盗みの手段ぐらい教えてもらえないものか、私なり懸命に見様見真似をするも的外れ。何とか出来たかなと思えば、「それは狂言だ」の叱咤。やるせない気持ちも、時を経て、耐えるしかないと観念しました。もう狂言には戻れない。修業とはこのようなものか、と腹も据わり、苦しみと共に生きるもの、と己に言い聞かせる他、成す術《すべ》がなかったのです。

芸の修業は人間修養。品位のある芸、奥行きのある芸、芸は人となり。このことが少々理解出来た時、あっという間に六年の歳月が流れ、その後、十年目に独立を許されたのです。

能の話

能は、生死をテーマにした芸能です。生きとし生けるもの死を迎えることは不変、生きる喜び、死の悲しみこそ生の証しと申せましょう。

能の歴史は六百年、その時代時代の価値観と共に歩んできたことが今日まで永らえた根源と思うのです。

能に登場する主役は老若男女、貴婦人から漁夫などあらゆる階層の人物。草木の精も登場します。老い木の桜、芭蕉、杜若《かきつばた》、楓などの精が現われ、それぞれの世界を表現します。また鬼畜、天狗の類、日本古来の説話に登場する想像上の物体も出現するのです。

筋立ては、まず旅僧が登場、旅の目的を言います。その後、旅の道すがらを謡いながら目的地に到着。そこへ主役が現われ、独白で前世の苦しみを訴えます。やがて旅僧と出会い、所の名所旧跡などを案内、説明するうちに僧侶と互いに心が通いあい、昔この所に住んでいた者がこのような罪を犯したと、他人事（実は我が身）のように三人称で語りますが、終には身の証しとして生前の罪の後悔と苦悩を僧侶に懺悔、救いを求め、姿を消します。ここまでが前段。

後段は、僧の手厚い供養と法力によって在りし日の姿を現わし、罪業と苦しみを仕方《しかた》話で舞います。終曲には、救済され、成仏し、安楽の世界へと導かれる。このようなストーリー作品が半数以上を占めています。

能以外の芸能ではまず登場しない役、それは草木の精ではないでしょうか。草木国土悉皆成仏の理念に基づいて、作品が構成されています。さる四月（二〇一〇年）に『西行桜《さいぎょうざくら》』という能を勤めました。この能は桜の精が主役となっています。特殊な能なので部分を紹介いたします。

西行上人の閑居に名物、古木の桜があり、大勢の人たちが都から見物にやって来ます。侘び住まいを汚された西行は心情を歌に詠みます。

花見んと群れつゝ人の来るのみぞ
あたら桜のとがにはありける

桜の精は反論、

浮世と見るも山と見るも　たゞその
人の心にあり　非情無心の草木の
花に浮世のとがはあらじ

と西行を戒めます。

この作者である、能の大成者、世阿弥の発想に驚嘆感動いたします。西行若気の至りといったところでしょうか。

また、邪悪な鬼が登場する作品も。僧侶の祈りにより、悪鬼心を和らげ無邪気となり、成仏得脱。何と仏の道は慈悲深いことでしょうか。

能役者五十で一人前

能は深遠な芸能、また仏道布教芸能と申しても過言ではないと思います。能を通して観る人の心へ布教され、終演後は仏心がいっそう芽生えるのではないでしょうか。このような芸能であるゆえに、〝能役者五十で一人前〟と申すのでありましょう。人間僅か五十年とも申しますが、若年からの修業による技術の研鑽と精神修養こそ真の花を咲かせる種作りなのです。

芸道と修道は水脈が通っているのでしょう。五十路を迎える頃になると、見るもの聴くもの総て芸に取り入れられる心境にもなります。また、年齢を増すごとに、自然の中にある宗教観も心で受け止められ、一層深みのある芸を目標として、果てしない剣難なる道を進む覚悟が出来上がるのです。長生きも芸のうち、正にその通りであります。

日本の心

和魂洋才という言葉があります。近年、和魂が希薄に感じられるのです。西洋の合理性を偶数にたとえるなら、日本は奇数文化です。「仏の顔も三度」「三人寄れば……」、日本三大何々とか日常語も奇数で纏めるのが日本人の習性のようです。

謡曲『羽衣』の詞章に「三五夜中の空に又」とあり、これは掛け算三×五＝十五夜、真如の月を表した言葉です。

また、二極を一単位と考えるのも日本の心でしょう。「東西」「天下」「陰陽」「表裏」「鬼神」。物理学で申せば、その中間が核ということになるのでしょう。

世阿弥は芸の奥義を次のように示しています。「動中静」「静中動」。〃逆もまた真也〃の言葉の裏側がこの中に潜んでいるのではないでしょうか。

能も茶道も日本の心が育んできた文化であり、その心は消去法にあるような気がします。事実、能はできる限り削除して最大の効果を発揮し、見る人の心へ訴えることを目指す芸能です。利休の侘茶《わびちゃ》の世界も共通しています。一切の作為的なものを切り捨てる、茶の道は心と心を結ぶ回路と思われます。奥ゆかしい美の心こそ日本人の心と申せましょう。

狂言綺語

〝狂言綺語は道理に外れ、仏道に背く〟。一方、〝狂言綺語を悟りに至らしめる因縁とする〟とも説かれているようです。芸能とは虚と実の狭間にあるものと心得ます。まず自らを偽ることによりその役になり、次に観客を、時空を超えあらゆる世界に導き偽る、これが役者稼業というもの。洒落を一寸。〝偽は人の為〟と申す意、如何なり也。

巻軸に、私の好きな心の癒し歌。

仏は常にいませども
現ならぬぞ哀れなる
人の音せぬ暁に
ほのかに夢に見え給ふ　（『梁塵秘抄』より）

三　わが人生を語る

大事なのは開拓と改革の精神

芸は人となり

「芸は人となり」と申します。人となりが芸になるのです。そういう意味では、芸を見ていただくと、その裏側に人となりが現れます。そんなふうに鑑賞していただけたら、と思っています。

八月の公演（二〇一七年八月十二日「いわき能を楽しむ夕べ」）では『船弁慶《ふなべんけい》』の静御前を演じるわけですけれども、静御前を舞いながら背中に野村四郎が現れます。表面は静御前になっているのですが、背中がすべてを表すのです。ですから、背中を見られるのは怖いんです。お子様は親の背中を見て育つ、というわけでしょう。でもその背中は、普通は見えません。

それから、見えないもので大事なものは気です。気は見えません。心も見えません。見えないけれども感じることはできますね。「あの人の心はこうだ」、「あの人は気がすごいな」と感じる。そうすると、見えないものが見える、というのが、わたくしの芸の信条でございましょうか。

能の世界では「実技だけを勉強すればよい」というのが、昔からの考え方です。けれども、わたくしどもの若いころは戦後の混乱期ということもあって、大改革をする時代がやって来ていました。そのときに観世寿夫という天才的な人が現れたわけです。わたくしはその方にたいへん魅力を感じ、傾倒したわけです。寿夫さんは世阿弥の『風姿花伝』を、学者さんとは違った意味での、役者としての解釈をしました。それにすっかり魅了されたんです。

世阿弥は、「銀垸《きんわん》裏《り》に雪を積む」という姿がもっとも崇高な芸の世界だ、と言っています。温かい芸なんてだめなんですね。冷えた芸、そこに世阿弥哲学があるわけです。それに近い芸を持っていたのが寿夫さんです。「もっと無機的にやれ」「感情など外に出すな、内へ込めろ」とよく言っていました。ですから寿夫さんの芸は、冷たいぐらい冷えていました。

芸には芸位というものがあります。若いうちは温かい芸でいいんですね。そのうち芸が上がってくると、闌《た》けたる位である闌位《らんい》、妙なるところである妙所《みょうしょ》、というのがあります。「一曲を演じるなかで『あそこは素晴らしい』というところが妙所であって、妙位《みょうい》はない。人間の芸としてそれは、できない。すべてが妙なんてできない、妙所だ」。世阿弥という人はそもそも自分の芸の向上のために伝書を書いていたのでしょう。そしてそれを残すことによって、自分の精神は永遠不滅、という考え方を持っていたのだと思います。

西行法師に「花見んと群れつつ人の来るのみぞあたら桜のとがにはありける」という歌があります。世阿弥はこの歌から着想を得て、能『西行桜《さいぎょうざくら》』をつくりました。主役は桜の精で、西行法師を戒める、という内容です。

西行法師は見事な桜を見ながら、閑居しています。まあ、精神的に落ちつきを持って仏教の道を定めようとしていたわけです。ところが、その桜を目当てにやって来る人たちがいて、「きれいだ」とか言って、わあわあやるわけです。お花見です。

西行法師は静寂を破られ、「桜があるから、わたくしの心がこんなに苦しめられている。桜が罪だ」と言います。罪を咎《とが》という言葉で表します。「あなたがいるからうるさくて仕方ない」と言われた桜の精は「わたしに咎はあるのでしょうか」と尋ね、やりとりが行われます。でも西行法師が勝てるわけがありません。桜の精にやり込められてしまいます。事実か事実でないかは別としまして、そのときの西行法師は若く、若気の至りだったのだと思います。以来、人格的に変わったのではないでしょうか。

桜の精とは見えないものです。西行法師は、その見えないものを歌に詠んだりしているわけです。それが西行、独特のものです。芭蕉は西行に傾倒して、西行の跡を追いかけています。見えないものを歌に詠む、われわれは見えないものを舞台に蘇らせる、見えないものを表現する。そこに、西行法師の世界と共通する点がなきにしもあらずかな、と考えております。

修業のこと

終戦から七十二年です。わたくしは一九三六（昭和十一）年、和泉流狂言方六世、野村万蔵の四男として生まれました。八十歳になります。三歳から舞台に立たせていただきました。初舞台は『靭猿《うつぼざる》』で、猿の役です。幼いころから父を師に曲や謡、舞を勉強したりしたわけですけれども、それはもう明治の人の稽古は厳しかったです。まさしく鉄拳制裁です。そうやってしごかれました。

小学三年生のときに東京の空襲が激しくなり、新潟県南魚沼郡石打町（現在の南魚沼市）に集団疎開して絶望の日々を送りました。栄養失調で生と死をさまよい、一命をとりとめたのです。

戦後、友だちは西部劇に夢中になっていたのですが、わたくしは音楽映画が好きでした。ラブロマンスばかりあさって観ていて「なんだこいつは」という目で見られていたと思います。中学生の時には、わかりもしないのにモーパッサンの小説『女の一生』を読んでいました。小生意気な子だったんです。

生まれたときから自然に、狂言の道を歩んでいたのですが、だんだん能に引っ張られていきました。具体的な台詞《せりふ》劇の狂言より詩的な能に魅了され、十五歳の時に、「能役者になりたい」と親に言ったわけです。最初は「そんなもの知るか」とけんもほろろだったのですが、野村万蔵もやはり、親でした。観世宗家に話をしてくれて入門を許された、というわけです。行かされたのではなくて、自ら家を飛び出したのです。

狂言での父の稽古は口伝えでした。三回くらい繰り返して台詞を言います。おうむ返しです。だめなときは腕が伸びてきてゴツンとやられます。ところが観世宗家に入門したら、何も教えてくれません。「芸とは教えられるものではなく、見よう見まねで会得するものだ」というわけです。正直、ゴツンとやられても教えてもらった方が楽でした。「見よう見まね」と言われても、それは至難の業です。

内弟子というのは大変なんです。大きな蚊帳《かや》だって一人で畳むし、下足番もしました。能楽堂に装束などの荷物を運んだり、蔵掃除をしたり、おさんどんをしたりと雑用が多くて、舞台を見たいと思っても見ることができないわけです。

ある日、観世寿夫さんから「稽古してもらってんの？　何時でもいいからいらっしゃい。待ってるから」と言葉をかけていただきました。「お休みなさい」と言ったあとで布団を持ち上げ、枕を立てて寝ているように見せかけます。それから抜き足差し足忍び足で、宗家の家を抜けだし、タクシーに乗って青山の寿夫さんのところへ通いました。

夜の十一時ごろから稽古を始めて二時間やると午前一時です。さらに、「ちょっとお腹が空いたよな」ということになり、小料理屋に連れていってくださり、芸談が始まるわけです。それがとても貴重でした。そうしているうちに夜中の二時です。しかも起きるのは朝五時半とか六時です。睡眠時間を削っての稽古でした。

宗家での内弟子生活は十年間でした。雑巾掛けが修業の根本です。四つん這いになって舞台を掃除しながら足腰が鍛えられ、舞台空間を体得することができました。舞台を磨いて清めながら「いつかはこういう舞台で舞える」と思うことが励みでした。舞台も芸も磨けば光る、ということです。

わたくしの時代は、そういう教育方針だったのですが、いまになれば「なんて幸せなことか」

と思っています。修業中に事件を起こしたりすると、親兄弟に迷惑がかかりますから、我慢せざるを得ません。それが我慢できた理由の一つではあるのですが、ほかの人ができなかった、雲水の修行のようなことを体験できたわけですから、感謝しています。

芸境について

大東亜戦争を必ずしも正しい戦争だとは思っていません。つらい思いばかりさせられたわけですから、憎々しくて仕方ないわけです。「暗い人生を送ってきた」という思いもあります。けれども、わたくしの個人的な人生からすると、辛酸の苦しみを、知らず知らずに体験させられたわけです。ある意味、ありがたいことでした。

ある年齢からわたくしは「能役者は明るく生きなければならない。明るさが大事だ」と考えるようになりました。チャップリンは家庭に帰ると非常に暗かった、と書いている人がいます。昔の漫才の人たちも、お客さんの前ではケラケラやっているけれども、家に帰るとまったくタイプが違っていたそうです。

狂言方もどちらかというと、それに近いかもしれません。ただ父は、お客さまが見えると明るいんです。おそらく職業が身についていたのでしょうね。

郵便はがき

料金受取人払郵便

牛込局承認

7587

差出有効期間
令和5年3月
31日まで

162-8790

東京都新宿区
早稲田鶴巻町五二三番地

（受取人）

株式会社 藤原書店 行

ご購入ありがとうございました。このカードは小社の今後の刊行計画および新刊等のご案内の資料といたします。ご記入のうえ、ご投函ください。

お名前	年齢
ご住所 〒 TEL E-mail	
ご職業（または学校・学年、できるだけくわしくお書き下さい）	
所属グループ・団体名 連絡先	
本書をお買い求めの書店 市区郡町 書店	■新刊案内のご希望 □ある □ない ■図書目録のご希望 □ある □ない ■小社主催の催し物案内のご希望 □ある □ない

読者カード

本書のご感想および今後の出版へのご意見・ご希望など、お書きください。
(小社PR誌『機』「読者の声」欄及びホームページに掲載させて戴く場合もございます。)

本書をお求めの動機。広告・書評には新聞・雑誌名もお書き添えください。
店頭でみて　□広告　□書評・紹介記事　□その他
小社の案内で　(　)　(　)　(　)

ご購読の新聞・雑誌名

小社の出版案内を送って欲しい友人・知人のお名前・ご住所

ご住所　〒

購入申込書(小社刊行物のご注文にご利用ください。その際書店名を必ずご記入ください。)

冊	書名　冊
冊	書名　冊

指定書店名　住所

都道府県　市区郡町

能というものは哀感とか哀愁感とか、人の苦しみを表現するものです。例えば『隅田川』では子どもを失った悲しさ、『船弁慶』も別れの悲しさがテーマです。ですから能役者というもの、日常を明るくすることで、舞台では逆に哀しみをたたえる表現ができるようになるのではないか、と思うようになりました。チャップリンとは真逆です。なるべく日々明るく生きることによって、その裏が表現でき、深く演じることができる、と思っています。

若い人たちが能をやっているのを見ると、なんとはなしに暗くなっていて、のびのびしたところがないんですね。陰に籠もるのではなくて、はつらつとしてもらいたいと思っています。「時々の初心」という言葉があります。若いうちにはそれにふさわしい、のびやかな若い芸をすべきです。野球のピッチャーで言うならば、若いうちから変化球ばかり投げてはだめなんですね。直球だけで勝負しないと、小器用に収まってしまいます。いまの時代は大器が出にくいですね。器が小さくては、大きな器にはなり得ません。格調のある芸は若いころからの基本訓練によって育まれた、いわば能の美学です。

年をとって肉体が衰えてくると、いろいろ変化球を使って演じます。これが能の役者の心得じゃないでしょうか。ですから、わたくしたちの年齢は「老い木に花の咲かんが如し」(『風姿花伝』)ですね。一本の老い木に花がぽっと咲いている姿です。たくさん花を咲かせることはできません。本当に一輪だけ花を咲かせる、それが年齢にふさわしい芸、ということでしょうか。

芸というのは芸境と申します。年齢によって芸境が変わっていく、と世阿弥が説いているんですね。わたくしはわたくしなりに「新天地を開拓していきたいな」と思いながら、八十という年齢まで芸をさせていただきました。人間、能役者というのは開拓精神、改革精神がないとだめなんじゃないかなと、考えてきました。ただ習った通りを八十年、九十年やったからといって、それはその人の芸ではなくなっています。

法政大学に呼ばれたときに「わたくしは観世流の野村四郎でございます。実は若いころは観世流をやっておりましたが、ただいまは自己流という芸を樹立いたしました。どうぞよろしく」とあいさつしました。

「自己流」という流儀は変なのですが、同じことをやっても、それまでの体験と人生観というものが十人十色でございますよね。ですからわたくしなりの芸というものが、自然に人生経験、体験から生まれてくるわけです。

能と狂言の違い

わたくしの家は加賀百万石のお抱えの狂言師でした。もともとは造り酒屋だったのですが、まあ、遊び人だったんでしょうね。造り酒屋の次男坊が狂言を始めたわけです。芸達者だったのか、殿様に認められて狂言師になりました。そうして造り酒屋が狂言の家に変わり、わたくしの父で六代目、というわけです。

わたくしが観世宗家の内弟子に入り、狂言の世界から能の世界に移ったばかりのころは、狂言の稽古が邪魔をしました。三つ子の魂に宿ったものでしたから、先輩が「おまえのは、狂言の手だ」「狂言の足だ」と言われました。それはもう、涙が出るくらい辛かったですね。でもその言葉で、どれだけ悔しい思いをして発憤したか。「いまに見ておれ人生」です。いまも、その方々の顔が浮かんできますとね、拝みます。神様・仏様です。それがあったから、いまがあると思っているのです。

このごろは逆に、狂言の世界がわたくしのなかに芽生えてきています。ですから、ほかの人がやる能とは、全然違うのではないか、と思います。「狂言の血が騒いで」というのではなくて、いままで眠らしておいたDNAが、「グッド・モーニング」と起き出したような感じです。それを最初に感じましたのは、能の最高の曲、『関寺小町《せきでらこまち》』を演じたときでした。そのときには本当に、狂言の血が騒いだような感じでした。

「芸というのは重苦しいものの価値が高くて、軽みのある芸は価値が低い」と言う人がたくさんいましたけれども、わたくしは逆さまだと思っています。重い芸というのは、いくらでもできるんです。若いうちからできるんです。ところが軽みのある芸というのは体験から生まれたものですから、そんなに簡単にできるものではないんです。長年の蓄積から生まれて来るものなのです。

わたくしがめざしている新天地というのは、そこなんです。いままでの能の世界にはなかった能の味わいを、わたくしでなければできない能の世界を、表現していきたいと思っています。ですから「自己流」と申し上げたのも、そういう意味を兼ねてです。

ただしね、野村の家の狂言は、笑ってばかりいるわけではありません。一番大事なのは謡と舞なんです。能役者は歌舞の二曲といって、これが基本です。野村の家の教育もまさしくその、歌舞の二曲から始まります。ですから、笑ったりする狂言は、すぐやらしてもらえません。きちんと構えができて声ができて、それから狂言の、いわゆる台詞劇へと移っていきます。舞と謡、構えができなかったら台詞劇もできない、という考え方です。

近松門左衛門に「虚実皮膜論」というものがあります。これは近松が話したことをまとめた人がいて、『難波土産』というものの一節にあります。「虚にして虚にあらず、実にして実にあらず、その間に慰《なぐさ》みが有るもの也」というのです。「なるほど」と思いました。

虚と実について、先日お亡くなりになった大岡信先生と話したことがあります。先生が『朝日新聞』に連載されていた「折々のうた」で、ある俳句をテーマに見解をお書きになりました。それを読んで、なるほどと思ったんです。それは、松本たかしさんという方の「大仏の俯向《うつむ》き在《おわ》す春日かな」という句です。

大仏さんて、ちょっとうつむき加減で、反っくり返っていませんね。その姿を生きている身、「生身《いきみ》」と称されたわけです。少し前がかりになっているのは武術的でしょ。逆に反っくり返っているのは死んでいる身、「死身《しにみ》」です。解説の末尾に確か「これは能楽の伝書にある」と書いていました。

大岡先生とお会いしたときに「能楽の伝書ってどこですか」とお聞きすると、「え、世阿弥だったかな」とおっしゃいます。でも世阿弥にはありません。八方手を尽くして探し当てました。剣術に優れた江戸時代の狂言師、大蔵虎明が書いた『わらんべ草』のなかにあったんです。これは、近松の「虚実皮膜論」と考え方が同じなんです。

簡略的にお話ししますと、能と狂言の違いですね。能は表、狂言は裏。それで一体、表裏一体です。能は虚を実に見せるわけです。例えばわたくしが『船弁慶』の静御前をやると、これは虚構です。それを本当の静御前のように見せる、ないものをあるように見せるのが能だ、と言うわけです。

では狂言とは何か。実を虚に見せます。逆さまです。『末広がり』という狂言がございます。

ある家来、太郎冠者《たろうかじゃ》が「都へ行って、末広がりを買ってこい」と言われます。「末広がり」とは扇子のことですが、家来はそれを知りません。ところが詐欺師に番傘を買わされてしまいます。これは現在もございますね。○○詐欺。それを、そのまま見せちゃいけないよ、実際にあることを虚のように見せなければならないんだよ、と言っているわけです。

狂言と能というものの方向が違うということと、それで一つの舞台を実と虚の逆さまを一体になってやっているからいいんだ、ということなのでしょうね。それを、狂言大蔵流の家元である虎明が言っております。これ、とっても具体的でわかりやすいと思うんです。

四　能は生きている

日本能楽会について

能楽界を代表する人たちが集まった、初期の日本能楽会

日本能楽会の発足は、今を遡ること五十有余年に及びます。昭和三十二（一九五七）年に能楽界の四〇名の方々が、第一期の重要無形文化財総合指定を受けました。そのときに、この方々で構成する任意団体として日本能楽会ができたのです。その後、昭和四十年に文化財保護委員会により社団法人認定を受けて、実質的な組織が整いました。初代の会長は宝生流十七世宝生九郎重英《しげふさ》宗家が務められました。当時のメンバーを見ますと、そうそうたるもの、宝生流では

宗家のほか、近藤乾三《けんぞう》、髙橋進、武田光雲、田中幾之助といった諸先生方が顔を並べておられました。第一期の皆さんの写真を拝見しましたが、まさに名人ぞろい。圧倒される思いでした。こういう方々の後に続いているのか、と身が引き締まりました。

その時の設立趣意書には、こう書かれています。

「此度任意団体日本能楽会を解散し、伝統芸術能楽の演技者相互の連携を密にし、演技の練磨向上、伝承者の養成等必要な諸事業を行ない、もってわが国の芸能史上貴重な能楽を正しく保存し、その振興を図るため社団法人日本能楽会を設立する。」

これは、今に至るまで一貫して変わることのない日本能楽会の理念です。特に柱となる使命は、後進の養成。認定会員が能楽界を代表する立場で、その義務を果たしていきます。

二五年の芸歴など、厳しい条件が課される会員資格

会員は、文化財保護法の規定に基づいて認定を受けた、重要無形文化財総合指定認定者からなります。要件は時代ごとに変遷していますが、現在は十五歳を出発点に、芸歴二五年を経た者から選ばれることになっています。十五歳はいわば、自ら進路を決める元服のイメージです。

二五年の芸歴とともに、たとえばシテ方では、『翁《おきな》』『石橋《しゃっきょう》』『道成寺』『乱』といった秘曲を披いている、一〇年間に確かな演能活動を行っている、といった条件をそろえてはじめて審査の対象になります。また条件がそろえば自動的に会員になれるというものでもありません。理事会で厳正にチェックされ、なおかつ文化庁で審査して認定へ至ります。かなりの難関を突破する必要があります。公益社団法人能楽協会とどう違うのか、よく疑問も寄せられますが、能楽協会が各流儀の定めるプロを大体網羅しているのに対し、日本能楽会の会員は、今申し上げましたように、芸歴の実績を中心に選別されるわけです。

平成十六（二〇〇四）年からは、女性会員も認定されています。能楽は歴史的に男性社会でしたが、女性能楽師も各流でかなり多くなり、高度な曲に臨み、確かな芸歴を築かれる方が増えてきました。条件に該当する場合は、女性会員も迎えようという意見が賛同されました。これは大きな変わり目です。

ステータスの組織から、活動の場を拡大

これまで日本能楽会はあまり実務的な組織ではありませんでした。名誉会員的な色合いが濃厚で、個々の会員のステータスに焦点があったと言えます。これからはそれを原動力にして、能楽発展に寄与すべきと思います。

時代も変わり今、日本能楽会も新たなステージへ向かっています。これからは、より実動型の組織を作って、会員の働きで能楽界全体の活性化を図り、社会のなかで存在感を発揮することが不可欠ではないでしょうか。そこでまず、来年（二〇一二年）の四月一日から一般社団法人として再出発することを目標に現在、定款変更などの準備を進めているところです。

長年の歩みのなかで国庫補助金を得て、年一回は重要無形文化財能楽特別鑑賞会を開催しています。東京・大阪・京都・名古屋・九州の各地区において、輪番で公演を行いますが、これが法人として唯一といってよい、公益的な仕事です。流儀を網羅して、各地区の会員が主体的に運営し、趣向を凝らします。次回は東京公演で、来年の一月十八日（水）が予定されています。

この能公演とは別に、一般社団法人への移行という新生「日本能楽会」を出発させる絶好機にあたり、今後は講演活動への拡大と、国立能楽堂との提携による養成事業の充実を図るべきと思います。

日本能楽会は人材が財産。それをどう生かすかが重要です。一般社団法人に公益の二文字はつきませんが、使命感を持ち、公益性のある活動に取り組んでいきたいですね。

宝生流について

いつも身近にあった宝生流の皆さんとの交流

私は、観世流のなかでは、かなり宝生流と近しい能楽師だと思います。それは和泉流狂言方の野村万蔵家に生まれた生い立ちが大きいですね。昔の宝生能楽堂が戦災で焼ける前の最後の演能で、狂言のシテを勤めました。また昭和二十四（一九四九）年には宝生の月並能で、『不見不聞』という狂言に出ています。そのときの初番を十七世宝生九郎宗家が舞われ、留めは『望月』でシテが田中幾之助先生、ツレは三川泉先生、子方は私と同年の三川淳雄さんが出ておられたと記憶しています。宝生能楽堂は、子供の頃から慣れ親しみ、皆さんにかわいがっていただいた思い出深い場所ですね。近藤乾三先生、髙橋進先生ほか各先生方にも、よく声をかけていただきました。観世流のシテ方になった後もご縁は深く続きました。私の尊敬していた観世寿夫師は、野口兼資先生を崇拝し、よく宝生流についてのお話を伺ったものでした。寿夫師に稽古をつけていただいても、何か宝生流的なものが根本に流れていたと感じます。内弟子時代は少ない自由時間に五雲会へ拝見に参りました。ワキ正面で観能していますと、隣に髙橋進先生がお座りになって、解説を頂くこともしばしばでした。いろいろな意味で、私は宝生流から大変影響を受けてきたのです。

先代の観世宗家も、観世寿夫師も他界されて、大曲をどうやって勉強しようか悩んだときには、近藤乾之助さんにお願いして、近藤乾三先生のテープを拝借しました。宝生流の謡から役の「性根」をつかもうと、毎日のように聴きました。『安宅《あたか》』『景清《かげきよ》』『関寺小町《せきでらこまち》』。今でも目をつぶっていると、近藤乾三先生のお声が耳によみがえります。それはもちろん、謡の上辺を真似るのではありません。内在しているものに迫ろうという思いでした。

ほかにも「野村四郎の会」を発足するときには亡くなっていた父・万蔵の代わりに、父が敬愛していた近藤乾三先生にご出演を頂き、「笠之段」の独吟を謡って頂いたなど、思い出もつきません。私の『小鍛冶』の仕舞をご覧になって、「せめて下手になれ」と言われたのも印象深いことでした。

宝生流の特徴は、進化した謡

宝生流の特徴は、五流のなかで特に謡が研究されているところですね。熟すことは大変な苦労が伴うことと思います。稽古方法も、観世流とは違う。観世流はどちらかというと型を中心に謡の指導を行いますが、宝生流では逆に、謡をしっかり稽古してから型へ入る感じが見て取れます。

観世流の謡は宝生流よりも滑らかに謡いますが、観世流の謡本を見て、宝生流のように謡うことも可能です。それができるということは、底ではつながっていたんでしょう。観世宗家から宝生宗家へ養子にいかれた方もいらっしゃいます。明治の大名人・宝生九郎知栄宗家の『胡蝶』のレコードを拝聴したことがあります。観世流とどこが違うんだろうと思うくらいで、筋は違っても、謡う気持ちは共通しているんだなと感じました。同じ上掛りとして、共有するものがあります。

かつて「観世軽すぎ、宝生程よく」という宝生流の人が作ったんじゃないかという戯言も耳にしましたが、もちろん違いも大きい。名人が出ると流是というか、流儀の風が変わります。底流は一緒でもお互い変わっていったわけです。似たところと相反するところ、それをひっくるめて一体と見るのが、日本の考え方です。西洋人は東と西をはっきり分けて考えるふしがありますが、日本では東西と対にしますね。世阿弥の考え方や能にも、そういった観点が現れています。昔の野外能では、太陽が東からあがる時機は調子を低く、西に傾くにしたがって高音で謡ったそうです。笛も午前中は通常の黄鐘《おうしき》の調子にとどめ、高い盤渉《ばんしき》の調子を吹きません。陰陽の考え方です。宝生と観世もそう考えると、二極にあって一体と見ることもできます。

真偽不明ですが、観世流にヨワ吟のカングリは『鸚鵡小町』に一つしかなく、観世家から宝生家に養子にいかれるときに、ヨワ吟の方をお土産に持たせたとも伝えられています。逆に宝生流はツヨ吟のカングリが『海人《あま》』に一つです。上掛り同士で、節を分け合ったという見方もでき、面白いですね。

宝生流の先生方との印象深い交流から

宝生流の謡は堅実で、一見堅く聞こえますが、声の響かせ方で、柔らか味が出ます。何かいなせで軽ろ味がある感じもします。ただ軽いんじゃなく、芯があってこその「軽ろ味」です。

謡談義のついでに思い出しました。私はあるとき、発声がわからなくなり、寿夫師に、声の響かせ方を尋ねました。すると「そうだな、下顎だな」とおっしゃいました。近藤乾之助先生にもお聞きしますと「上顎のほうだな」とおっしゃる。これは困ったと、三川泉先生に伺いました。すると「腰だな」と教えてくださった。お三方の教えを受け、今はそのすべてが必要で、大事なことだとわかってきました。これも交流の賜物です。

またあるとき東京囃子科協議会で、松本恵雄先生が『三井寺』を舞われました。他には今井泰男先生、三川泉先生がおられました。偶然帰りに一緒になり、飲みに誘われたんです。すると三川、今井の両先生により、初同の「枯れたる木にだにも」の出のところで論争が始まり、お互いに譲らないのを、最後には松本恵雄先生が間に入られて一件落着しました。観世流でも役者同士で芸談も、もちろんするんですが、上から下へ話すことが多く、このように同じような力量を持つ方々で、議論するということはありません。忌憚なく芸について話し合うお姿が、感動的で記憶に残ります。

時代を越えて能を伝承するために

昔から、名人が出ると流儀が変わるといいます。それは流儀の人たちの嗜好が、名人に影響を受けることを表しています。能という伝承芸能が、死に体にならずに生きている証だと私は思っています。演者も観客も時代の息遣いを感じ、自然に時代々々の価値観と共存している。生き物なんですよ。伝承・伝統は過去と現在と未来とをすべからく背負っています。無形文化財、無形遺産というのは、人から人へ受け継ぐもの、かたちのないものだから。また観世寿夫師は『心より心に伝ふる花』という本を出されましたが、心から心への伝承なんですね。かたちだけの問題じゃないんです。心をどう伝えていくかが、能の命脈をつなぐための課題になると思います。

伝承で言えば、基本技の習得は我々には欠くべからざるもので、次に想像力です。さらに実行力も加わります。その三つを何回も繰り返していくことが大切です。世阿弥の言葉で言うと、「是非初心忘るべからず」が一番適当でしょう。是というのは善し、非は悪し。善し悪しを自問自答せよ、ということですね。

宝生流の若いシテ方の皆さんを見ていると、舞台上の行儀がよく、立ち居振る舞いがいい。ともすると能楽師の日常が舞台に透けて見えることがありますが、宝生流の方々にはそれをあまり感じたことがない。素晴らしいことです。その一方で率直に言うと、年寄りくさい部分も感じます。うまくなくてもいいから、もう少し若々しい舞を舞ったり、謡を謡ったりしてもいいんじゃないでしょうか。たまに勇み足があってもいい。エネルギッシュな舞を舞ってほしい。期待を込めてエールを贈ります。

五　伝統の継承、心を伝える
――オリンピック・パラリンピック能楽祭に寄せて――

――オリンピック・パラリンピックは、スポーツとともに文化芸術の祭典でもあります。

スポーツと芸術というと距離があるように思われがちですが、じつは両者には共通点が多くあります。そのひとつが訓練と技術の向上。スポーツ選手がより良い結果を出すために日々肉体を鍛え上げているのと同じように、我々伝統芸能の世界でも役者は毎日コツコツと修業を続けていきます。修業とは、いうなれば芸術を身につけるトレーニングですが、この「身につける」という作業は容易いことではありません。頭で考えるのではなく、身体に落とし込み、その感覚を自分のものとする。訓練を繰り返すことによってようやく獲得出来るこの力は、しかし、スポーツ、芸術ともに一番大事な部分だともいえるでしょう。

――幻雪さんは、流儀の若手を指導するお立場であるとともに、「日本能楽会」の会長職にも就いていらっしゃいます。

私が会長を務めております日本能楽会という組織は、文化庁から重要無形文化財認定を受けた能楽師が会員となり構成されています。芸歴や技術等を厳しく審査されての認定でありますから、会員は皆、自らの芸の向上とともに、その継承と社会的寄与という大きな使命を背負っています。この「伝統の継承」とは具体的にどういうことかと申しますと、自分たちが受け継いだものをそれぞれの時代に則した価値観の中で活かしていく作業にほかなりません。

伝統芸能とは、古いものをそのまま持っていればいいわけではありません。古いものを背負いつつ現代の文脈で解釈し、未来という想像力をもって紡いでいく。時代とは、途切れず綿々と繋がった一本の糸のようなものであって、この過去・現在・未来という糸こそが伝統芸能の命脈でもあるわけです。その自分に連なっている糸を、役者は、魂として持ち続けなければなりません。それだけでなく、さらにそれを観客の方へと繋げ伝えていく役目もあります。このようにして能楽を社会へ還元させてこそ、本当の伝統の継承といえるのだと私は思っています。

――芸を伝承していく上で大切なものは何でしょうか。

それはやはり「心」でしょう。役者は舞台上で身体を通して作品の性根を訴えるとともに、先人たちから受け取った様々な心も伝えていかなければなりません。その結果、そこに芸術的な価値が生じて、はじめて感動がもたらされるのではないかと思うのです。舞台をご覧になっ

一九九五年二月二七日第三種郵便物認可　二〇二二年一月一五日発行（毎月一回一五日発行）

月刊
機
2022
1
No. 358

発行所　株式会社 藤原書店©
〒一六二－〇〇四一　東京都新宿区早稲田鶴巻町五二三
電話　〇三・五二七二・〇三〇一（代）
FAX　〇三・五二七二・〇四五〇
◎本冊子表示の価格は消費税込みの価格です。

編集兼発行人　藤原良雄
頒価 100円

女性史の開拓者であり詩人であった高群逸枝の全貌を描く初の企画！

今、なぜ高群逸枝か

石牟礼道子
芹沢俊介
山下悦子
服藤早苗

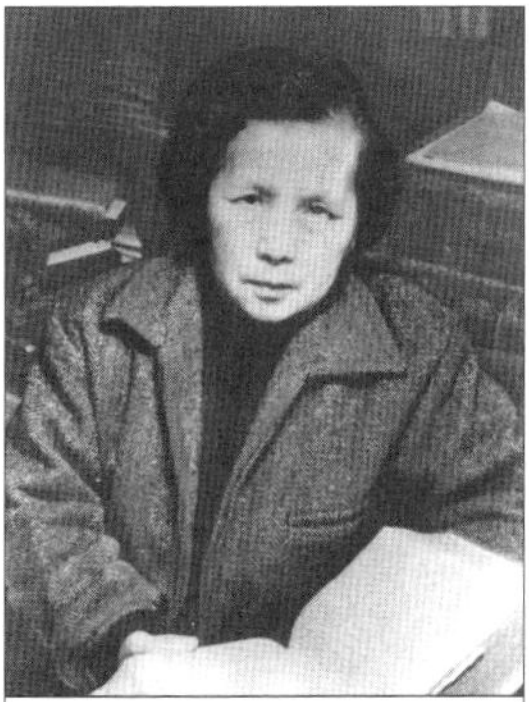

高群逸枝（1894-1964）

恋愛、婚姻、性、母性……現代における様々な問題意識の中で読み解きうる、高群逸枝の業績と思想。日本における母系の系譜を丹念に辿った女性史家であり、詩人であった高群逸枝の全貌を、小伝、短歌や詩、女性の歴史、同時代人の関係などから浮彫る、初の成果『別冊『環』26 高群逸枝 1894-1964』を刊行する。本書に収録される石牟礼道子氏、山下悦子氏、服藤早苗氏の文章から、芹沢俊介氏、それぞれ抜粋して掲載する。

編集部

●一月号目次●

女性の中の原宗教
——詩人・高群逸枝さんのこと——

石牟礼道子

　女性の中に潜んでいる宗教的エネルギーについて、一般化しては言えないので、高群逸枝について述べてみます。わたしの考えでは、逸枝さんは、ひとことで言えば、知識世界と、まったく本など読まない民衆との間を、つなぐ役割を自分に課した人だと思います。その資質から一貫した実践運動には向かなかったと思えるので、詩人的資質の学問の課題としてそれをやろうとしました。わたしは逸枝さんのやり遂げたかったことを、自分の思想で深めてみたいといつも思っているのですが、なかなか形にできないでいます。その意味で、今回のシンポジウムで拝聴した河合隼雄、上山春平両先生のお考えはたいへん示唆的でした。しかし、論理的に話をつないで行くということがわたしは不得手なので、心に浮かぶまま、思いつくままを語らせていただきたいと思っています。その上で、諸先生方のご示唆をいただいて、さらに自分を深めることができればと願っています。

　高群逸枝さんはご存じのように、詩人です。**詩人としての彼女のあり方は、日本文学史の中でも位置づけされにくい質であって、自らアウトサイダーたらんとしている**ように思われます。彼女の作品がそうであったというばかりではなく、彼女の生き方そのものが、大正のリベラリズムが高揚するあの時期に、ひときわそうであったと思います。彼女はわたしと同じ熊本県の生まれですが、その生涯を振り返ってみると、そもそもから一般社会の通念には、受け容れられにくい素質ではなかったかと言うことができます。わたしには、**なぜ彼女が世の中に受け容れられなかったのか、どういう点でそうなったのか**、思い当たることがいろいろあります。高群さんの学問研究の成果は、『招婿婚の研究』や『母系制の研究』となってよく知られていますが、彼女がこれを著述しようと思い立った端緒は、柳田国男氏の持説である「婿入婚」に対する反論でした。この二人の学者の業績を、根本のところから比較実証し、識別して行く能力は、今のところわたしにはありませんが、柳田氏の課題であり続けた日本常民の世界と、逸枝の中に、出自の意識としてあった庶民世界、ことに母性の世界は、たがいに照応し合うところがあって興味深いわけです。

柳田氏の場合、常民とはもちろん、近代社会が成立してくる原郷の民を言っているのですが、自身の位相は、しかしまぎれもなく知識人の位相をとっています。

逸枝の場合はニュアンスが違い、**柳田より折口信夫により濃く捉えられた、母層的な女性祭祀世界の霊能性を、研究の柱に**しているのですが、彼女自身が憑依しやすい人であったために、彼女をわかりにくくさせている点があると思うのです。なぜなら、近代的知識人と霊能の世界は、別々の世界とされているからです。

高群逸枝と夫の橋本憲三

わたしは**詩人としての彼女を見て行きたい**のですが、**詩とはもともと、神の言葉を伝えることから始まったものでしょう**。しかし近代詩が神から遠ざかった時代にあって、詩的に憑依するなどと言えば、世俗的には奇矯な姿になるので、そういう生身の姿は、時間を置いて眺めませんと、同時代人にはなかなか受け容れられまいと思うのです。

彼女の生い立ちを見れば、父親が熊本県阿蘇山寄りの山村の小学校長という、いわば村の知識階級に生まれました。幼少女時代は、いつも校長先生のご令嬢という扱いを、村の人々から受けており、したがって、村の人たちと彼女の位置関係は破綻なく一定の状態を維持していました。ところが、彼女が熊本の師範学校に入る頃から、彼女の周囲との位置関係に破れが生じてきます。

父も母も学問好きで、彼女は父親の読む漢文漢詩を七、八歳の頃には覚えてしまい、青年たちや大人相手に、父の代読で教えるくらいでしたから、その頃の師範の教師たちには、よほど早熟異常で、危険な子に見られたようで、図書室への出入りを禁止されたり、あげくには退学させられたりしています。

のちに竹崎順子にゆかり深い熊本女学校へ進みますが、ここでもまた、徹夜読書で頭痛がするからという欠席届を出したり、校長からたしなめられると、学芸会で自作の詩を読んで泣き出し、級友たちまでがつられて泣き出してしまうというような、ここが重要ですが、ある種のトラブル・メイカー的素質を持っているわけです。

（後略／構成・編集部）

高群逸枝の詩

文芸社会評論家　芹沢俊介

高群逸枝の詩は、六つの詩集になって刊行されている。どれも息の長い長編であり、かつ自伝的である。六詩集を、逸枝の前半生の感情生活を記した、一冊の長大な自伝的作品として扱うこともできよう。ここでは、そういう読み方をしてみる。

高群逸枝が詩作に集中した時期は、おおむね二十歳前後から二十五、六歳まで、一九一四（大正三）年頃から一九二〇（大正九）年頃までの数年の間であったとみられる。この間が、高群の表現史にとって、詩の季節と言えた。

処女詩集『日月の上に』は一九二一（大正十）年に刊行された。逸枝二十七歳。この自伝的長編詩を特徴づけているのは、告白的であることだ。四つ五つの幼年時代に、すでに逸枝は、こうありたい、こうあるべきだという自分の女性観を、本能的に探り当てていた。逸枝はそれを「われ自ら燃ゆることによって、光を与う！　というのでありたく」とうたった。けれど、大人たちが「女の子」に向けるまなざしは逆で、女は男を差し置いて自らが光ってはならないというものであった。

逸枝は、己の想いと、大人たちが「女の子」である自分に求めているものとが、相いれるものでないことを思い知ることになる。この乖離が逸枝を憂鬱にし、孤独と高慢が同居する厭世詩人に仕立てたのだった。娘になった逸枝の恐れは、このままでは自分は大人たちが求めるような、世俗的な「女」になってしまうというものであった。詩人逸枝は、こうした怖れを、直情でもってうたったのである。

「このまま夜があけず、かぐや姫が月の世界から下りてきて、あたしをつれて昇ってくれたらと思う。」

「俗界はいやだ。」

「神様、だけどあたしにはわかりません。あたしは、そんなぞっとする俗界に、しばられねばならないでしょうか。」

「あのひとは好きだけれど、結婚はいや。それは恐ろしいことです。」

「それに神様、結婚すれば、娘の美がなくなります。」

「永遠の美、白玉処女で、あたしは

ありたい。」

『放浪の詩』は、『日月の上に』と同じ一九二一（大正十）年に刊行された。この詩集の独自性は、**逸枝が自らの女性としての現存在感覚とでもいうべきものを、裸体の女、瞑想の女、美の女の三人に振り分け、それぞれに固有の生命を付与したこと**。そして**恋愛をめぐり、瞑想の女と美の女の、鋭くも本質的な論争を展開させたことである。**

「**美の女**」は、**今を生きる、若々しい肉体と精神をもった自我**である。彼女は人生や恋愛のあらゆる場面に、楽しみや希望を見い出すことは可能だと、楽天的に信じている。「私は美と耽楽の天才者」であり、「一歩一歩私の世界は新鮮です」とうたうのである。それに対し、「**瞑想の女**」は、厭世の極地に立って、**人類における恋愛の滅亡を予言**するのである。人は性を没し、神人になる、その兆候はすでに表れている、というのである。

「**裸体の女**」とは、群れに馴染めず、それゆえ**群れを追放された女**のことだ。彼女は、その世俗からの追放を平然と受け入れる。他の二人の、恋愛をめぐる白熱した対立をよそに、無一物だが、一切の虚偽の衣装を脱ぎ捨て、何ものにも煩わされることなく、「漂然と人生の野べを歩いて過ぎる」のである。**孤独な放浪者逸枝の、本能に近い本質像**であった。

ところで、「滅亡の未来」は、「生成のはじまりの過去」とのみ呼応する。「われ自ら燃ゆることによって、光を与う！」、すなわち元始、女性は太陽であった、そんな「生成のはじまりの過去」はあったのか。そうした未来に向けての過去を探すための、厭世詩人の放浪の旅は、ようやく端緒をはらんだばかりであった。

『美想曲』は、一九二二（大正十一）年刊、逸枝二十八歳。ここでのメインテーマは、**恋愛と結婚の間の、天界と俗界ほどの隔たり**である。『日月の上に』において「あのひとは好きだけれど、結婚はいや。」とうたった「あたし」が、その「あのひと」との間を、恋愛状態に維持できず、わびしさに負け、ついに結婚という俗界に堕ちたのだが、そこで舐めざるを得なかった辛酸である。『放浪の詩』における「美の女」の挫折した姿とも言えよう。

「千九百十九年の　緑かがやく天と地に　比翼連理の誓いをした　恋しきなかの二人だもの」

だが、恋人から妻への移行によって、「あたし」＝「美の女」を待っていたものは、泣いて、「人を待つ身の寂しさ」であったのだ。

（後略／構成・編集部）

高群逸枝『娘巡礼記』を読む

山下悦子（女性史研究家）＋芹沢俊介

山下　高群逸枝の**処女作に『娘巡礼記』**があります。遍路というのは、八十八ヶ所を回るんですが、巡礼は三十三ヶ所を回ることなんですね。逸枝は「巡礼記」と言っているけれど、実際八十八ヶ所を回っています。遍路記なんですね、厳密にいえば。しかも逆打ちといって、逆回りで、山が険しく、厳しいコースをあえて回っています、半年かけて。

その当時、『九州日日新聞』から一〇円の原稿料をもらって、お金がなくなったらその後はどうなるかわからない旅でした。二四歳ですから、若い女性の一人旅というのは、危険でもあり、話題性もあったと思います。

一〇五回の連載となり、ヒット作となりました。逸枝は一九二一年に一度、生田長江の世話で詩人としてデビューしていて、**長編詩『日月の上に』『放浪者の詩』**が最初の作品とされていますが、実際にはこの『娘巡礼記』がデビュー作といっていいのではと思います。しかしながら、この『娘巡礼記』は、連載記事を結婚後の引っ越しで失くしてしまい、本として出版されることはなかったので、一冊の本になったのは、一九七九年一月なんですね。

『娘巡礼記』にあるような遍路の経験は、逸枝の原点といっていい思想が内包されていると思います。逸枝の母の哲学＝主情主義、包容のメタファーでもある自然は、悟りの境地に達した時に得られたものではないか。母性我、母的なもの、受苦の精神、生命の根源、宇宙の創造のエネルギーをありのままに感じることが主情主義だといっているけれども、遍路の経験から得たものでしょう。行き倒れていく遍路の姿を目の当たりにしてますしね。

芹沢　高群逸枝の**『火の国の女の日記』**という自伝の中に、母親が幼い逸枝を前に、あなたは「観音の子」だと言ったり、「かぐや姫」と言ったりしたと書いてあります。観音さまにお願いして授かった子、竹の中から出てきたかぐや姫みたいに、天上から降りてきた子、それほど大切な子であるという意味でしょうね。お地蔵様の話もしています。**逸枝自身も自分のことを「観音の子」という自覚を少なからず持っていた**。高群逸枝の存在の基底にあるのは、このような民間信仰的な誕生物語であり、神話なのだと思うのです。

（構成・編集部）

『招婿婚の研究』の批判的継承

服藤早苗（埼玉学園大学名誉教授）

一九五三年（昭和二十八）、一二〇〇余頁の『招婿婚の研究』が刊行された。当時、アカデミズムの研究者を含めても、十世紀から十六世紀の公家（貴族）日記をほぼ網羅的に丹念に読み、数万枚のカードをとり、婚姻語、婚姻家族、婚姻儀礼、同居家族、邸宅伝領等々の変遷を検討し、体系化したのは画期的だった。これに対して一九八〇年代後半から、「意図的誤謬」「捏造」等のセンセーショナルな批判があったが、後述するように新たに蓄積された研究成果を踏まえつつ批判的に継承すれば、現在でも基本的日本婚姻史体系として揺るがない位置をしめていると考えている。

高群逸枝の『招婿婚の研究』を取りあげる時は、必ず栗原弘「高群学説の意図的誤謬問題」を検討する必要がある。前述のように長年高群逸枝遺稿の整理を生前の橋本憲三氏から任されて、平安時代の家族の研究に携わってきた栗原弘氏が、高群逸枝を全面的に否定するのみならず、人格的尊厳さえも傷つけたと思うからである。〔詳しくは本書所収の論文を参照〕

高群婚姻史は、八世紀の律令制によって導入された父系制のもとで叙述された記紀や、九世紀初頭に朝廷の命で編纂された『新撰姓氏録』などの史料分析から母系制遺制を抽出し、さらに平安中期以降の貴族日記等の婚姻儀礼や同居家族等の膨大な史料を並べ、モルガンやエンゲルスの単系や史的唯物論理論に接合するために原始から現代までの変遷を模索している。しかし、上述のように現在では双系制が通説に近い研究状況である。奈良時代までの「妻問婚」は対偶婚段階の当事者婚・相互婚であり、合意のある限り続く事実婚で、社会規範としての明確な婚姻居住規制を欠いていたとされる。九世紀後半以降に、主として妻方両親と夫（聟）とで婚姻儀式の日程等を決定する家父長制的単婚としての儀式婚が始まり、当初は一夫多妻妾制、十一世紀後期頃から一夫一妻妾制が定着すると推察される。

他にも、「すむ」「むことり」「むかえ」などの婚姻用語の出現と変遷が婚姻形態と対応している点など、高群婚姻史が提起した興味深い内容の検証はまったくと言ってよいほど手が付けられていない。今後、大いに実証的に批判的に継承していくべきだと考えている。

（傍点は編集部　構成・編集部）

来る時代を切り拓く、自治・自立の思想！

リバタリアンとは何か

江崎道朗（情報史）
渡瀬裕哉（国際情勢）
倉山　満（憲政史）
宮脇淳子（東洋史）

すべては「財産権」である

渡瀬　無政府主義のロスバードは、財産権というものが人間には絶対不可侵な自然的事実なのだ、という話をします。憲法を見ると、たとえば言論の自由など、人間にはいろんな権利があるということになっています。ところがロスバードに言わせれば、それはもうすべて財産権でしかない、ということになります。

　たとえば、劇場に行くとします。劇場には複数の観客がいます。観客の一人が立ち上がって、偽って「この劇場は今すぐ燃えます」と大声で主張したとします。

　これは、発言者の言論の自由だとして正当化される、と見ることもできますが、また、劇場の所有者や他の観客の財産権を侵害している、と理解することもできます。主張すること自体は発言者の財産権（≒言論の自由）を行使していることになるかもしれないが、それを聞かされた観客が平穏に演劇を見物できなくなるということは財産権の侵害であり、なおかつ劇場主の財産権も侵害していることになります。したがって公共の利益という抽象的な概念は関係なくて、すべては自己と他人の財産権との兼ね合いで問題となる、というのがロスバードです。

倉山　確認させていただきたいのですが、この人たちは、「自分が自分を所有している」という財産権を根源として思想を組み立てている、という理解でいいんですか。大根切りにすると、財産権が根源的な権利だということですか。財産権の根拠に違いはあるとしても、最大公約数として、ということでしょうか。

渡瀬　「自分が自分を所有している」というのは、最小国家論で自然権主義のノージックも言っていますね。これは結構難しい話なんですけれども。

　そして、リバタリアンにおいては、その自己所有権とそこから派生する外部の物への財産権について、その根拠がみんな違っているんです。ただし、財産権が大事だよ、ということに変わりはありま

渡瀬裕哉（1981-）

せん。最大公約数は財産権の存在ということになりますね。

宮脇　「財産権」はもともとの原語では何と言うのですか。日本語としてわかりにくいです。

渡瀬　プロパティ・ライツ（property rights）です。価値を生み出すということ、生み出された価値がどうなるかということ、そういった話なんですが、「何がその価値を生み出すのか」は人によって違う、という状態です。

江崎　お店にたくさん品物があっても、お金がなければ買えないわけです。選択の自由を行使するためには、自分にお金がないといけない。つまり、自分の判断で自由に使うことができる財産があってこそ自由は成り立つわけです。選択の自由を行使するためには財産がなければいけないから根幹は財産である。基本的な考え方はそういうことになりますね。

渡瀬　自然権主義は、共同体あるいは政府に自分の財産権を移してしまうと、自分が自由に行使できないので、それはダメだ、というわけです。アイン・ランドあたりになると、自分の生つまり「生きること」、自分の生命、自分という存在に対して人々が何かするのは絶対的なことであって、その価値は自分の理性によって判断できる、ということになります。これは、アメリカの企業家のような人たちがとても好きな考え方です。

課税への反感

倉山 満（1973-）

江崎　基本的にリバタリアン自体、第二次世界大戦前時期のFDR（フランクリン・デラノ・ルーズヴェルト）のニューディール政策に対する反発から生まれているものです。だから、社会制度あるいは連邦政府の肥大化に対する危機感という問題があるんですね。

現実の話としては、ルーズヴェルトの時代なんて、周辺地域には警官もいないし、役所もないし、政治家もいない。田舎には、すべて自給自足でやっている人たちがいっぱいいる。そういう人たちに政府がどうのこうの言ったところで、そもそも政府との接点がまったくないわけです。

　政府との接点がなくて、自分の身は自分で守るしかないし、自分で水を汲むしかないし、食い物も自分で調達するしかないし、道路を敷くにしたって直すにしたって自分でやるしかない。何も政府の恩恵などこうむっていない人たちが山ほどいて、だから、政府なんか別になくていいんじゃないの、という話です。

　それなのに、ニューディールという形でルーズヴェルト政権が都市労働者向けの社会保障などをどんどん進め、そのツケを増税という形で農民たちに回す。俺たちは何の恩恵も受けていないのに、どうして都市労働者のために金を出さなきゃいけないのか、ということになる。

江崎道朗（1962-）

渡瀬　基本的に、他人のものを取っちゃいけないというのがリバタリアンのルールというか根幹にあります。だから、どうして政府は勝手に俺のお金を他の人に移しているのだ、ということになる。課税は泥棒だ、という発想です。

江崎　政府が税金という形で取っていく。そこには、俺は何の恩恵も受けていないし、みたいな話が、違和感として、やはりものすごく大きくある。

　アメリカにはそういう空気がある。これに対して日本の場合は、江戸時代からある程度お上が全体をやってくれているでしょう。税金はしっかり取るけれども、治安維持やインフラ整備などについてもお上がある程度はしてくれる。

　そういうことがアメリカにはなかった。ニューディール政策のころは本当になかった。連邦政府自体がほとんど機能していなかったんです。それなのにＦＤＲが、連邦政府主導でインフラ投資、失業者支援などを大々的に実施し、その費用を税金として取り立てた。まさにアイン・ランドが言ったように「こんなもの、一体誰が負担するんですか」という話です。何で俺たちが負担しなきゃいけないのか、と。

宮脇淳子（1952-）

日本人は本質的にリバタリアン

渡瀬　僕は、日本人は本質的にはリバタリアンだと思っているんですね。論点がいくつかあります。

たとえば、少し前に、「老後はお金がいくら必要ですか?」「二〇〇〇万円です」という話がありましたね。これは、本当に日本人が、お上《かみ》意識が強くてリバタリアン意識がゼロだったら、本人の貯金は要らないはずなんですよ。すべて政府に依存しているはずなので。

政府はやはり信用できないから自分で貯蓄している。増税に対しても反発は強い。そういう意味では、日本人はリバタリアンなんだろうなと思っています。

ただ、アメリカのリバタリアンのように、積極的に、政府は要らない、解体しろ、とは言わない。けれども、政府が介入してきた時だけ抵抗する、という意味で考えれば、日本人にはリバタリアン的な部分があると言えるでしょう。

あと、これはよく言われる話なのですが、政府が指導しなければ日本人は公共財を提供しない人たちなのか、ということがあります。これも日本人には当てはまりません。たとえば、大阪では淀屋橋や心斎橋などの名称が残っていることからもわかるように、地域の豪商が社会インフラの整備に取り組みました。つまり民間の人々の努力でインフラが提供されたということです。

日本人は、政府が何もしなければ本当に必要な公共事業などは自分たちでやる傾向があるのです。おそらく、アメリカ人よりも日本人のほうが目の前の現実に合わせて柔軟なのですね。

刑法ではなく、すべて補償に一元化すべき

渡瀬　面白いのは司法制度への介入の是非です。日本には今、民法と刑法がありますが、リバタリアンには、刑法をあまりいいものだとは思わない考え方もあります。刑法というのは別にそれが執行されたところで被害者への補償がなされるわけではないからです。民刑分離の否定ですね。財産権上、関係がないということです。

誰かが殴られたとします。殴った人を刑務所に入れたところで、殴られた人は何も回復しないではないか、ということですね。むしろ、刑務所に入っている犯罪者の生活を税金で面倒をみることになる、二重の被害が生じているじゃないかというのがリバタリアンの考え方です。

全部補償に一元化するべきだということです。

宮脇　補償の方がいいということですね。脱線しますが、モンゴルに代表される遊牧民の法律なんて、今のことは詳しくないけど、少なくとも昔は全部そうです。こういう刑罰は馬何頭に相当するとかね。殺人ですら、思い切り財産の話に入るのよ。刑務所がないんだもの、収監するのは無理なんです。モンゴルにあるのだから、リバタリアンだけの考えではない、ということでしょう。

渡瀬　リバタリアンの間では、中世アイスランドの法制を理想化する人もいるようです。AさんがBさんを殴り、AさんはBさんにいくら支払えという話になったとします。Bさんの力が弱くてAさんに補償させることができなかった場合、Bさんはより力の強い人に損害賠償権を転売することができるというものです。補償権を債権にできるわけです。

江崎　転売することで、債権をある程度、回収できるようになるわけですね。本当は一〇〇%回収したいけれども、一〇〇%回収する能力がないので、五〇%ぐらいで売る。本当は一〇〇万円もらえるはずなのに、一〇〇万円もらおうとしても相手が強過ぎて話に応じてくれない。だから五〇万円でより強い人に売る。被害者は五〇万円もらえるし、買った側が一〇〇万円を回収できれば五〇万円儲かる。

倉山　自力救済できない人が、賠償請求権を転売できる。一九九〇年代に人気だった漫画の『ナニワ金融道』で、どうせ取り返せない債権だったら私が安く買いますよ、みたいなシーンがありましたね。あれが制度化されていた。

（本文より抜粋／構成・編集部）

からだが弾け、ことばが動きだす「竹内レッスン」！

竹内レッスン！――からだで考える

森 洋子

この本が生まれるまで

竹内敏晴さんは、一九七〇年代から「竹内レッスン」というからだとことばの独自のワークショップを続けてこられました。

「竹内レッスン」には年に三回琵琶湖畔での合宿があり、その三回は五月「からだの気づき」、八月「声とことばの気づき」、十二月「人とのかかわりの気づき」というモチーフでつながっており、皆が集いました。

この本は、二〇〇五年五月の合宿で「人が立ち上がるということ」を体験した私が、そのレッスンの世界を絵で表現したものです。

サカナから人へ、人からサカナへ

「竹内レッスン」で行われた、人になって立ち上がるレッスンは、私にとって当たり前のように立ち歩く日常から、あらためて世界を前に真に立つことを厳かに体験するレッスンでした。

満々と水をたたえた琵琶湖の湖畔、新緑の五月の風が吹いている。レッスン場には二十人余りの人が集まっていた。

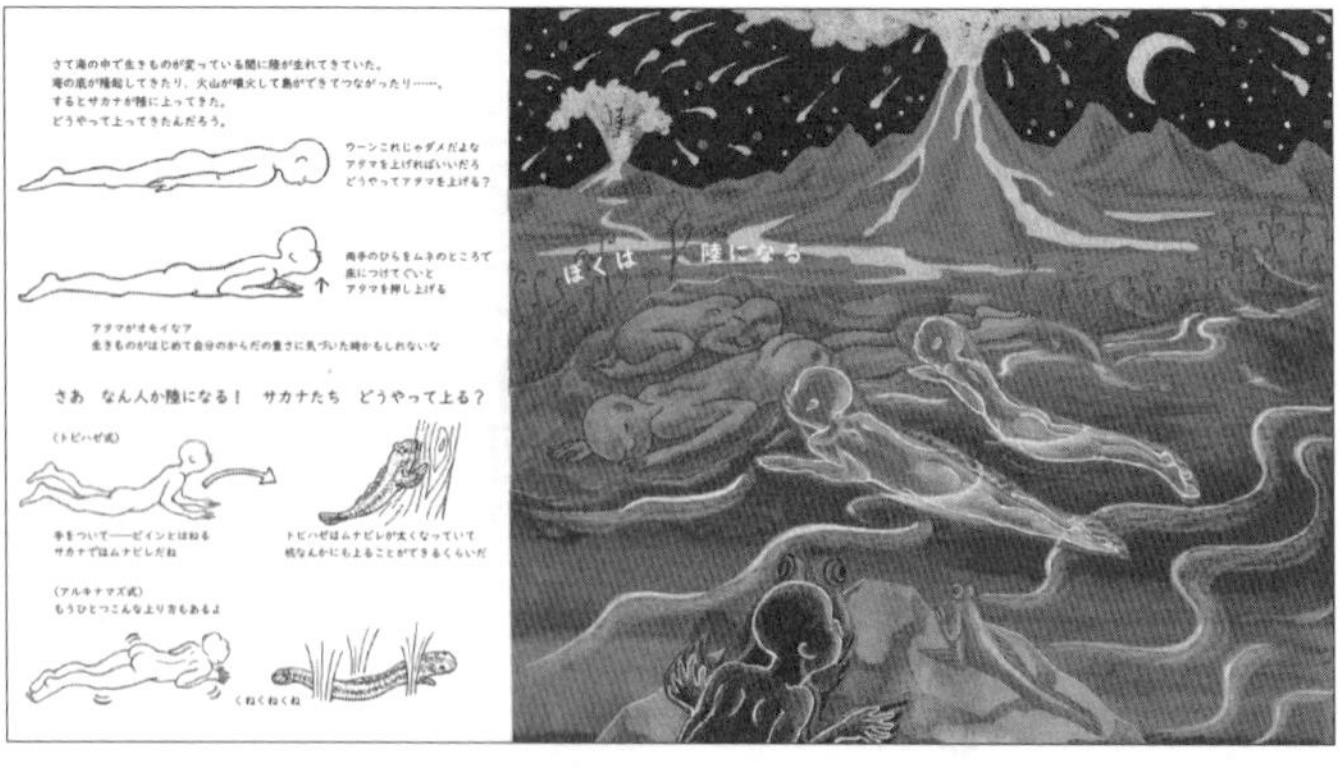

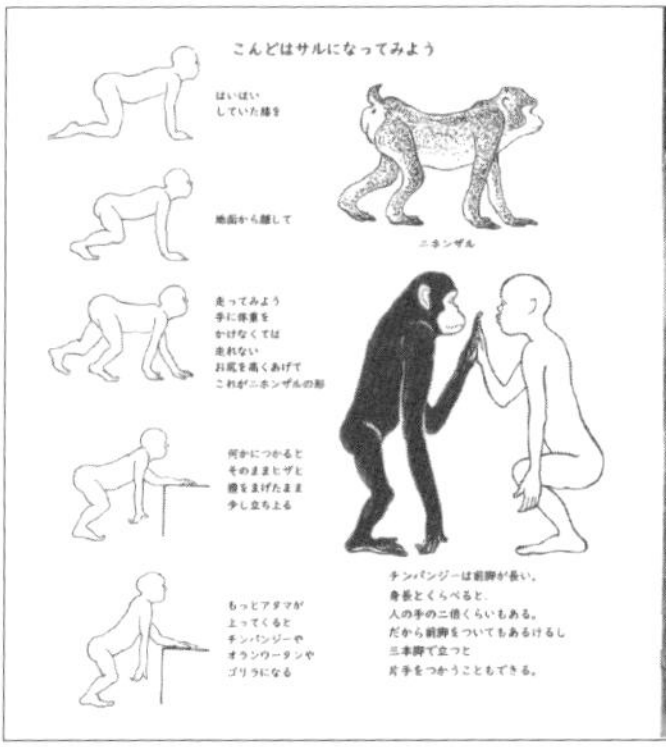

レッスンはコアセルベートのスープのような太古の海から始まった。私たちは海になってゆれている。波を起こし、うねりながら、ゆらゆら、チャップチャップ、ザザーンザザーン。誰かが「ガラガラドシーン」と雷を落とす、が全く影響なし。そこに竹内さんの「ドーン」と一声、打たれたようにからだがビクンとなる。放電を受けた大勢の生命がレッスン場の床に蠢いている。竹内さんはプランクトンの図鑑を見せてくださったと記憶する。様々などれ一つとして同じではないデザイン。そのひとつひとつ、一人一人がゆらゆらゆらゆらするうちに、クラゲになったりタコになったり。そこから背骨ができてサカナになる。そしてある時、上陸。この上陸はトビハゼ式とアルキナマズ式がある。どちらの方法にしても目の前に横たわる人間岩に這い上がるには、私はすでに何億年もの時を経ており、その上互いにガブリガブリと捕食し合って、体力のほとんどを使い果たしていた。はあはあと喘ぐ。水中から空気中へ息も苦しかろう。意思を持たなければ上陸できなかった。上陸してからは爬虫類、両棲類、哺乳類となっていく。床にうつ伏せた状態から足を腹に引きつけ、頭を地面から持ち上げていく。頭ってこんなに重たかったかな。そしてお尻を持ち上げて四つ這いに。何かほっとする、馴染みのある姿勢だ。四つ足動物で歩き、

▲竹内敏晴（1925-2009）

やがてお猿、そして人。とうとう二本足で立ち上がる。するとやけに頭の位置が高い。ひっくり返りそうな気までしてくる。ましてこの状態で歩くなんて危ないじゃないかとさえ思う。人が重い頭を一番上にして命がけで立つ、なぜその意思を持ったのだろう。レッスンの最後、サカナから人までをたどってみる。視線が地面から離れずんずん上がっていく。その広がっていく視界の雄大さに驚く。満ちるようについに人となって立つ。頭を頂点に足は地球の中心を正しく指す。世界はしーんと静かだった。それから人からサカナをたどってみる。ふわーと力が抜けてみるみる視野が低くなり地べたに和んで横になる。海に浮かび、からだはこの上なく安らいだ。

表現の生まれる場所へ

竹内さんがお亡くなりになられて「竹内レッスン」がなくなってから、お嬢さんの米沢唯さんのバレエを観ることが私の「竹内レッスン」となりました。唯さんが地球の中心から天に向かう垂直線に、地上でピタリと重なる瞬間、唯さんは重力のかかるただ一点上に静かに存在しています。その静けさは人が人として立った瞬間の静寂ではないか、そしてその静寂を起点にするからこそ圧倒的な表現力なのだと感じます。竹内さんはこのレッスンで、表現の生まれる場所にみんなを連れていこうとされたのでは、と思います。

（本書より）

（もり・ようこ／画家、絵本作家）

『竹内レッスン！』に寄せて

バレエダンサー　米沢　唯

海の中で子供たちが波になって転がったり跳んだりしている絵を見たとき、「素敵！」と声が出た。踊っているようにしか見えなかったから。

こんぶのように踊ることと、こんぶそのものになって踊ること、の間には大き

竹内敏晴・文　森洋子・画
竹内レッスン！
からだで考える
からだが弾け、ことばが動きだす「竹内レッスン」！
自分のからだを動かして、"海の中でのいのちの誕生"と進化をたどる――
演出家 竹内敏晴が1970年代以来主宰してきた、からだとことばのワークショップ「竹内レッスン」。
レッスンで体験した「人が立ち上がること」を、森洋子がしなやかな絵で再現!! レッスンが甦る!!
藤原書店
定価 本体1,800円+税

な大きな差があります。舞台で踊る私が、とても大切にしていることのひとつです。サカナの私が、海から上がるとき、どんなに恐ろしかったか。でも恐ろしさよりも新しい世界への好奇心の方が強くて、上へ上へと上がって行く。そこで見た世界のなんと不思議で美しいこと。大地には熱いエネルギーが満ち、真っ赤に燃える山からは金色のマグマが噴き出ている。そしてその背後には静かに煌めく星々。

実際に「その場を生きる」ことこそ、からだで考えるということ。

この本を読んでいると父、竹内敏晴の朗らかな声や、柔らかな立ち姿がふっと蘇ってきます。父のからだは、真っ直ぐ上に向かって立つ、と言うより空からふわっと降りて来た人のようでした。その父が亡くなったとき、森洋子さんが「満月の夜に」という絵を描いてくださいました。満月に向かって続く道を、様々な動物やお花たちが楽器を奏でたり踊ったりしながら練り歩いている絵です。父はその葬列によって空へ運ばれたのでしょうか。

森洋子さんの絵の中にはいつもお月さまがいます。色んな生き物で賑やかな世界から遠く離れて、静かに佇んでいます。まるで、私の中の哀しみを見つめる、もう一人の私自身のように。

真っ直ぐに立ち上がった私がもう一度サカナになって海に帰るときまで、この豊かなあたたかいからだで、世界に出会いたい。

（本書より）

（よねざわ・ゆい）

竹内レッスン！
からだで考える

竹内敏晴・文　森洋子・画
米沢唯＝跋

からだが弾け、ことばが動きだす「竹内レッスン」！　自分のからだを動かして、"海の中でのいのちの誕生"と進化をたどる――演出家・竹内敏晴が一九七〇年代以来主宰してきた、からだとことばのワークショップ「竹内レッスン」。レッスンで体験した「人が立ち上がるということ」を、森洋子がしなやかな絵で再現!!　レッスンが甦る!!

A4変上製・カラー　三二頁　一九八〇円

■連載・「地域医療百年」から医療を考える　10

地域で共に診る

方波見医院・北海道　方波見康雄

病院病床の「開放型共同利用」について知る人は少ない。簡約すると、こうなる。

例えば読者の何方かが（「貴方」と呼ぶことにする）風邪をこじらせ、痰が絡み、息苦しくなり、顔なじみの町のお医者さんを訪ねたところ、肺炎と診断され、ただちに入院病院を紹介されたとする。貴方にはその病院は馴染みがなく、担当医や看護師とは初対面。忙しげに立ち回っていて声をかけにくい。病室での孤独と不安は募るばかりとなる。だがそこに立ち現れたのが、何といつものクリニック医師とクリニックの看護師。不審がる貴方に、ドクターはこう説明した。

「この病院と私のクリニックとは『病床の開放型共同利用』の協約を結んでいる。当クリニック紹介の患者さんの病床がこの病院に確保されており、例えば貴方のように入院した方を、私が回診をして、病院担当医と診療や検査の打ち合わせをすることができる仕組みになっている。ナースステーションに立ち寄って貴方の入院診療カルテに、回診の所見を記入しておく。夜間の病変については当直医がきちんと対応してくださる。その内容は、私に電話連絡が入る。

貴方はだから、病院の呼吸器専門医と顔なじみの町のお医者である私との複数の医師や看護スタッフを同時に持つことになっている。費用は健康保険から、病院とクリニックに給付され、過剰な私費負担はない。安心されるといい」。

昭和から平成に移り変わった一九八九年四月初め、私の住む北海道奈井江町の町長（北良治、故人）から、老朽化した町立病院の新築について相談があった。そのときに私が提案したのが、この「開放型共同利用病床」と、高齢社会を見据えての医療と福祉と保健を包括した地域ケアシステムの構築であった。

すぐに町内クリニックの医師と歯科医師、町議会議員、町立病院院長などで構成する委員会が設置されて私の提案を審議。町立病院新築完成と共に、政策として具体化されたのが、一九九四年春であった。

これはやがて「地域で共に診る」システムの実践として、全国的な注目を集めるようになっていった。

リレー連載　近代日本を作った100人　94

荻野吟子——身をもって示した女性の自立

広瀬玲子

女医への道を開く

数年前医学部入試で女子の点数を低く抑えるという女医への偏見と差別が明るみに出た。いまだにこのような現実に直面せねばならぬのかと思った。

女医の歴史を遡ると荻野吟子にたどりつく。豪農の娘として育ち、結婚により夫から淋病に罹患させられ離婚する。男性に非がありながら女性が犠牲になる不条理、女ゆえにうける痛み・苦しみを吟子は味わうことになった。

鬱々とした治療の日々のなかで、同病の女性たちが男医の診察に強い羞恥と苦痛を自分同様感じていることを知る。ここから自らが医師となり救世主として立とうという決意が芽生えた。サバイバーとなったのだ。しかし、当時の制度は女医を認めていなかった。暗中模索のなかで東京女子師範学校を卒業、石黒忠悳の助力により好寿院で医学を学んだ。女性に受験資格を認めていなかった医術開業試験の門戸を開くよう請願を繰り返し、門戸を開かせ、一八八五年受験・合格した。公許女医第一号の誕生だった。吟子の後に続々と女医が誕生していく。

吟子の唯一の論文「本邦女医の由来及其前途」は、当時の男性優位のジェンダー秩序を鋭く批判し、女医の意義を明快に述べ、女医が絶対必要とされている部署を、宮内省皇后担当医・警視庁性犯罪被害者担当医・地方各府県病院の婦人科・小児科・産科と指摘した。今日においても色あせない主張である。

社会運動で弱者を救う

診療を開始するかたわら、**私立大日本婦人衛生会を設立**して家内衛生思想の普及に努める。「**衛生は国家富強の礎**」が彼女の主張だった。ナショナリストでもあった。キリスト教に入信し基督教婦人矯風会に参加、副会頭として廃娼運動の先頭に立ち、女性を苦しめる根源との闘いを開始する。一夫一婦制の請願にも名を連ねた。石井亮一と手を携え孤児救済活動も行った。その一方で女子の政治活動を全面的に禁止する集会及政社法に抗議して、「婦人の議会傍聴禁止に対する陳情書」に名を連ねた。弱者へ注ぐ温かいまなざしと女性の権利拡張は表裏をなしていた。

女性の自立を問い続ける

若きキリスト教徒志方之善との出会いが吟子を北海道へと誘うことになる。北海道にキリスト教徒の「理想郷」を築く夢に共鳴した吟子は、九四年に利別原野に渡った。「理想郷」建設の夢は破れ九七年に港町瀬棚で開業した。ニシン漁に沸く瀬棚には遊郭で働く女性たちがいた。教会の日曜学校に出向き、淑徳婦人会を結成して女性の修養と地位向上に努めた。

吟子の思索の跡をたどることができる「手帳」が残る。記された多くの聖書の句は、敬虔な信徒であったことを物語る。神を信じ敬神の心を持つことが女性の価値を高めること。心の持ち方で女性の価値は決まると記す。女性は「一家の女王」「社会の副王」で、女性が修養を積み良き主婦となることが家庭に祝福をもたらすとした。

その一方で女性の経済的自立に言及する。男性への経済的依存が男尊女卑の風潮を温存していると記す。医師になりたての頃に、女医という職業が家庭と両立できるかと問われて、夫の「慰め手」であろうとすれば両立は難しいが、「扶け手」であろうとすれば良き同伴者となると述べていた。良妻賢母主義が普及する以前に女性の自立について思索をめぐらせていた。「常に真実を語れ」「人その友の為に己の命すつるは是より大なる愛はなし」は彼女が愛した言葉だった。彼女の生き方は困難な時代にあっての女性の自立の道を指し示している。

現在熊谷市では、吟子とその周辺の資料を網羅する「荻野吟子資料集」を編纂中である。刊行により吟子の人間像と思想が多くの人に知られることを願っている。

（ひろせ・れいこ／歴史学）

▲荻野吟子（1851-1913）
最初の結婚で破婚。松本万年、井上頼圀に師事。女教院で田中かく・内藤ますらと知的女性のネットワークを作る。紆余曲折を経て1885年公許女医第一号となった。数少ない女医とともに私立大日本婦人衛生会を設立した。基督教婦人矯風会に入会。明治女学校の校医として巌本善治・星野天地らと親交を結ぶ。社会事業家石井亮一とも交わる。北海道開拓を志す組合教会信徒志方之善と再婚、94年北海道へ赴いた。瀬棚へ移り医院を開業し、夫の没後1908年東京に戻り開業。日本女医会の集まりで後輩を激励した。

連載　歴史から中国を観る　25

皇帝の四分の三は、漢人ではない

宮脇淳子

紀元前二二一年、秦《しん》の始皇帝《しこうてい》がみずから「皇帝」と名乗ったときに、現代のわれわれが「中国」と呼ぶ文明が始まった。「秦」が「シナ」と「チャイナ」の語源である。

近代以前には、「中国」という「国家」があったわけでもなく、「中国人」という「国民」があったわけでもない。先にあったのは皇帝である。だから、いわゆる中国の歴史とは、皇帝の歴史そのものである。

「皇帝たちの中国史」は、三つの時代に分けることができる。

第一の「漢族の時代」は、秦の始皇帝から、漢・三国・晋《しん》・南北朝を経て、五八九年に隋《ずい》の文帝が天下を統一するまでである。**第二の「北族」の時代**は、隋・唐《とう》・五代・宋《そう》を経て、一二七六年、元《げん》のフビライ・ハーンが南宋を滅ぼして天下を統一するまでである。**第三の「新北族の時代」**は、元・明《みん》・清《しん》の時代である。

清が一八九五年に日本に負けたことにより、中国文明の時代が終わって日本化が始まる。そして、**一九一二年に清の宣統帝《せんとう》が退位して、皇帝の歴史は終わる。**

中華思想は、「北族」の時代の末期に、新たに興りつつあった新北族の契丹《きったん》に対して、自分たちもかつての北族出身であった北宋の人々が、自分たちこそ正統の「中華」だと言い出して、北方の遊牧帝国を成り上がりの「夷狄《いてき》」とさげすんだことにはじまる。そこから、「夷狄」は文化をもたない人間以下の存在で、自分たち「中華」だけがほんとうの人間だという負け惜しみの「中華思想」が出てきたのである。

しかし、じつは**「中国皇帝」の大多数が「夷狄」出身**であった。五代十国時代の後周《こうしゅう》の郭《かく》氏や、北宋《ほくそう》・南宋《なんそう》の趙《ちょう》氏など、漢人かどうか疑問のある皇帝も漢人として数えても、紀元前二二一年から一九一二年まで、漢人が皇帝だった期間の長さと、皇帝が非漢人だとはっきりわかる期間の長さをくらべてみると、**二千百三十二年間のおよそ四分の三が、漢人でない皇帝の時代**なのである。

（みやわき・じゅんこ／東洋史学者）

■〈連載〉沖縄からの声［第XV期］1（初回）

「石垣市自治基本条例」の改悪を衝く

川平成雄

「石垣市自治基本条例」は、石垣市の憲法である。だが、一人の市議の画策による議員提出議案の議会提示、それに賛同する与党市議一〇人によって改悪されてしまった。

一人の市議とは、現在、陸上自衛隊ミサイル基地建設が進行中の土地を防衛省に売り払った友寄永三《ともよせえいぞう》である。この友寄議員提出議案には、決定的な誤りが三点ある。第一点は、賛成者がゼロということ。石垣市議会会議規則には「二人以上の賛成者とともに」と明確にうたっている。第二点は、議案は箇条書きで文章になっていないこと。地方自治法には「議案の提出は、文章を以てこれをしなければならない」とある。第三点は、「石垣市自治基本条例」は二〇〇九年に制定されたが、二〇一六年三月議会で改正案が与野党全員一致で可決されて現在の条例になったこと。

このことを知らないはずもないのに「条例制定から十一年が経過し、その間にさまざまな批判や疑問が出ており、改正の必要がある。これが、この条例案を提出する理由である」とは。

改正案は、第二条第一号中「市内に住み、又は市内で働き、学び、若しくは活動する人」を「市内に住所を有する人」に改める。第二七条および第二八条は削除。第四二条第一号中「この条例は、市政運営の最高法規であり、」を削る。

何の根拠も示さずに、住民投票を規定する第二七条および第二八条を削除する。これまでの住民投票によって市政運営が阻害でもされたのか。両条の削除によって、市民の市政参加の権利が奪われた。

最も許し難いのは、中山義隆《なかやまよしたか》市長の姿勢である。中山市長は、自治基本条例審議会の会長から答申を受け取る際、「答申をしっかり検討して成果をまとめたい」と述べた。なお、第二七条および第二八条にたいする答申は「市民の権利及び市の責務についての具体的な内容が判然とせず、両条文の整合性にも疑問があるため、抜本的な検討が必要である」となっている。だが、改正案可決を受け、「答申に沿った内容。再議は考えていない」と言い放つ。改正案のどこが「答申に沿った内容」なのか。何という無責任な発言だ。

（かびら・なりお／沖縄社会経済史研究室）

連載　今、日本は　33

振興という名の侵攻

ルポライター　鎌田　慧

日本の政治がますます下品になってきた。政治とカネ。政治家個人のスキャンダルばかりか、国の政策までカネの話で露骨だ。沖縄にたいするカネの支配が剝きだしになってきたのは、安倍首相のときからか。地方自治の尊厳などまったく意識にない。

来年度の沖縄振興予算は、今年度より三三〇億円も減らして二六八〇億円と一一％減。辺野古米軍基地新設に抵抗する玉城デニー県政にたいする処分だ。三〇〇〇億円にしたのは安倍首相だった。二〇一三年一二月、暮れも押し迫っていた。人家に近くて危険極まりない米軍普天間飛行場の「県外移転」を強調して、政府が押しつける辺野古新基地建設を拒否していた仲井眞弘多知事が、いきなり政府の埋め立てを承認した。そのときのセリフが「これでいい正月を迎えられる」。基地新設の見返りに政府予算を増額してもらう。まるで札束で頬っぺたを張られた「振興策」だった。

なぜ、議会にも県幹部にも相談なく、県民の希《ねが》いを裏切る突然の決定だったのか。決定のすこし前、知事は東京で菅義偉官房長官と秘密会談、額賀福志郎元防衛庁長官や自民党幹部などとも会っていた。その直後の変心だった。仲井眞知事の裏切りのあと、県知事選挙はオール沖縄の声を受けて、翁長雄志、玉城デニーと新基地建設反対を明確にしている候補が当選した。

安倍内閣の官房長官菅義偉が、官邸を訪れて沖縄の戦争体験について語った翁長雄志知事にたいして、「わたしは戦後生まれですから」とにべもなく突き離した。沖縄に悲惨をもたらした苦渋の歴史にまったく無関心な政治家が、政権の中枢にいて沖縄支配を画策してきた。

ところが、自民党内でリベラルとみられていた岸田首相は、政権を握るやいなや沖縄予算の削減を断行、その一方で補正予算をふくめた今年度の防衛予算は、はじめて六兆円の大台に載った。

カネをだしたり引っ込めたり、沖縄を米日軍事基地の島として支配する。沖縄振興策とは沖縄侵攻策の別名のようだ。

■連載・花満径 70

化態とは

中西　進

『古事記』には、本文以上にりっぱな文体の序文がついている。だからこの序文は偽作だといい、また、成立よりずっと後の時代、人によっては中世のころに書かれたものが付け加えられたのではないかと、推測する始末である。

さらに内容からいっても理解できない部分があるから、いっそう評判が悪い。

しかしそう斬って捨ててしまうと、折角提供してくれている貴重な材料があっても、死んでしまう。

そう思ってわたし自身も今まで何度か捨ててきた部分を、また吟味してみた。

その一つに、次の一節がある。

化態出川
天劒獲於高倉
生尾遮径
大鳥導於吉野

(化態《かゆう》川より出で、天劒《てんけん》を高倉に獲《え》、生尾径《せいびみち》を遮《さへぎ》り、大鳥《たいう》吉野に導く)

初代の天皇神武が九州から東上、大和の国を平定し切れないでいる間に、「化態」が川から姿を現し、天からの劒は高倉という者が献上し、尾のある人間どもは道に溢れ、大ガラスが神武を吉野へと誘導した、というのである。

神武東征が終幕を迎え、ついに王を宣言すべき権威を次々と獲得する件りである。

輝かしい経緯なりに、文体も前後と違って当時流行の四六体を用いて高揚感を漂わせる。重要な語りだったと想像させる。

事柄としても、天下の霊劒を高倉下《たかくらじ》が所有することや、三本足のカラスが先導したことなどよく知られている。

ところが、その中で化態とは何者か、それが川を出るとはいかなることか。とんと合点がいかない。

化態というからには、化《あや》しき態なのか、それとも何者かが化けた態なのか。

わざわざ川というからには、目下川に住んでいるのだから、あの動物の、正常なあり方ではない。

一切不明だから目下は無難に「神の化身の態」と言いかえるのみになっているが、すこし内容に踏み込むことが、是非必要なのではないか。

(なかにし・すすむ／国際日本文化研究センター名誉教授)

Le Monde

■連載・『ル・モンド』から世界を読む［第Ⅱ期］65

教会《カトリック》の崩壊？

加藤晴久

本誌二〇二〇年一〇月号で教会が売り買いの対象になっていること、その背景には信徒数の激減と聖職者不足があることを書いた。

そのカトリック教会が、いま、聖職者による未成年者に対する性暴力の問題で揺れに揺れている。『ル・モンド』は一〇月三／四日付で二ページを費やして報じて以来、連日、大きなスペースを割き、社説でも二度論じている。

元国務院副院長J－M・ソーヴェを委員長とし、法学、社会学、人類学、精神医学、神学などのエキスパート二一人（全員無償奉仕）から成る「カトリック教会における性的暴力に関する独立委員会」が昨年一〇月五日に報告書を公表した。三〇〇〇ページの本文と全体で一七〇〇ページになる数巻の補遺という膨大な報告書である。

これによると、一九五〇年以来、二一万六千人が未成年の時期に約三千人の聖職者あるいは教会関係者による性的暴力の犠牲になっていた、という！

更に驚くべきことに、この調査は「フランス司教会議」と「フランス修道士・修道女会議」の依頼を受けておこなわれたということ。二〇一〇年代から被害者の諸団体が抗議の声を上げ始め、教会の対応を求めてきたが、満足のいく対処ができず、「独立」委員会を設置し、①事態の歴史的全体的把握、②教会指導部の対応とこれまで取られた防止策の評価、③今後への提言を求めたのである。つまり、自助的な改革ができず外部の助けを求めたことになる。

ソーヴェ報告は、これまでの教会の対応は、「隠蔽」「相対化」それどころか、「否認」であったと手厳しい。

報告書は①聖職者のセクシュアリテの見直し（つまり妻帯の承認）、②聖職者以外の信徒の力、③女性の力を活用すべきことを勧告している。

思うに、これはカトリック教会に対して、新教＝プロテスタント教会に変身せよ、と勧めていることになるのではないか。新教では信徒はひとりひとり直接神と向き合う。間に入る聖職者はいらない。

（かとう・はるひさ／東京大学名誉教授）

十二月新刊

現代の「世界史」が生まれる瞬間の記録

パリ日記（全5巻）

特派員が見た現代史記録 1990-2021

II シラクの時代 1

1995.5-2002.5　口絵二頁

山口昌子（ボーン・上田記念国際記者賞受賞）

「親日」のシラク大統領のもと、仏の核実験問題をめぐる確執、ルノー・日産提携など日仏関係にも動きがあるなか、新世紀に突入した世界を9・11事件が揺るがす。在仏30年のジャーナリストが、パリから世界を見る現代史クロニクル、第二弾！

A5並製　八二四頁　五二八〇円

バディウ哲学への導入にして、その全体像

哲学の条件

A・バディウ

藤本一勇訳　序＝F・ヴァール

主著『存在と出来事』で独自の哲学体系を樹立したバディウが、哲学の「条件」として提示したものは何か。「科学」「芸術」「政治」「倫理」の四条件に加え、ラカンを通じて「精神分析」を視野に収め、以後展開される仕事のエッセンスを明示した講演等から構成。バディウ哲学への導入にして、その全体像を捉えるための最適の書、待望の完訳。

四六上製　六二四頁　六八二〇円

一月新刊

手入れ不要の、土地に根づいた〝宮脇メソッド〟の森づくりを世界に！

九千年の森をつくろう！

日本から世界へ

宮脇方式の森を発展させる会＝編

地球温暖化から生命を守る！COP26開催都市グラスゴーにも、植物生態学者・宮脇昭（一九二八―二〇二一）の方法で作った森がある！〝宮脇メソッド〟の森は、土地にしっかり根づいた、手入れ不要の、本物の森である。森づくりのメソッドと、その本質に切り込む決定版。

〈内容〉

はじめに（藤原一繪）

I 宮脇昭「緑の地球環境再生を目指して」（ブループラネット賞受賞講演）

II 藤原一繪「宮脇方式《メソッド》のエッセンス」

III 宮脇メソッドの森づくり活動　企業、NPO ほか

IV 宮脇昭さんとの思い出1――国内篇

V 宮脇昭さんとの思い出2――海外篇

VI 追悼記事　Spiegel／KyodoNews ほか

VII 宮脇昭語録　草山清和・編

VIII「宮脇メソッド」による植樹地　世界と日本　藤原一繪・作成

〈付〉略年譜、著書一覧

A5上製　約六〇〇頁　六八二〇円　写真多数

読者の声

パリ日記（全5巻）

I ミッテランの時代 1990.5–1995.4 ■

▼陳腐な言い方だが、「時代の目撃者」という表現が相応しいドキュメントだ。何よりも著者のジャーナリストとしての行動範囲の広さと、フランス社会の人と諸事象に対する記者ならではの分析眼に敬服させられた。フランスを代表する各界の人物へのインタビューも、日記という体裁をとりながらも、貴重な同時代の証言として興趣が尽きない。

明晰を重んじる地中海文明の代表格であるフランスの地にあって、「大和撫子」の著者が、臆することなくジャーナリストの本領を発揮している姿に、同胞として誇りを感じた。続刊が楽しみである。

（福岡　**中村明人**　69歳）

生きている不思議を見つめて■

▼人間と蛸のゲノムの大きさがあまり変わらない、というのには、すごく驚いた。人間が一番、となんとなく思っていたから。中村桂子さんによると「数ではなくはたらき」ということだが、猿ならわかるけれど、蛸⁉ そして人間は大脳が発達して、これだけの文明をつくったと思っていたが、蛸の脳の神経の多様性をつくる遺伝子は、人間の三倍近くあるらしい‼ 蛸のほうが頭がいいのかもしれない……。人間は全然特別ではなかった。とても色々と勉強になった。

（京都　**安達理子**）

「かもじや」のよしこちゃん■

▼浅草の生活や芸能の世界に興味があったので購入しました。

（東京　**志賀哲**）

文明開化に抵抗した男 佐田介石 1818–1882■

▼佐田介石は、決して反逆が目的でなく、"日本はこうしたらもっと良くなる"と考えた提唱者であり、決して今のままが一番というわがままではないことがわかる。ただ、都合よく解釈することは良くない、とかんがえている。

（**長谷川亮太**）

漢字とは何か■

▼岡田英弘氏による著作を読ませていただいておりますが、事実とはこうなのかと驚きをもって読んでおります。

学校教育とはちがうこともあり、大変勉強になります。

もっと早く知りたかったと思う時もありますが、残りの時間を岡田英弘氏の著作集で学びたいと思っております。

（静岡　会社員（パート）　**土屋晴義**　68歳）

祈り■

▼「売れる本ではなく、価値ある本」を出版されている貴書店のことは、この本で初めて知りました。

美智子さまの御歌がなぜもっと話題にならないのかと思っていた矢先の頃です。

皇室と和歌の歴史も知ることができました。上皇后美智子さまの歌がなぜこれほど心に響くのか少しわかったような気がしました。こういう書物を出版される会社がこの国にあることを有難いと思います。決して軽い内容ではなく、読後ずっしり心に残る本でした。

（京都　主婦（昨年まで中学校英語教諭）　**大八木靖子**　64歳）

▼上皇后・美智子さまの『瀬音』を、くり返し読んでいます。解釈のむずかしいところがありましたが、『祈り』のおかげで納得させていただきました。感謝です。

（京都　寺庭　**白鳥堯子**　79歳）

政治の倫理化■

▼先日、末弘厳太郎『嘘の効用（上下）』（冨山房百科文庫）を読んだ。主に一九二〇年代の日本の問題、階級分裂と政党政治、社会科学研究の必要性、教育問題などが論じられていた。立場は異なる後藤の問題意識と対比すると興味深い。

　後藤が政党政治の問題を見るとき、果たして無産者をどう扱うのか、というのは避けられないものだろうと感じる。

（京都　医師・大学院生　**松成亮太**　39歳）

「共食」の社会史■

▼戦前戦後の日本の食糧難を体験した私は、父から「ひもじさと」の歌（ひもじさと人恋いしさと較べれば恥ずかしながらひもじさが先）を知り、「働いて食べていける職業につきなさい」と姉・妹は教師になった。

　戦前、家を建てようとした土地で作物を作り（食糧生産・加工・調理・保存）、「はたらくことが趣味」の体質になった。

　その時「共食」＝人と一緒に食べる形の変化、一方、柳田国男の民俗学の本の中で「一人鍋」（個：共）……。団体・共同：個人・孤食。今後また食べ方がどのようになるのか、多様化の食生活（?）。

（京都　元教師　**張江和子**　84歳）

楕円の日本■

▼川勝平太と山折哲雄の二人の知者による対談は、示唆に富み、二人のファンである私にとって、読み終わる事がもったいなく、ページをめくる事がためらわれた。

（静岡　不動産業勤務　**蒔田正孝**　68歳）

※みなさまのご感想・お便りをお待ちしています。お気軽に小社「読者の声」係まで、お送り下さい。掲載の方には粗品を進呈いたします。

書評日誌（一〇・二五～一二月号）

（書）書評　（紹）紹介　（記）関連記事
（イ）インタビュー　（テ）テレビ　（ラ）ラジオ

一〇・二五　（書）地球システム・倫理学会会報（第16号）「転生する文明」（『転生する文明』（服部英二著）を読んで――〝転生と変貌〟の象徴、想像の世界を支配する倫理をさぐる」／谷口正次）

一一・七　（書）世界日報「祈り」（「60余年に及ぶ歴史を刻む歌」／多田則明）

一一・八　（書）公明新聞「中村桂子コレクション　⑦生る」（「自然のわけのわからなさに向き合う」／篠原雅武）

一一・二三～　（書）共同配信「文明開化に抵抗した男　佐田介石」（「知る人ぞ知る「怪僧」」／原田敬一）

一二・二　（記）読売新聞「ベートーヴェン　一曲一生」（「始まりの1冊」／『内村鑑三』1990年」／「示された近代超克の道」／新保祐司）

一二・二七　（紹）福島民報「「かもじや」のよしこちゃん」
（書）毎日新聞「パリ日記Ⅰ　ミッテランの時代」（「ヨーロッパ激動期の立ち会い証言」／鹿島茂）

一二月号　（紹）サライ「いのちの原点「ウマイ」」（「人類拡散のルートに残る母神信仰の足跡を追う」）

三月号　（書）GALAC「テレビ・ドキュメンタリーの真髄」（鈴木嘉一）
（書）角川　短歌「祈り」（「歌集歌書を読む」／砂田暁子）
（書）音楽現代「ベートーヴェン　一曲一生」

二月新刊予定

＊タイトルは仮題

六〇年を経て完成した幻の書、遂に出版！

詩集 日本風土記Ⅱ

金時鐘

原稿はすべて揃っていたにもかかわらず、組織からの妨害によって出版かなわぬまま途絶し、手提げ金庫に眠ったが度重なる引っ越しで散逸した、金時鐘の幻の第三詩集『日本風土記Ⅱ』。復元された『金時鐘コレクション』でもなお九編が見つかっていなかったが、この九編が二〇二一年にすべて発見され、この度、完全版として待望の刊行！

〈栞〉細見和之／宇野田尚哉／丁海玉

能の本質を問う珠玉の随筆と対話

梅は匂ひよ 桜は花よ 人は心よ

野村幻雪（四郎改）（観世流シテ方 人間国宝）
笠井賢一 編

狂言の家から能楽に転じて芸の道を追求、昨年には伝統ある「雪」号を授与されるも、惜しくも八月に急逝した著者が、晩年に書き残した「能とは何か」「わが生涯」をめぐる珠玉の随筆、そして中村時藏、野村万作ほかとの対談を集成。

都市計画の大家による最高の都市論！

都市と文明Ⅲ 全3分冊

文化・技術革新・都市秩序

P・ホール 完結 口絵16頁
佐々木雅幸監訳

水道・公衆衛生・鉄道・高速道路等のインフラ、および政治思想、経済政策など、発展を維持する基盤としての硬軟の「都市秩序」に注目し、古代ローマ、ロンドン、パリ、ニューヨーク、ロサンゼルスを分析する最終第三巻。創造と発展の場としての都市の歴史を通じてダイナミックな人類史を描いてきた全三巻が、ついに完結！

最近の重版

からだ＝魂のドラマ
「生きる力」がめざめるために
林竹二＋竹内敏晴 竹内敏晴 編 〈3刷〉二四二〇円

「出会う」ということ
竹内敏晴 〈2刷〉二四二〇円

ルーズベルトの責任 上
日米戦争はなぜ始まったか
Ch・A・ビーアド
開米潤 監訳 阿部直哉・丸茂恭子 訳 〈6刷〉四六二〇円

入門・世界システム分析
I・ウォーラーステイン
山下範久 訳 〈7刷〉二七五〇円

〈普及版〉**ディスタンクシオンⅠ**
社会的判断力批判
P・ブルデュー 石井洋二郎 訳 〈4刷〉三九六〇円

言《こと》魂《だま》
石牟礼道子＋多田富雄 〈9刷〉二四二〇円

〈普及版〉**地中海Ⅰ**
環境の役割
F・ブローデル 浜名優美 訳 〈5刷〉四一八〇円

1月の新刊

タイトルは仮題、定価は予価。

リバタリアンとは何か ＊
江崎道朗・渡瀬裕哉・倉山満・宮脇淳子
B6変上製 二八八頁 二二〇〇円

竹内レッスン！ ＊
からだで考える
竹内敏晴＝文 森洋子＝画 米沢唯＝跋
A4変上製 カラー三二頁 一九八〇円

金時鐘コレクション（全12巻） 内容見本呈
③**海鳴りのなかを** ［第7回配本］
長篇詩集『新潟』ほか未刊詩篇
〈解説〉吉増剛造 口絵4頁
〈解題〉浅見洋子
〈月報〉金洪仙／阪田清子／島すなみ／森澤真理
四六変上製 五二〇頁 四八四〇円

九千年の森をつくろう！ ＊
日本から世界へ
宮脇方式の森を発展させる会＝編
A5上製 約六〇〇頁 六八二〇円

別冊『環』㉖
高群逸枝 *1894-1964* ＊
女性史の開拓者のコスモロジー
芹沢俊介・服藤早苗・山下悦子 編
菊大並製 予三八四頁 三五二〇円

2月以降新刊予定

詩集 **日本風土記 II** ＊
金時鐘

梅は匂ひよ 桜は花よ 人は心よ ＊
野村幻雪 笠井賢一 編

都市と文明 III ＊ （全3分冊） 完結！
文化・技術革新・都市秩序
P・ホール 佐々木雅幸監訳

格闘者（全3分冊）
清眞人
I ショーペンハウアー
II ニーチェ
III ニーチェ 対 マンとハイデガー

旅館おかみの誕生
後藤知美

「精神」から「精神0」へ
山本昌知・想田和弘

日本とアジア
市村真一

資本主義と市民社会
山田鋭夫

新しい「世界と日本」史（全4巻予定） 発刊
①開国から文明開化
浅海伸夫

好評既刊書

パリ日記（全5巻）
特派員が見た現代史記録1990-2021
山口昌子
③**シラクの時代 2** 2002.5-2007.5 口絵2頁

哲学の条件 ＊
A・バディウ
序＝F・ヴァール 藤本一勇訳
四六上製 六二四頁 六八二〇円

パリ日記（全5巻） 内容案内呈
特派員が見た現代史記録1990-2021
山口昌子
②**シラクの時代 1** 1995.5-2002.5 口絵2頁 ＊
A5並製 八二四頁 五二八〇円

地中海と人間（全2分冊）
原始・古代から現代まで
I 原始・古代から14世紀
II 14世紀から現代
D・アブラフィア
高山博監訳
佐藤昇・藤崎衛・田瀬望訳 カラー口絵計32頁
A5上製 I 五三六頁 II 五一二頁
各四八四〇円

生きている不思議を見つめて
中村桂子
B6変上製 二五六頁 一九八〇円

＊の商品は今号に紹介記事を掲載しております。併せてご覧戴ければ幸いです。

書店様へ

▼新しい年となりました。昨年末は、「2021年の収穫」として、『毎日新聞』で老川祥一『**政治家の責任――政治・官僚・メディアを考える**』（渡辺保氏評）、井口時男『**金子兜太――俳句を生きた表現者**』（中島岳志氏評）、山口昌子『**パリ日記I ミッテランの時代**』（鹿島茂氏評）を、『読売新聞』で中村良夫『**風土自治**』（小川さやか氏評）、『**中村桂子コレクションⅦ 生る――宮沢賢治で生命誌を読む**』（梅内美華子氏評）を、『北海道新聞』で『**アイヌ新聞**』記者 **高橋真**』『**テレビ・ドキュメンタリーの真髄**』を、それぞれ取り上げていただきました。▼『しんぶん赤旗』に中村桂子『**生きている不思議を見つめて**』が掲載され、ご好評いただいています。中村桂子さんの「生命誌」の思想に注目が集まっています。在庫ご確認下さい！▼小社の基本図書欠本フォローのご案内・リスト、ぜひお申しつけ下さい。本年も引き続きのご支援・ご協力を、何卒よろしくお願い申し上げます！ （営業部）

「森の匠」宮脇昭先生を偲ぶ会

九千年の森づくりのパイオニア！ 宮脇 昭博士
（ブループラネット賞・朝日賞ほか受賞）

昨年死去された博士を偲び、その遺志を継承し、「宮脇メソッド」の森づくりを発展させるための会を開きます。

【日時】1月29日（土）12時半（〜15時頃）
【場所】レンブラントホテル厚木
（小田急線「本厚木駅」徒歩5分）
【会費】一万二千円（本代・記念品代込）
【定員】三〇〇名（申込順）
＊お問合せ・申込みは藤原書店内事務局へ

第17回「河上肇賞」最終回発表

二〇二一年8月末日締切の第17回河上肇賞（主催・藤原書店）は、厳正なる選考を経て、本賞・奨励賞とも、残念ながら　該当作品無し　の結果に終わりました。
「河上肇賞」は今回をもって終了致します。長年の皆様方のご支援・ご協力に御礼申し上げます。ありがとうございました。
（社主）

出版随想

▼新しい年の幕開けである。年が改まるということは何とも気持ちの良いものである。昨年も多くの知己や師との別れがあったが、又新しい出会いもあった。「人生は、一期一会」と、一五年前に齢七五で亡くなった小田実もよく言っていたが、今はまさしくその境地である。この世に誕生してから数日前に、七三年の生命を頂いてきた。まだまだ何ほどのものも社会に貢献できてないが、この「一期一会」を心に刻みつけ、この地球上のすべてに感謝しながら、今年も精一杯、信ずる道を歩んでいきたいと思っている。

▼二〇〇〇年に『石牟礼道子全集』の出版を決め、石牟礼宅で、この全集企画について相談した時、彼女は、「私はこれから高群逸枝を、残りの人生を賭けて書いていきたいと思います」と言われた。それ程、彼女にとっての高群逸枝という存在は大きかったと思われる。しかし残念ながら、その時のご意志は、その後一八年間に、一本のエセーも書けず果たされなかった。わずか、『全集』のあとがきと、四〇年以上前に『高群逸枝雑誌』（橋本憲三編集）の連載をまとめた『最後の人――詩人 高群逸枝』のあとがき位のものだ。

▼これは何故か？ と思うこともあったが、自他ともに「高群逸枝の生まれ変わり」と認める存在故、書けなかったのかもしれない。逸枝亡き後、夫橋本憲三から「あなたの逸枝宛ての手紙は読ませていただきました。逸枝も大層喜んでおりましたが、その時逸枝はもう息絶える寸前だったのです。……もし良ければ逸枝が仕事をしていた森の家を壊す前にお使い下さい」と便りをいただいた、と。道子は、ここで処女作『苦海浄土』の雑誌連載その他の原稿を約半年あまり書くことになる。

▼道子も逸枝も〝詩人〟である。歌詠みの世界から誕生した人たちである。日本の伝統を引く和歌の世界。短詩型の定型。自分の今の思いや想いを縦横に謳う。一八九四年と一九二七年の出生。齢は三十余り違っても、近代化に血道を上げる日本の状況の中で暮してきたことは、余り変わらない。大東亜戦争や親族の死を体験し、戦後、逸枝は二〇年、道子は七〇年余生きた。憲三の妹静子は、石牟礼さんと一緒に訪ねた折、「兄は姉のためにすべてをつぎこんで生きました。姉はそれだけの人生を生きぬいてきました」「姉の作品は、どうぞご自由にお使いになって、後世の人の役に立てて下さい」と、別れ際に語られた。高群逸枝と石牟礼道子。二人は、同志であり、もし面会していたら、あまりにも良く似ているのでお互い微笑《え》みを交わしていたかもしれない。（亮）

ておられるお客様が、自然と能楽の世界へお入りになり、豊かな表現をお感じいただけるような真の心の交流が出来れば、これほど素晴らしいことはありません。

――公演をご覧になる方へメッセージはございますか。

能の世界は夢幻です。夢と現《うつつ》ではなく「ゆめまぼろし」。つまり、実在しない幻影を写す「虚から実」の芸術が能だといえます。一方、狂言は現実を虚構で描く「実から虚」の世界。この二つの世界が合わさって能楽なのだということをまずご理解いただき、その上で、ひとりひとりが自らの感性を以て能楽の深い表現をたのしんでいただけると幸いです。

III

芸を語らう

ただ軽くてふわふわしているというのではなく、重厚ではないけれど感動的な軽み、何かそこに非常に魅力がある。重苦しくなく、観ている方に負担がなく、感動はあるというようなものが「軽み」で、日本の芸能の基ではないでしょうか。

（本書二七二―二七三頁より）

一　『実朝』と、世界遺産と

八嶌正治
野村四郎

新作能『実朝』

八嶌　先生は平成八（一九九六）年に高浜虚子の新作能『実朝《さねとも》』をなさいましたが、それまで新作はあまり手掛けていらっしゃいませんね。

野村　『実朝』が私にとっての、処女作ですね。古典の能以外の出演は『鷹姫《たかひめ》』（『鷹の井戸』）の、岩の役で出ましたのが最初です。

八嶌　新作への出演は、『鷹の井戸』以来ですか。

野村　ええ、そうですね。どのように進めていったらいいか、皆目見当がつかなくて（笑）。我々は、型付《かたつけ》の出来上がっているものしか演じたことがないので。

八嶌　お母様が『ホトトギス』と何らかのご関係があって、先生が『実朝』を上演なさった、と伺ったことがあるのですが。

野村　ええ。母は生前、「『実朝』を是非上演してほしい」と言ってまして、「堂本正樹さんに協力を頼んであるから」と話していました。私はそのための軍資金までもらいましてね（笑）。しかし、実現しました時、母はもうおりませんで、見てはもらえなかったんです。

八嶌　それは残念でした。『ホトトギス』とのご関係は？

野村　父・万蔵は俳句を虚子に師事していました。また母も『ホトトギス』に投句していました。しかし、母がなぜそれほど『実朝』に執着したのか、それは私にもわからないんです。

八嶌　大正八（一九一九）年に虚子が『中央公論』でこれを発表してから、全く上演されることはなかったんですね。

野村　はい。虚子の新作能というと、『鉄門《てつもん》』『義経』『奥の細道』などもございますが『実朝』は早い時期の創作ですね。本来ですと、虚子先生は宝生流を嗜んでおられたのですから、観世流の私が首を突っ込むのはどうか、とは思ったんですけれども。

八嶌　いや、間にお母様がいらっしゃったわけですから。
　後場は、特に型が多くて、やり甲斐があったのではないかと思いますが。

野村　見ていて面白いもの。特に新作能の場合には、あまり時間がかからないということでも、今日的な考慮をしていかないと、成り立っていかない。堂本さんが補綴をなさった時に、そうした意識がおありになったと思いますね。動きだけを見ていても、ドラマを感じてもらえるようにという気持ちもありましたので、少し動きすぎかな、現行の能からすると説明的すぎるかな、という嫌いがなきにしもあらずでしたが。

八嶌　後はとても華やかで見せる能だという感じを持ちましたし、作り物も非常に工夫があって。

まあ、これは私の感じ方なんですが、新作能というのは古典にない、〝何か〟をする。例えば、瀬戸内寂聴さんの『夢浮橋《ゆめのうきはし》』という新作が国立で作られましたが、ツレに十二単を着せるんですね。長袴はともかく、舞台の上で衣をひきずるというのは珍しい。足の運びの美しさを見せる芸術ですから。しかし、新作ではそういう変わったことを何かするんですね。

野村　そういう意味では、『実朝』の作り物も今までにないものです。社にみえて、銀杏の木にみえて、渡宋する船にもなる。ちょっと欲張った作り物ですよ。

八嶌　もともと作り物について、そうした視点があったのですか。

野村　虚子の原作には、『殺生石《せっしょうせき》』の石のように割れて船になる、というト書がありました。このト書に近い形で、左右に割れて船になる作り物でされたのが、梅若六郎さん。私は一貫して、釉先を出すやり方です。

八嶌　あの釉先での演技は、一畳台上での舞のようにもう少し舞った方がいいように思いました。実朝の夢の実現の場面ですから。

原作と復曲されたものとを比べますと、後のクセはアゲハ辺りまで、ばっさり削除してありますね。

野村　そこが、この『実朝』を凝縮させた、堂本先生のお力だと思います。原作は少し散漫ですね。原作に対してそんなこと言ってはいけないでしょうが（笑）。

八嶌　確かに、この部分は平板だったのですが、刈り込みすぎて、謡を聞いていて文章上わかりにくい箇所や無理な所もありました。

野村　そうですね。それを補うように所作をしたつもりでしたが。

八嶌　もちろん、全体としてはとても面白く拝見しました。前シテと後シテの雰囲気・動きが対照的で、そうした構造そのものも魅力的でした。

野村　自分がシテをしている時より、「能劇の座」の最終公演で上演された時、六郎さんがシテで、私は地謡を謡わせていただきましたが、六郎さんの演出というのは、私にとって大いに刺激的でした。その後、大阪で浅見真州さんもされましたし、この時も地謡に参加しておりましたが、真州演出にも刺激を受けました。私自身、くり返し『実朝』を上演していますすが、そうした刺激を身体の中に取り込んで、前回とは違うものを作り上げていく。自分一人ではなく、いろんな方がやってくださって、そして練られて良くなっていくのだ、と実感しました。

八嶌　京都の方もなさいましたよね。

野村　はい、杉浦元三郎さん、浦田保利さんです。

八嶌　補綴は堂本さんですけれども、作曲・作舞は先生がされたんですよね。

野村　ええ。他の方がシテをされる場合でも、作曲、つまり節の方は、私が作りましたものを忠実に、演出や動き、作り物については、それぞれ独創的なものでやっていただいています。

八嶌　禅鳳、信光、長俊らは動きの多い能ですが、観阿弥・世阿弥からこの辺りまでで、お能のすべてが完成していますよね。型も音楽的にも、一種の体系化が済んでいる。一方、新作能には近代的自我みたいなものがあって、何か違ったことをする（笑）。新作を作るのは、お能が活性化される意味ではいいと思います。しかし、『実朝』は別ですが、一回きりで終わってしまう新作が多い。それは、やはり古典の持っている強固な、長い間練り上げた型の強さ、能という形態の強さ・優秀さとは異なるからだと思うんです。

野村　型でもって何かを伝える、というのは、日本人独特の意識なんですかね。直ぐ外に表出しないで、一度「型」というものを通して、表現していく。これは能ばかりではなくて、儀式などでもそうですよね。日本の文化的思考の中枢にあるものなんですね。

八嶌　平安時代の宮廷儀式で、貴族がその手順や型を間違えると、天皇の日記に「この者、無能なり」なんて書いてある（笑）。儀式と政治は無関係なようでいて、儀式のミスで政治的にも格下げになってしまう人がいたりするんですよ。

野村　私はこの『実朝』で、新しいものを体験して、今までの能の作品の成立の仕方、最初から能は完成されたものではなくて、一歩も二歩も踏みだしていたものがあって、それがだんだん削ぎ落とされていって、凝縮されてきた。そのような経緯だったとすれば、新作もある意味では、踏みだした状態から作りだしていって、再演のたびに、密度を濃くして熟成度を高めていけば、と思うんです。

新作にしろ、復曲にしろ、そういうものを手掛ける時に、それまでの古典の曲を稽古してきた時とはまた違う面で掘り下げられる。新しいものをすることによって、古い曲を知るという、逆説的な良さがある。

今日は「観世荒磯能」の催しがあって、『飛雲《ひうん》』がでたのですが、家元が後見に出演してらして、「この曲は大いに手直しをしてもいい曲ですね」と楽屋で言っておられました。私も賛成ですね。古典の曲の中にも、見直すべきものも多いと思います。

八嶌　今後、『実朝』以外にも新作をおやりになるご予定ですか。

野村　新作は労の多い作業なんですが、自分を試すという意味がありますね。大勢の方のお力を借りて、一つの作品が出来るわけですから、いい勉強ができたことは事実です。また、何かの作品と出会う機会がございましたら、是非やってみたいと思います。

ユネスコの世界遺産指定

八嶌　ユネスコの世界遺産（無形文化遺産）の指定というのがありまして、能楽師の方をはじめ、皆さんとても喜んでおられますけれども、これはそんなに良いことなのかな、と私は思ったりするのです。

野村　私は良い面、悪い面半々かな、と思っています。言葉については、「遺産」というのが、ちょっと首をひねりたくなりますね。「遺されたもの」というと、生命力が感じられない。他に適切な言葉がなかったからなのかもしれませんけれど。「無形、口承の素晴らしい芸術」と認められたことは、厳島神社のような有形の建物や自然を保護するのとはまったく違います。ですから、遺産という言葉にはあまり囚われたくない。能の命が終わってしまったみたいですからね。

八嶌　そうですよ。古典の曲も、新作も上演される中で、せめぎ合いながら、中身が濃くなっていく。能は生き物だ、と思っていますから。

野村　能は現代に生きていなければ意味のないものなんですよね。

八嶌　それに、同時に指定された外国の芸術は、みんな民俗芸能のような感じなんですよ。

野村　民俗芸能が悪いというのではなく、民俗芸能としての価値と、能楽の今日的価値とは別なものだと思うんですよね。それがごっちゃにされると、違和感が残るんじゃないかな、と思います。

八嶌　岩倉具視が皇室御用として、オペラ・バレエと能を対比したあの感覚の方が的を得てます。ただ一つ良い点としては、世界的に知れ渡ったということですかね。

野村　海外公演の時などに、ユネスコで認められたというのが、いい効果を生むかもしれません。

寿夫先生のことなど

八嶌　櫻間道雄、近藤乾三《けんぞう》、観世寿夫、後藤得三、豊嶋彌左衛門らの表現は宇宙的世界であってまさに生き物、文化遺産などとは言われたくない、なんて思うのですけれど。今言った方々は、舞台にでて物言わぬ芸で、古木を感じさせ、宇宙を感じさせた。

野村　存在感がありましたね。

芸というのは、確かに代々続くのは素晴らしいことですけれども、本質的な意味だったら一代限りですよ。そのくらいの気持ちでいないといけません。というのは、やはりその一人一人に備わった一代限りのもの、命を賭けたものが非常に尊い、と思うんです。

八嶌　私自身が年をとって、舞台を見る感覚・感性が鈍くなってしまったせいか、あのクラスの役者に出会えないんですよね。

野村　それは申し訳ない（笑）。今おっしゃられた先生方の没後、もうかなり経ちますすね。皆さん明治期の厳しい稽古を受けられて、寿夫先生は少し時代が違いますけれど、私はその時代時代が役者を作っていく、と思うのですよ。観客も含めて時代が作っているのではないでしょうか。そういう意味では、今の時代の役者のありよう、観客に対する訴えかけみたいなもののあり方を考え、現代の役者で新作・復曲という活動をしている方々は、特に時代の感性をもっていないと出来ませんよね。

八嶌　寿夫さんは古風な、きちんとした基礎の稽古をされ、その後に時代時代に即した、新しい能以外の演劇もなされましたね。

野村　寿夫先生は、確かにいろんな新しいことをなさったけれども、それを能に還元させる力がおありになりました。同時進行でいろんなことをやっていくと、下手をすると、新しいものや他分野のものが主になってしまいますよね。そちらの方が忙しくなってしまって、暇な時に能の舞台に出る、というのでは、能楽師としてはいけません。

八嶌　最近の傾向は、同時進行で能・狂言と他のことをやっていく。すると、体系的な能の稽古が成立するのか、と少し危なげにみえるんです。

先生は、非常にいい環境の中でお稽古を積まれていますよね。寿夫さんにも大変かわいがっていただいたとか。

野村　今井欣三郎さんに「観世寿夫に私淑している四郎」って書かれたこともある（笑）。

八嶌　関根祥六さんもお近くにおられて。

野村　ええ、大先輩です。若い頃からご一緒させていただいて、公私共にお世話になっております。

八嶌　野村先生の能は形が美しいのですが、洗練された先輩方の中にいらしたからなんですね（笑）。

野村　いろんな所に顔を出して（笑）。環境というのは大きいですね。知らず知らずに恵まれた中にいました。ちょうど時代も良かったんだと思います。内弟子の頃から、先代のお家元（観世左近元正）には非常にご理解を示していただいて、大変包容力のある教育をしていただきました。それゆえ、比較的自由に、今言っていたような環境にいることができたのです。
観世流は本当に多士済々です。それを容認して発展してきたのですね。

八嶌　ただ最近、宗家の系統が目指しているものは、少し画一的ですね。何か方法が固まっている感じを受けます。もっと個性を出していいのじゃないか、と私は思います。

野村　ええ、でも個性を出す前にまず画一なんです。「個性を殺すこと」が「基本に忠実」になるんですよ。私は狂言の家に生まれて、「三つ子の魂」でやってきましたでしょ。これは染みついていますよね。シテ方だったら、『景清《かげきよ》』なんて幾つになって謡うかわからない。それを狂言の『景清』ですけれど、子どもの頃に覚えているんです。僕にとっては大変でした、直すのが。

八嶌　寿夫先生におつきの頃は、世阿弥の能楽論もお読みになったんですよね。

野村　ええ、その他にも、ヴァレリーの芸術哲学なんて読んでいましたけど、訳わからなくて（笑）。やたらに難しい言葉をつかったり、「○○的」なんてよく言っていました。その時代を思い出すと、赤面の至りで……。

八嶌　先日、銕仙会で過去のフィルムを流す企画があって、ジャン＝ルイ・バローと寿夫の演技を見たんですが、日本の型の持つ強さ・表現力は、西洋の演技を越えるものだなと思いました。寿夫さんだからだったのかもしれませんが。

野村　洋服を着て能の型をやって、あれだけの姿ができる、というのはなかなかないです。

八嶌　写実の芸術より、抽象の、例えば「サシコミ・ヒラキ」の持っている良さ・力強さをしみじみ感じました。

野村　意味のある型は皆がこなしますが、抽象的な型の代表のような「サシコミ・ヒラキ」の場合、曲にとけこんで昇華させるのは並大抵のことではありませんね。

老女物のこと、序之舞のこと

八嶌　『道成寺』までで技術を磨き、習い物や重習《おもなら》いがあって、最後に老女物という、修業の体系、組織については、何かお考えがありますか。

野村　修業過程の登竜門、狂言では『釣狐《つりぎつね》』、能では『道成寺』という形が決まったのは、いつかわかりませんが、先人の編み出した、これらの曲を通過する意味をきちんと認識しなければならないと思いますね。私は独立して、二十六歳で『道成寺』をさせていただきました。若い時代は、いつになったら『石橋《しゃっきょう》』が舞えるか、『乱』が舞えるか、次は『道成寺』と、いつも目標を思い描きながら、稽古に励むものです。

八嶌　能の修業過程の一番最後に『関寺小町《せきでらこまち》』という老女物があることを何故なんだろう、

と言う人がありますが。

野村　老女物では、私は『檜垣』をさせていただきましたけれども、先に『姨捨《おばすて》』の方がいいんだ、という方もいらっしゃいます。私はいろいろな方の老女物を拝見させていただいて、『檜垣』という曲をしてから『姨捨』をしたいな、と思っていましたものですから。

八嶌　『檜垣』は灰汁が強いですね。

野村　ええ、そうした灰汁がなくなっていって、最終的に『関寺』というのは、芸に遊ぶという感じだと思いますね。

八嶌　芭蕉でいうと「軽み」、そんな世界なんでしょうね。子方もでますし。

野村　そう思います。七夕という、一種の風物詩にとけこんでいる世界。巧んで作り込むのではなく、それまでの集積したものを、埋没させることなんでしょうね。

八嶌　最後にこういう曲があるというのは、意味のあることなんですね。

野村　私はそう思います。金春八条さんの、杖をついて、手を腰にやっている姿を写真で拝見した時、さもあらん、と感じました。

　私は以前、「早く五十歳になりたい、早く六十歳になりたい」と思っていましたが、今は七十歳になりたいとは思わないのですね。

八嶌　今のままが長く続いた方がいいですよね。私も同感です。まだまだやりたいことがありますから。

先生は「序之舞」を舞われる時は、曲によってどのように変えられますか。

野村　「序之舞」というのは一番劇的だ、と思っております。ドラマの一番の頂点にくるのが序之舞ですよね。それまでの経過がすべての曲でそれぞれ違いますから、この経過の違いから序之舞は変わってくるのです。以前の対談でも言ったように思いますが、お笛が藤田大五郎先生だとすると、序之舞を吹いていらっしゃるのだけれど、『井筒』を吹いていらっしゃる、『野宮《ののみや》』を吹いていらっしゃるんですね。舞台に登場されてからずっと、身体の中にその曲の謡が染み込んで、曲そのものの演奏になるんです。

序之舞は、ただ静かなわけではない。一番難しい舞ですけれども、好きですよ。

八嶌　この舞は、私は近世のものだと思います。手組はともかく、成立当初の能は三〇分くらいだったというのですね。とすると、序之舞は近世に発達したのではないか、と思うのです。

私はよく、クラシック・バレエを見るのですが、「パ・ド・ドゥ」という踊り、これはプティパが一八〇〇年代、日本でいうと明治になる前に完成したものなんですが、一つのパターンがあって、全体の頂点に位置する踊りで、曲ごとに少しずつ味わいが違っているところなど、非常に序之舞に近い。近世という時代の持続力、持ちこたえる力が、養成したんじゃないかな、と思うんです。

野村　ただ、私たちが見ていると、バレエは上空・宇宙、能は地上という感じですね。その意味ではまったく反対の方法です。しかし、能の魂は宇宙を目指しているというか……。

八嶌　バレエは「跳躍と回転の芸術」ですからね。ただ、あちらに言わせると、自分たちは動いていても、地上的な安定感の芸術だ、と言うかもしれませんが。

野村　能にも、くるっと廻る演技がいくらもありますが、それが跳躍的になってはならないですね。一廻りするんでも、いかに地に密着しているか、ですよ。それには、やはり「腰」ですね。腰さえきちっとしていれば、どんな動きでも対処できる。

八嶌　西洋人はそういうふうに動くものばかり見ているから、ザッキンのように「能は死ぬほど退屈」ということになるのですかね。ただ、私たちでも下手な能だと、そう思いますけれど（笑）。

野村　うちの父は「下手な狂言は能だ、下手な能は狂言だ」と、冗談を言ってました（笑）。

『井筒』『野宮』『定家』

八嶌　先生は世阿弥の曲はお好きですか。世阿弥のものは謡がいいですし、それにのった型が有効にきくと、まさに「お能はこれなり」と思うんですが。

野村　そうですね。謡は本当に難しい。「謡一生」と言いますから。型は稽古を積んでいけばある程度のところまではいくでしょうが、謡というのは一生かかって勉強していかないとダメでしょうね。

八嶌　『井筒』や、修羅物の『実盛』『屋島』『清経』など、これらの謡の良さは他の作者にはなかなかないものだと思います。人間洞察が非常に深い。

野村　作曲にも特徴があると言われていますね。『屋島』や『鵺《ぬえ》』『野守《のもり》』の三曲に共通する、ツヨ吟でバーッと謡っていって、ヨワ吟に急に変化するところなど、哀愁感があって、世阿弥独特ではないか、と思います。文章がまず素晴らしいですし、暗記もしやすいですよ。

八嶌　先生は世阿弥の作品と非常に相性がいいように思います。

野村　そう言っていただけると光栄です（笑）。

八嶌　『野宮』の初同のような感じ、ああいったものも、他の演劇・演技ではでませんね。

野村　『野宮』の作者は、学界で異論がありますか。

八嶌　いいえ、ほぼ禅竹ということで定まっています。『野宮』は、『井筒』とは違った意味合いの序之舞になりますね。

野村　前シテも、『井筒』は非常にナイーブ、やさしいですが、『野宮』は内向的で孤独感が強い。この違いが大きい。『井筒』の方は、きっちり稽古をすれば、若い演者でもできますね。『井筒』を越えた、もう一つ向こうに『野宮』があります。『井筒』『野宮』と対比してよく言われますが、我々演者からすると、『野宮』の方が上位にある感じですね。

八嶌　夢幻能では、ドラマとしての「初同」への注目がすごく遅れた。「初同」が無いとドラマが成り立たないんですよね。『井筒』の、「一叢ずすき」の場面とか。ところが初同に注目する人は少ないんです。

野村　なるほど。

八嶌　あそこに力点を置かないと、夢幻能である必要は無いんですよ。あれだけ執心を持って現れているのだということが無いと……。だから、「語リ」など後ろに持って行っても成立しますが、初同が無いとドラマが無くなってしまいますね。

野村　それは当たり前のようだけれど、面白い発想ですね。『定家《ていか》』も禅竹でしょ。この曲も好きなんです。

八嶌　いいですね。『定家』の中入りで、シテが作り物の前に立って倒れかかり、後見が支えるようにしたのを見たことがあります。あの時あまり考えずに、突っ立ったまま入ってしまうのは面白くない。

野村　『定家』も『野宮』も、やる人はいっぱいいますよ。私もその一人です。ところが、『野宮』『定家』のように個性の強い曲は、曲の方から役者を選んできますよ。役者が選ばれてしまうような曲は大変です。そこに恐れを感じて欲しいと思うな。ただやればいいというものじゃない。

八嶌　吉越立雄さん撮影の寿夫さんの『野宮』の写真は、非常に直線的でいいですね。

野村　そう、あれは中に吉越さんがいるように見える写真ですね（笑）、そんな感じがしないですか。僕だけかな。寿夫先生と吉越さんが重なって見えますよ。

今後の予定など

八嶌　「野村四郎の会」は、年に一回ですか。

野村　そうです。この間『檜垣』をさせていただきまして、当初予定した曲は全て終わりました。また、やろうとは思いますが、今、藝大邦楽科の教官をさせていただいてまして、そちらの方が忙しいものですから。

私は元正先生の弟子でしたけれども、流儀を越えていろいろな方が教えてくださいました。近藤乾三先生には、『四郎の会』を興しなさい」と言われて、初会にはご出席頂きました。

八嶌　今後のお舞台のご予定は？　これぞ、という催しはございますか。

野村　ちょっと特殊なんですが、以前に「『藤戸』能と弦楽四重奏」というのに出演したことがありました。松下功という人の作曲です。この十月（二〇〇一年）に、イギリスのジャパン・フェアに、藝大のオーケストラが参加するんです。今度は、『藤戸』を弦楽四重奏ではなく、オーケストラ仕立てにします。会場はロンドンとマンチェスターの二カ所です。

八嶌　オーケストラは藝大の学生のものですか。

野村　学生と、教官も入っています。

八嶌　能形式で囃子が西洋楽器になるということですか。

野村　いいえ、四重奏の時には、私がシテとして一人で登場して、チェロをワキに見立てて演じたんです。ですから、シテとワキの問答は、私と音楽のやり取りになる。シテ謡以外はすべて音楽で表現するのです。

八嶌　演奏者はピットの中にいるのではなく、舞台上にいるのですか。

野村　そうです。ただ、通常のオーケストラの配置にしますと、私が動くスペースがありませんから、多少位置を動かしていただきます。

八嶌　オーケストラの人たちは当然洋服ですよね。

野村　着物を着せるわけにもいかないので（笑）。私は四重奏の時は紋付でしたが、今回は装束を着けます。

八嶌　今回もワキに見立てた楽器の演奏者に、シテが詰め寄るのですか。

野村　いいえ、今度は指揮者をワキと見立てようと思います。誰か一人、集中する人がいないと成り立たないですから。

八嶌　どんな舞台になるんですかね。オーケストラと能というのは、まったく新しい試みでしょう。

野村　はい。飽くまでも実験的な試みですけれど、たまたま藝大とご縁がありましたので。洋楽の中にこちらが交わるのでなくて、古典の能である『藤戸』を新しく作曲をして、そこに能のシテ方として私が出た時に、どのように融合できるのか。水と油ではやってもつまりませんね。私は能を常のように演じていて、その中に洋楽の方に入ってきていただく、という形にしたいです。

　作曲家の方はクラシック専門の方ですが、仏教音楽や狂言などにも興味を持たれていて、能もよくご覧になっていらっしゃいます。この『藤戸』で、私と一緒に新しく作曲したので、これからも二人で何曲か作ってみよう、という話になっています。

八嶌　西洋で言えば、二十世紀は、世紀末のさらに後にきている時代で、絶望の時代なんですが。現況の日本についてはどうお考えですか。まだまだ明るいのでしょうか（笑）。

野村　明るくしたいですね。大いに夢も希望も持てるような社会（笑）。

八嶌　一般社会に目を向けますと、少年の凶悪事件などが新聞を賑わしていて、時代は暗い方に傾斜しているように感じます。

野村　時代が暗い方にいけばいくほど、逆行して、我々能楽師が花を咲かせていかなければ、と思います。能そのものも、混沌とした時代に生まれ育ってきたわけですから。現代の社会状況は末世的感があります。そういう時にこそ、芸術・文化はよりしっかりして、世の中にうったえていくべきなんです。それが明るさに繋がるのでしょう。

八嶌　私は、『風姿花伝』の前半、第三「問答条々」くらいまでが特に好きなんです。後半になると論理性が出てくるんですけど、前半は『伊勢物語』のような世界ですよね。センテンスも短いんですけれども、璞《あらたま》のような含蓄があって。それで、先生がおっしゃったように、人間の捉え方が肯定的です。

野村　『風姿花伝』といえば、我々のバイブルですよ。

八嶌　平安時代にできた『源氏物語』も人間の百科全書みたいなものですが、室町から江戸時代を経た能も人間の百科全書だと私は思うのです。寂聴さんは、「日本に残すのは、『源氏』だけでいい」なんて、おっしゃるんですが、その言を借りれば、「日本に残すのは、能だけでいい」と言いたいですね（笑）。

（やしま・まさはる／一九三八―二〇二一。能楽研究家）

二　能と狂言の目指す究極の姿を探し求めて

野村万作
野村四郎
司会＝児玉信

「近所のガキ大将だった」――万作
「遊びたい盛りは稽古」――四郎

――（司会・児玉信、以下同）今回は野村ご兄弟の対談ということでお出でいただきましたが、ふだん兄弟でお話しになる機会というのはありますか。

万作　あまりないですよ。照れくさいものですね。

――楽屋などでは。

四郎　楽屋という所は、それぞれの役回りで集まるので、話す時間というのはそうはありません。お互いに気になると、ちょっと幕間から見るとかはしますが、楽屋で私語を交わすことはほとんどないですよ。

――お二人の年齢差は。

四郎　五つ違います。

――年齢が上になれば関係ないでしょうが、小さい時はどんな感じでしたか。

四郎　五つ違うと仲間じゃないですね。三つ違いの弟（万之介）、これとはいろいろ遊びも一緒でしたが、上のほうは全然そういう関係にはありませんでした。

万作　弟は、戦中は学童疎開で新潟県にずっと行っていました。終戦の年に帰って来るというので、赤羽駅に迎えに行きました。栄養失調のため随分痩せていたのを覚えています。

四郎　小学三年生です。

万作　僕が中学二年生だった。

――お父様は六世野村万蔵さんですけど、遊びたい盛りには、やはりお稽古、お稽古の日常でしたか。

四郎　私は遊びたい盛りに遊んだ記憶がありません。私のほうが若い頃は稽古の量が多かったと思うな。

万作　若い頃といっても、いつ頃かによって微妙に違います。私は三歳の時から祖父の萬斎に習っていたので、可愛がられながらの稽古でした。しかし祖父が亡くなってからの父の稽古は、ものすごく厳しく、狂言の稽古に気持ちが向かなかった。中学生は中途半端な時ですしね。小学生の時は兄弟みな、稽古は多かったし厳しかったですね。昭和二十一(一九四六)年に、母親が尽力してお茶の水女子大の講堂で学生に狂言を見せることを始めた。それが東京での学生対象の狂言教室の最初だと思います。その時に四郎と悟郎(後の万之介)が『附子《ぶす》』の太郎冠者と次郎冠者をやって、私は主、いわばワキ役ですよ。子方に近いこの人たちのほうが主役をやっている。それとこの人も万之介も教育大の附属小学校という立派な学校に通っているから、家の近所に友達がいなかった。だからあまり遊ばない。私の家で近所の学校に行ったのは私だけ。だから私は近所に友達がたくさんいましたし、ガキ大将で遊び呆けていた。そういう環境の違いがあります。だから四郎にはシテ方になる素地があったとも言えるんですね。

――つまり、四郎さんも最初の頃は狂言師としての修業をなさっているわけですね。

四郎　何番やったかは覚えていません。小舞ももちろんですけど、一つ下の元秀君と『附子』をやったり。水道橋の能楽堂が戦災で焼ける直前の最後の演能で、番組に私の名前が出ているんです。『魚説法《うおぜっぽう》』をやっている。野口兼資《かねすけ》、宝生重英《しげふさ》といった方々の名が番組にありました。

――宝生流の会ですね。結局四郎さんは何年に宗家の所に。

四郎　十五歳からです。今度は関根祥六さんという六つ上の兄貴が出来たわけです。うちの一番上の兄（萬）と同い年。僕は狂言を袖に振ったつもりはないけれど、何となく楽屋に出入りしているうちに、能のほうに魅せられていった。狂言は普通三人いれば出来る。兄貴が二人いて父も健在だったから。

「狂言は親子関係が絶対」――万作
「芸は盗め、楽屋に学べ」――四郎

――四郎さんは観世の家元のほうに内弟子で修業しながら、銕仙会でもいろいろとやられていた。それで二つの家の空気をご存じだと思いますが。

四郎　僕は英才教育でなくて野放し、野生なんです。牛舎で磨かれるような牛じゃない、それは関根さんのほうです。でもそれを先代の家元は承知してらしたような気がします。最初はこっそり稽古に行く。寿夫さんが待っていてくださって。
　父の稽古は殴られながらの稽古で、これは子供心からすれば辛いものでした。ところが観世宗家に行きますと、教えない稽古です。芸は盗め、教わって覚えるものじゃないと。教えてもらわないから出来ないじゃあダメなんです。今の若い子は芸が盗めないねえ、という話を関根さんとよく話しますね。

——盗めないのはなぜですか。

四郎　お能を見てませんもの。僕は、型付《かたつけ》があるわけじゃないから見て覚えるしかない。見たことは忘れませんし、お能の一曲くらいは見たら型付を書けるくらいに脳裏に収める。

——今の子たちは型付もあるし、ビデオだってありますからね。

四郎　ありすぎる。条件が良すぎるの。情報過多、他人の演じたビデオを見て勉強する。これはよくない。やはり芸は情でとらえなきゃ。

——それは狂言でも同じことが言えますか。

万作　狂言は盗んじゃいけないんです。親子関係が中心になっていますから、厳しくたたき込んで教えていく、理屈は考えない。ちょっと他家の演じ方を盗むというのは、師弟の強い絆《きずな》が切れるし、小生意気になってしまう。三十、四十になれば多少参考になるとか、六十、七十になれば大いに参考にするということはありますが、修業中の時にはほとんど閉ざされているわけです。父以外に先生がいないという関係が、狂言の場合は親子、師弟間で非常に厳しくつながる。身近なところで叔父の三宅藤九郎の芸を参考にするようになったのは、父が亡くなってからです。まあ、いい面と悪い面とありますよ。狭さと同時に厳しさもある。

——家元に付けば、家元がお父さんみたいなものですけど、他のものを盗むというのは、先輩の芸を盗むということですか。

四郎　そうです。でも盗みにもやはり手だてがいります。ある程度のレベルと、きちっとした基本が身に付いていないと、ただ漠然と見ているだけでは残らない。盗むというより、写すわけです。そうするといろいろ批判はされます。お前の芸は冷たいとか、あったかすぎるとか、全然逆のことを言われました。観世寿夫さんのツレだと、お前の芸はあったかすぎてダメだ、もっと無機的にやれと。

――あまり自分の感情を入れるなということですか。

四郎　ツレというのはそうなんです。けれども、武田太加志さんのツレをすると、お前のツレは何か冷たいと。かといって使い分けをするということでもないけれど、芸の幅というものを覚えていきます。

万作　僕が記憶にあるのは、弟が稽古能をやって先輩たちが『観世』の誌上で批評をする。狂言出身だと言うための批判を幾つか読んだ気がします。あの頃は、おそらく随分辛かっただろうと思います。

四郎　一挙一動狂言だ、狂言の謡だということになりますから、それには返答ができません。これはいじめですね。そうすると、今に見ておれと思ってやるわけです。親父も兄貴たちもこの道をやっている。私が挫折したら、あの家の息子だということになりますから、必死に踏ん張らないかんという状況を作ってくださったと思っています。

――一番怖いのは楽屋だということをよく言います。万作さんも、お客さんより後ろで見ている親父が怖いとおっしゃっていますね。

万作　親父もさることながら、お能の間《あい》狂言に出れば地謡が怖いし、それよりも幕からのぞいている、宝生流だったら野口兼資、近藤乾三《けんぞう》、髙橋進という先生たちが怖いということがありました。怖い代わりに誉められることで自信を得ることもある。『三井寺《みいでら》』の「夢合《ゆめあわせ》」の役をやりますと、野口さんはじめ、みんな幕から見ている。「夢合」は宝生独特の感覚で、我々の間狂言の位取りを見ておられる。それで一緒に見ている親父にいろいろと囁《ささや》く。そういうのを見たり聞いたりすると、ああ、「夢合」の役は大事だなあと思う。間狂言に対しても位取りをしっかりと尊ぶ。それで観世であろうと宝生であろうと、しっかりした「夢合」をやりたいという気持ちになる。怖いと同時に非常に勇気づけられてありがたいということもあります。

四郎　僕が稽古しているある若い人に、楽屋という所は本来ならばこれから舞台に出る人の準備の場所であり、済んだ人はちょっとした癒しの場であるけれど、みんな若い人は楽屋で学ぶんだと言いました。楽屋は「学屋」なんだと。「らくや」って書くけれど、楽にしている所じゃない。

「静かで美しい狂言を」――万作
「もっと謡を大切に」――四郎

――後見というのは、狂言方とシテ方とどういうふうな違いがあるんでしょうか。

四郎　シテ方の主後見《おもこうけん》というのは、古来師匠格の方が勤めるのが習わしで、舞台監督みたいなものです。シテの演技も注意するし、囃子とのアンサンブルがどうなっているかも見る。だから後見の役は、能全体のことを把握していないと出来ない。もちろんシテに何かがあった時には当然代わって舞います。

万作　狂言も本質的には同じですが、実際には普通の曲の場合にはそういうふうになってはいなくて、『釣狐《つりぎつね》』とか『枕物狂《まくらものぐるい》』とか大曲になりますと、必ずそういう立場の人が座っています。演劇評論家の尾崎宏次さんが、僕が『釣狐』をやった時に親父が後見をやっていて、後見の目線も一つの役で非常に存在の大きなものだということを書いています。その舞台が写真にも残っていますが、親父の見ている後見の目はものすごく厳しい目です。必死で演者を見つめている。そういう本来能が持っていた面は、大曲には残っていますね。

――親と子の関係とか、師匠と弟子の関係が、後見との関係に出てくるということですね。

四郎　舞台全体の均衡というか、あそこに座っているだけで舞台がしまるかしまらないかはあります。

万作　宝生流の田中幾之助さんの後見は、袴《はかま》の色まで気になさって出られるとか、とにかく静かにおられるというので有名でしたね。

――万作さんは、静かで美しい狂言ということをおっしゃってますね。

万作　能は舞歌《ぶが》ということが大事ですが、狂言も同じだと思います。小舞とか小謡は、能とは違いますけれど、基本になっているのが舞歌だというのは同じです。けれども、狂言で表れるのは笑いですから、そこを強調しすぎると、舞歌の基本が崩れてゆく危険性が往々にしてある。そこで基本を大事にしろと。狂言も美しくなくてはいけない、声の面でも姿の面でも。それを維持して初めて、笑いとか楽しさとかいうものが出てこなくてはいけないわけです。

冷たくなくてはいけないというところまでは行かないにせよ、いわゆる感情表現過多になるのを抑える、覚めた目が役によっては必要になります。またアド役の心得なども一種覚めたところがほしいし、顔の表情もうるさくなりすぎるのは戒めたい。こう考えてくると、能と狂言の芸の基本線は同じだから、狂言を推し進めてゆくと能に近づいていくという言い方もできると思っています。

――四郎さんは、例えば学生たちに能というのはこうあらねばならないと言う時、どんなことを。

四郎　断定的には言わないけれど、やはり歌舞の二つが基本になっているということですね。今、僕はシテ方の若い子たちを何人か稽古していますが、昔の方と比較して、謡を謡える人が少なくなった。流儀の場合には、どちらかというと型に重きを置いている人が多いような気がします。私は藝大で宝生流の方とずっとご一緒させていただいていますが、宝生流は謡がものすごく研究されていると感じました。観世流ももっと謡に気配りと神経を使わないといけない。型というのは見えるので摑みやすいのですが、謡ができれば型もできるという先人の話もあります。たぶんこれも宝生流の方の話だと思うけれど、観世流の方はそこまで大胆には言いませんね。

——先代の家元なども謡を大事にしろとおっしゃっていましたね。

四郎　そうです。

万作　先代の橋岡久太郎さんは謡ばっかり教えたといいますね。

四郎　内弟子の頃、淡交会で『船橋《ふなばし》』のツレをおつけいただいて、橋岡先生にお稽古していただいたのですが、上歌《あげうた》の途中でツヨからヨワに変わるところがあるんです。そこを何十遍やってもダメダメで、とうとう先へ進まなかった。終わりに、この道は向かないからやめなさいと言われて、ショックでしたね。

地謡も地頭によってすべて違う。発声が違う。声の出所が違いますからね。それを前列にいる時に勉強するといいのです。後ろでやっていることのすべてがわかる。横並びだとわからない。息遣いとかも背中で感じます。声の出し方も、胸高い声を出す方も、奥行きのある声を出す方もいらっしゃる。地謡は表面の上澄みで声合わせをしてはダメ。その声の出所を探って、あとは気を合わせると、音は自然についてきます。

『庵の梅』は能の世界に近い」——万作
『関寺小町』は芸に遊ぶ感じ」——四郎

——いつか四郎さんと三老女の話をしている時に、前提としてやる曲があると。例えば『関寺小町《せきでらこまち》』をやる前には段階があって移るんだと。

四郎 寿夫先生の受け売りかもしれないけど、三老女をやるのに普通『姨捨《おばすて》』からやりますが、僕は『檜垣《ひがき》』からやるのが一番適当かなと思います。『関寺小町』は現在物で別種な感じがします。キザな言葉で言えば、芸に遊ぶという感じでしょう。『檜垣』は人間の苦悩ですよ。それが浄化したものが『姨捨』じゃないかなと思います。ですから『檜垣』『姨捨』という順番が適当かなと。もちろんそれ以前には、『鸚鵡《おうむ》小町』『卒都婆小町』『木賊《とくさ》』もありますけど。

——例えば、『檜垣』をやる前提として、女性物でどういうものがベースになっていますか。

四郎　寿夫先生によれば、『野宮《ののみや》』は『檜垣』に通じる、『井筒《いづつ》』は『姨捨』に通じるとか言っておられたように記憶してます。僕がなぜ『関寺』は別だと言うかというと、『関寺』と『庵《いおり》の梅』がつながっているように思えるんです。

――能の三老女に該当する狂言を考えると、かなりの年齢に達してからやるものとして、『枕物狂《まくらものぐるい》』や『庵の梅』『比丘貞《びくさだ》』がありますね。

万作　親父が『比丘貞』をやった時に、鼻クソ婆という悪口を言った評論家がいました。五十代だったので、脂ぎった頃にはやりにくいということなんでしょう。親父は、あまり老女物を好んでいなかったように思います。叔父の三宅藤九郎は老女物が大好きで、何度も何度もくり返しやっていましたし、評価も高かった。それは叔父の芸質が非常に研究肌で、細かく演ずる人でしたから。私の祖母、つまり親父のお母さんですが、叔父が老人をやると舞台姿がそのお祖母さんにそっくりなんです。そういう写実性をもった叔父の演技のほうが合っていた。親父は洒脱になんでもわーっとやる人だから、『枕物狂』の老いらくの恋をする老人のような、どちらかというと役を作る世界に近い曲は向かなかったような気がします。亡くなるまであまりやりたがりませんでした。

『枕物狂』は普通の狂言の延長ですが、『庵の梅』になりますと能の世界に近い、けれども能とは違うわけです。橋岡久馬さんが、親父（久太郎）さんは『庵の梅』がとっても好きだったとおっしゃっていましたが、わかるような気がします。そういう世界を、狂言でも最高の曲の中に求めていくわけです。

四郎　高井則安《のりやす》さんの『庵の梅』はよかったね。

万作　能の美しさとはちょっと違うかもしれませんが、例えば寂しい美しさとか。私どもの家にいた佐野平六という人が、「間《あい》の座にまだ生きている狂言師」という川柳を作ったけれど、そんな狂言師の姿が『庵の梅』の庵にちょこんといる姿に映るんですね。

四郎　『庵の梅』のシテは芸は大きく、身体は小さく見えるといいね。

「言葉の可能性に挑戦」——万作
「新鮮な気持ちと情熱と」——四郎

万作　この頃随分新しいことをやっているじゃない。六十過ぎて目覚めたのかな。

——藝大でもいろんなジャンルとのコラボレーションをなさっていますね。

四郎　藝大で非常勤の講師として二年やって、常勤の教官になった時に提案したんです。邦楽は講座数が多くて、三味線、箏曲も山田流と生田流、能も囃子もある。そこで講座を横断するような研究、統合的邦楽アンサンブルを発信すべきではということで始めたんです。第一回は『熊野《ゆや》の物語』、それから『竹取物語』。第三回は新しいもので宮沢賢治、彼の宇宙観を曼荼羅《まんだら》のように音楽で表現できるだろうか（『賢治宇宙曼荼羅』）。音楽学部だけでなく、美術学部も一丸となってやるという趣旨でやってきました。*

――万作さんは、かって寿夫さんと新しいことを試みていますね。

万作　今、寿夫さんがいたらどんな能を舞っているかなあと、時々思います。無機的とか実在感とか彼がよく使っていた言葉は、一緒にやった『月に憑《つ》かれたピエロ』をきっかけに前衛芸術の人々との付き合いが始まって以後、影響を受けた言葉です。その後、フランスに留学して帰った頃からだんだん演劇へ傾斜していったんですね。とにかく新しい世界を吸収する力を持っていました。今いれば、能を演劇的にやろうという姿勢からどう脱皮したか。持って生まれた天分を壊し壊し進んだ人のように思っています。

四郎　観世寿夫という方は、新劇の女優さんと新しいことをやったりしたけれど、その後の能がよかった。エネルギーを向こうからもらって、それを本業に使っている。それを目の当たりにしたものですから、大変な刺激です。私も新しいものに触れると、どんどん体の中が新鮮になっていくような気がします。その新鮮さを享受して、能にどう還元して自分を育てていくか。「伝統芸術の会」というのがあって、ちょうど兄たちの年齢ですから、私は下で首も突っ込めません。でも、あの人たちが戦後の能も歌舞伎も支えたんです。

――あの頃は、戦争で下手すると自分たちで終わってしまうかもしれないという切実感から駆り立てるものがあったんでしょうね。

四郎　世阿弥復興です。世阿弥に帰れというのは、その危機感からでしょう。当時だって切磋琢磨して一座を建立して養っていくということは大変なことだと思います。その危機感みたいなものが、乱世の時代と戦後の時代がやや似ていると思います。

——今の若い人たちはその危機感を知らないから。

四郎　必死さが足りないですね。とにかくいい先輩がいないとダメです。仲間内で競い合って、先輩がいいとそちらの方向へ進めという指標的な役割をしてくれる。そうすると芸は未熟でも、後は情熱があれば何とか鑑賞に堪えうる。未熟そのままでは鑑賞に堪えられない。わくわくしながら舞台を感じろと、藝大ではそんなことばかり言っています。シテ方はシリアスなドラマをやるのだから、日頃は逆に明るくと思っています。

万作　私は、この頃はあれもこれもやろうとは思わないし、また体力的に出来ません。父も晩年は十曲ぐらいの狂言に焦点を当てていましたが、そんな気持ちになりますね。でも、新しい試みに対する意欲もまだ残っています。「冥《めい》の会」の頃、寿夫さんがやった中島敦の『山月記』を九月（二〇〇五年）にやる予定で、言葉の表現の可能性に挑戦する気持ちです。

——お二人には、まだまだこれからもご活躍を期待したいところです。ありがとうございました。

＊第四回は『和楽の美——邦楽叙事詩「スサノヲ」』二〇〇五年五月六日（金）七時、東京藝術大学奏楽堂。スサノヲに焦点を当て、舞台上段を高天原、下段を根の国に出雲、真ん中に天と地を結ぶ道。邦楽演奏にやや重点をおき、能狂言・日本舞踊・舞台美術が相俟って神話の世界を展開。

（のむら・まんさく／一九三一—。和泉流狂言方　人間国宝）

（こだま・まこと／一九四六—。能楽ジャーナリスト、伝統芸能評論家）

三　『卒都婆小町』を語る

粟谷能夫
粟谷明生
野村四郎

『卒都婆小町』をいつ披くか

能夫　今年（二〇〇五年）私、『卒都婆小町《そとばこまち》』を披《ひら》くことになりましたので、そのお話をひとつ……。

野村　『卒都婆小町』ねえ……。

能夫　おいくつの時、なさったのですか。

野村　いくつか忘れちゃった。いくつだろう。『卒都婆小町』でタバコをやめたんだ（笑）。

能夫　『卒都婆小町』で僕、ダイエットしているんです（笑）。

野村　『安宅《あたか》』でタバコをやめて……、酒はなぜかやめるという意識はなかったね。『安宅』が終わって、またすぐにタバコを吸ったの。その後タバコをやめたのが『卒都婆小町』でした。『卒都婆小町』というのは、人生の中で何かあるんだよ。

明生　観世流は、一般的には『卒都婆小町』の披きは四十―五十代ですか……。喜多流は遅くて還暦を過ぎてからなどといいますが、これでは遅すぎませんでしょうか？

野村　喜多流のことは分かりませんが……。観世流は今、『卒都婆小町』を軽んじているように感じます。昔は『卒都婆小町』が最高曲でした。『鸚鵡《おうむ》小町』は稀にしか演じられなく、よほどの方でないと『姨捨《おばすて》』までは……。ですから『卒都婆小町』は老女物の披きの最高曲です。

能夫　うちもそうでした。

野村　そうでしょ。僕の体験からすると、あんまり年を経てから老女物をやるのではなく、若いうちに披き、二度、三度と勤めるうちにより良いものにすればいいのではないかと思うのですが、どうでしょうか？

能夫　本当にそうですね。

野村　足腰が駄目になってから挑むような老女物はダメ、勉強にならないよね。やっぱりまだ足腰がきっちりしている間に老いの虚構を演じるんだよ。

明生　なるほど。

野村　そうでしょ。爺さんになってそのまんまでは、演じることにはならないもの。

能夫　演じることにはつながらないですよね。

野村　その人のそれまでの能に対する考え方、意識というのが、そこに現れるものでなければ……。藤山寛美ならうまくやると思う、僕は藤山寛美というのは一番の役者だと思っています。でも、僕たちは役者は役者でも能役者だからね。能がついていると、乞食の役でもシルクを着ているんだよ。だからそこに私情を絶やさないことじゃないかな。結局お能って、小町を演じるとき、まず一番に色気がないと駄目なんだよ。僕は「これは出羽の郡司小野の良実が娘、小野の小町が成れる果てにてさむらふなり」、この謡に艶がないといけないと思っています。そして「影恥ずかしき、わが身かな」で、笠で顔を隠すんですが……。喜多さんもなさる？

明生　観世さんのように、笠ですっぽり隠れるようにはいたしませんが……。

能夫　手でそっと。そのとき笠を持っていませんので……。下に座ったときに笠は置いてしまいます。

野村　なるほど。「影恥ずかしき」というのは何かというと、過去に対する恥ずかしさとかではなくて、僕は『姨捨』のような気持ちなのです。月に照らされて、皺も見え、老醜があらわになる。隠すというのが艶なの……。隠すというのを、僕は月を見てやるんです。月がすべてをあらわにするという……、汚くも見せれば美しくも見せる。

能夫　まさにそうですね。

野村　そして、年月を重ねてきたことを月に見られているという気持ちがある。すべてが見透かされているような。深草の少将との恋のことから、歌詠みで誇らしげであった気持ちまで、すべてが見透かされている。あーあ、今は老残の身、それが恥ずかしい……。つまり「これは出羽の郡司……成れる果てにてさむらふなり」と謡って、ワキに「痛はしやな小町は……」と言われているうちに、だんだん恥ずかしくなってくるんですよ。これまでの名人は、寿夫先生もそうでしたが、「これは出羽の郡司……」はお婆さんで謡っておられないですね。違和感がなく昔を回顧するような、昔に引き戻されるような感じで、「さむらふなり」と謡ってワキへ向きます。そのときうちは笠を持っていますから、その笠が何か隠れ蓑みたいなものになって、控え目さみたいなものが出てくる……。

能夫　笠が防波堤のような。

野村　笠を持っているというのは、重心が下に着くからやりやすいんですよ。それで上が多少突っ張っていてもね。能夫さんは『卒都婆小町』披くにあたって、突っ張ってやってもいいけれど、いつまでも突っ張らかってではなくて、菊生先生のように自然体に。

能夫　菊生叔父の境地には中々なれないですよ。

野村　そう、直ぐには無理ですが。とにかく「これは出羽の……」、あそこの謡が勝負だよ。あそこでもって、小町のある部分が出なかったら、何もない。

明生　うあー、だって！（笑）

能夫　わかります。

野村　それから習《ならい》ノ次第《しだい》で出るときには休息があるでしょ。そのときの型が本家と分家では違うのです。本家は伏せて体を杖に預けるようにしますが、分家は背伸びをします。

能夫　リラックスするんですかね。

野村　リラックスというか、杖をつきつき出てきて、ちょっと休み、あーあ、疲れたという感じ。本家と分家ではこんなに違います。

明生　父が、観世さんのどなたかが、後ろにのけ反るように背伸びしたと言っていましたが……。

野村　それです。分家の方はそうするんです。僕は両方やります。まず面を伏せ、それから少し体を伸ばします。体を伸ばしてからは元に戻るまで動きません。あの休息とは、そういう時間だろうと解釈しています。

能夫　どちらかでなくて。

野村　そう。それも両方を取り入れてやるというのではなくて、老女の自然の成り行きとしてと考えたいですね。

明生　その方が自然ですね。

野村　ねえ、老女には両方あるじゃない。僕は型付《かたつけ》というのはある意味で羅針盤みたいな、方向指示器みたいなものだと思います。最近の型付はたくさん書いてあります。何で昔の型付はあまり書いていないか……。昔の型付ほど自由な余白がありますね。

能夫　書いてないから、自分で発想しなさいということでしょうか？

野村　そうだと思います。それで、次に書く人は自由に発想して自分のために書きます。人のためじゃない、それが型付の起こりです。それを今度は人にも伝え教えるようになって、伝書というものになった。花伝書も世阿弥が息子のために書いたものでしょ。それもたくさんの息子に教えるのではなくて一子相伝。

先程『卒都婆小町』は若いうちに勤めたほうがいいと言いましたが、それはあのワキとワキツレとの問答を経験してもらいたいからなんです。僧に卒都婆に腰掛けたのをとがめられるところからのいわゆる「卒都婆問答」。禅問答ではないけれど、あの会話を習得しようと思わないと……。シテは最初は受けから始まりますよね。それが次第に変化しながら、最後には逆転していく。それも鍋をひっくりかえしたような大逆転。いきなりひっくり返るのではなくて、徐々に、最後にはどうだとばかり、僧が頭を垂れるところまでもっていく、そこのドラマでしょ。能のドラマというものを観客に伝えるのは大変なことだと思う。『卒都婆小町』は観阿弥の作品でしょう？

明生　世阿弥が改作していますが、もともとは観阿弥だと思いますが。

野村　観阿弥だから、憑き物の芸能というところがある。あの問答にも憑き物的なものがありますよね。ですからどんどん憑いて来て……。あれはね、考えてしゃべっているんじゃないんですよ。

能夫　そうですね。そういうイメージです。

野村　ワキの僧は一所懸命考えて言っているのですが、シテの小町は自然にポーン、ポーンとね。最初は間《ま》というものが大事だと思うけれど、徐々に時間が経つうちに逆転して、ついには「げに本来一物なき時は、仏も衆生も隔てなし」となる。あそこの場面、何か型をやりますか？

能夫　友枝昭世さんがやっていらした気がします。

明生　「隔てなし……」と強く杖をつかれていました。

野村　僕いろいろなことをやりますが。その前の「台《うてな》になし」でついてしまうのもありますが、それでは、シテのエネルギーが切れてしまいます。エネルギーを持続させるためには……。

能夫　最後に止めをさすような感じにするには。

野村　そう。あとでやったほうが気持ちが固まるね。ワキの高野山の僧侶なんか……ってね。

能夫　相手じゃないわ、って。おもしろくできていますよね。

野村　すごくドラマチックなんだ。

「型」と「所作」

明生　あの問答の謡いかた……、考えてちゃ駄目なんでしょうが、何かコツみたいなものがありますか。最初から力んで一所懸命謡っているようでは、そこにたどりつかないというか……。

野村　でも最初は一所懸命謡わないと成り立たないよ。

能夫　そうですね。だから二度、三度やりたい曲ですね。

野村　ところで、四ツ地の謡はあるの。

能夫　昔は『卒都婆小町』にも、四ツ地の謡があったらしいですが。

野村　節を大きく謡うでしょ。だから二拍休んだりしますよ。

能夫　九拍子ですか。

野村　そういうのもあるわけ。今はみんな八拍子で打つけれども、僕は地拍子では謡いたくないんだよ（笑）。

能夫　自由に謡わせてほしいときありますよね。地拍子にこだわり過ぎると窮屈になりますから。それからロンギのあとですが、観世さんは早く立たれるんですか。

野村　早く立つのが普通ですが、橋岡久太郎先生が書き残している型付を見ると、すぐに立たないようです。

能夫　最後のところ、「破れ蓑……」のあたりですか？

野村　もうちょっと早いね。普通は「頸にかけたる」で立っていくのですが、橋岡久太郎先生がやっているのは「粟豆《ぞくとう》のかれいを……くにの垢づける」で立って、「袂《たもと》も袖も……」で左を向いて右手を左側にもってきて杖をつくんですよ。僕も近頃そうしています。

明生　ああ、そういう写真がありますね。

野村　喜多さんはないの。

能夫　ありますけれど、あれほど強烈なポジションではないような気がします。

野村　そして右足を引いておいて、色っぽく面遣いして、あー恥ずかしい、となる。ここに色気が必要なんですよ。「袂も袖も」、あとからゆっくり見るから利くんだね。動き出したら同じですから、型と所作の違いということになるね。

明生　なるほど。勉強になります。

野村　現在物は所作でないとだめということです、型を超えないと……。

明生　現在物の難しさはそこですか。なるほど型だけでこなしていても手に負えないと思っていました。そうか、実感します。

野村　所作でなくてはね。それでも逆に型になっていくんですよ。

明生　確かに。現在物と夢幻能との違いはどういうことかを、そういう言葉で教えていただくと、あー、すっきりします。型と所作か……。覚えておこう。

野村　ロンギの後の問答で、「のう、物《もの》賜《た》べのう、お僧のう」というのがあるでしょ。昔の文献を見ると、「のう、物賜べのう」のあとの「のう」を高く謡うようです。これは本家にはありません。この「賜べ」というのは「何かめぐんでくれ」という意味でしょ。お僧も二人いるんだから。真ん中の「のう」を高く張って謡うことで、相手に強く訴えかけるのです。平坦に「のう、お僧」と言っても力がない。僕はそうしていますが、そちらはどう?

能夫　同じです。

野村　「今は路頭にさすらひ、行き来のひとに物を乞う」と言って目付の方に行って。「乞ひえぬ時は悪心、また狂乱の心つきて、声変はり、けしからず」とダラダラと下がるんですよ。そして「のう物賜べのう」。どちらが正しいかわからないけれど、芸能の言葉だからね。

先代の橋岡久太郎先生が書き留められていた型付でいいなと思ったのは、深草の少将が「榻《しじ》の端書き、百夜までと」のところ。これは通った回数だよね、車の榻に書き付けたんだから。橋岡久太郎先生はこの「榻の端書き、百夜までと」で、右向いて拍子を踏んでいるの。そうすると一つ、二つ、三つと百夜通いの端書を榻に書き付けている感じがする。普通は左右に回るだけですが……。

能夫　書き付けている感じで拍子を踏んだというわけですね。

野村　ただ舞を舞っているというのではなく、その表現こそが『卒都婆小町』そのものなんだと思うよ……。右だの左右だのという状況を越えてしまってよ、能夫ちゃん！

能夫　なるほど……。それからそのあと、「あら苦し目まひや」のあたり、いろいろやりかたがあると思うのですが……。「その怨念がつき添いて」のあたりですね。

野村　あれはいろいろな型があって。うちの方ではね、「その怨念……」と言って四つ拍子踏むの。それでタジタジとなって座ります。華雪先生の伝書だと「かやうに物には狂はするぞや」で、敢えて下からなめるように見上げるという教えね。

能夫　すごくリアリティがあって、わかります。

野村　こう、顔を縦に遣い、胸を張ってね。少将は悲しいんだ！　苦しいんだ！　という表現があって、それがだんだん緩んでくる。

能夫　浄化されていくみたいな……ですか？

野村　いや、浄化されるというよりは緩むんだな……体が緩んで……ふっと抜けて……立って……仏に手向ける……。

能夫　そして合掌する。そうか体が緩むのか……。そこが極端に変われないでいたのです。あー、ありがたいお言葉でした。何かそこで変わらなければいけないのかと思っていましたから……。

野村　そういう内的なものの演技なんじゃないかな。

能夫　そうですね。

野村　表面的なことはいろいろあるけれど。面を上げながらワキを見る、しかし単にワキを見るんじゃないよね、自分の気持ちの中に入っていくんですよ。それをワキが見ている形になる。書きつけにある、「狂はするぞや」でワキを見る、と……そんな型だけの世界じゃいけないんじゃないの。

能夫　はい、そう思います。

野村　自分の体の中そのものですね。それから最後、「悟りの道に入らうよ」で合掌するとなっているけど、現在能で合掌するのはある？　一曲の最後に合掌するのは修羅物とか夢幻能しかないよね？

明生　あの最後の部分は……すみません、あー終わったと思ってまして……何も思考していませんでした……。

能夫　僕も最後まで思考していないな……。

野村　それではダメだよね。ちょっと感じてほしいなあ。

能はもっと演劇的でいい

野村　僕はね、世阿弥、観阿弥の時代にさかのぼってみると、小町という人物がどれだけ一般の人に認識されていたかということ、かなり有名な人だったと思いますよ。深草の少将をあんなに悩ました、悪行三昧の女だから。そうなると具合がいいんですよ。なぜ具合がいいかというと、つまり道に入ろうよといいますね、ワキの僧がいるわけだよ、一人芝居じゃないのだから、高野山から出てきた僧と相対したことで、一般に見ている観客も一緒に救っていくという、何か民衆性みたいなものが合掌という型を生かしているんじゃない？

明生　『卒都婆小町』という作品を、喜多流ではあまり重く扱いすぎて、私の体の近くにありませんでした。『鸚鵡小町』を謡う経験をして、あれ『卒都婆小町』と何か違うなと思ったことがありましたが、それが何であろうか？　正直判りませんでしたし、追求しようとも思いませんでした。『卒都婆小町』の民衆性や土臭さというもので、今少し分かりました。観阿弥が創ったということが……。

野村　泥臭くしているんだよ。

明生　泥臭いですよね。

野村　要するに作能のパターンというのがあるかもしれないね。三番目物のパターンがあって、修羅物のパターンがあって、だいたいそれですべて語れるようなところがあるけれども、観阿弥の作品は、あとで手を加えられているとしても、『松風』だって世阿弥が手をつけているからね、そうであっても、もっとも芸能的なんですよ。芸能的ということは、見る人と共感するということが大事であるわけです。高尚でもなんでもないんだね。たとえば『鵜飼』を見て、殺生を生業にしている人は、地獄に行った者が、日蓮上人さんのおかげで極楽まで行けた、ならば私も救われるだろうと思う、それがいいんじゃない？

明生　殺生しないと食べていけない人もあるわけで、そこで人が救われる、それでいいなと思いますね。

野村　そうですよ。僕はその感覚がものすごく強いよ。

能夫　その視点が大事ですね。

野村　世阿弥のころは、将軍など上《うえ》つ方《がた》に気に入られるようにと、どんどん趣向を変えていったでしょ。作品論をいろいろな人が言っていますが、僕は世阿弥のあとに続くものはいないのではと思っています……。

明生 金春禅竹もダメですか。

野村 まあ、禅竹だけ。娘婿だけ。あとは作品の趣向から言ってみんな観阿弥に戻っている。『松風』にしたって『卒都婆小町』にしたって、みんな現実性がある。その後の作品は幽玄無常なんていう世界ではなくなっていますから。だからもっと能は演劇的でいいと思うよ。その演劇性そのものが規範になって、人間的なものを演じられるということにならなければいけないよね。それには役者の技量がいる。だから世阿弥に戻るよりは観阿弥に戻れ！ といいたいね。精神はもっと劇的なんですよ。

明生 『卒都婆小町』というのは、民衆の心をつかまないと成立しない、という作風なのですね。

野村 観阿弥の創り方の不思議さをもうちょっと認識しながら、なんでもかんでも世阿弥論にもっていくのではなく、観阿弥という人の思考を再生することで、もっと演劇的になっていいのではないですか？ 演劇的という言葉が嫌いだったら劇的といってもいい。もっと表現が前向きであってほしいと思いますよ。こうでなければお能ではないという決まりみたいなものはありますか。少し乱暴な言い方かもしれませんが、僕はその枠を取っ払ってもよいのではと思いますね。皆さん方も、不肖私も含めてね。そんなもの取っ払ってもちゃんとお能になっていますから、いいんですよ、大丈夫。もちろん目茶苦茶やっていいというのではないけれど、思いのたけをしっかり持って、ぶつけて下さいよ。

能夫ちゃんは『卒都婆小町』をどんな気持ちでやるの？

能夫　なかなか。プレッシャーを肩に感じるばかりで……。

野村　『卒都婆小町』の中には一つの技術を習得する過程があるよね。『野宮《ののみや》』を勤め、『定《てい》家《か》』に挑戦して、そういう一つの道があったとするでしょ。観世寿夫流だと、まず体を広げて、姿勢はそのまま、「それが定家！」と教わるわけですよ。気を吐け、そして気持ちを身体の中に閉じ込めろ、まず一番最初にもとありきなんだよね。寿夫流のポジション・メソッドというのかな、方法論、演劇といってもいい、必ず先にきちっとした体があって、それがどう変わるかということにしなければいけないと仰っていましたよ。僕、若かったから素直に聞けたよ。だけどそれをやっているとね……、華雪先生に怒られたよ（笑）。

能夫　世の常ですね。世代的なギャップというか。写実があれば、無機的なものを求めたり、そういうバイオリズムみたいなものがある気がします。

野村　それで最初に言ったクリの謡に戻るけれど……、観世寿夫師のあのクリは、「これはー、出ー羽ーのー」というのが、まさしく老女物なんですよ！（笑）わかるかなあー、わかる？

明生　乞食の婆さんが急にすーっと浮かび上がってくるみたいな……。

野村　そして「……小町が成れる果て」というところ、成れるの「な」の字を引くんですよ。今僕だけやっています。寿夫師がやられた時、つっと、身体が細っそりしているでしょ、それで「さむらふなり」とワキを向いたときに小町になっているんですね。これは憎らしいぐらいにね（笑）。

能夫ちゃんは、面は何を使うの？

能夫　今、銕之丞さんに拝借させていただくよう、お願いしているのですが……。

野村　何を？

能夫　「檜垣女」ではと言われていますが、まだ、何になるかわかりません。

野村　地頭はどなた？

能夫　菊生叔父です。

野村　今、菊生先生という人を遊ばせておいてはいけませんよ。地謡というのは大事ですよ。観世寿夫先生も仰っていました。先生は若くして亡くなられたけれど、将来は地謡で生きるんだという意識を強く持たれていましたよ。

能夫　そうですか。すごいなあ。

野村　菊生先生も同じですね。喜多流で地頭をこなせる人は、菊生先生以外にそういないですよ。大きな曲を披いたりするときにはもう菊生先生ですよ。生きているときにしか聞けないからね。どんどん一緒に舞台を経験するの、そうするとそこが違うとかいろいろ言って下さるから、どんどんやって下さいよ。これはどうですか？とか、大いに聞くといいですよ。

能夫・明生　そうですね、そうします。

能夫　今日はありがとうございました。また、ご報告の会もしたいと思います。

（あわや・よしお／一九四九―。喜多流能楽師シテ方）
（あわや・あきお／一九五五―。喜多流能楽師シテ方）

四　「感じる」ことが大切

石井倫子
野村四郎

人間国宝認定

石井　野村四郎さんは昨年（二〇一六年）、重要無形文化財各個指定、いわゆる人間国宝の認定を受けられました。まずはおめでとうございます。十五歳で観世流に進まれ先代の御宗家元正先生に師事なさって、それ以来ご自身の芸も研鑽を重ねておられますが、それに加えて、四郎さんは長年、後進の育成にもご尽力されていますよね。今回の人間国宝認定にはそういった活動もかなり関わっているかと存じますが、改めて振り返っていかがでしょうか。

野村　ありがとうございます。私が大変尊敬しております観世寿夫さんがお出しになった本に、

『心より心に伝ふる花』（白水社、一九七九年）というものがございます。この題名の通り、自分が心に受けたものをきちんと後に伝えていく……これが伝統・伝承というものの根本にあることだと思っております。私はもともと狂言の家の子として生まれて、成長していくうちにだんだんと能の世界に惹かれていきました。観世流の門に入りましたけれども、当時は観世流以外にも近藤乾三《けんぞう》先生や野口兼資《かねすけ》先生、田中幾之助先生、喜多六平太先生、（梅若）実先生など、優れた先生方がたくさんいらっしゃいまして、もちろん私は観世流をまっすぐ勉強しないといけませんのですが、三役の血が通っているせいでしょうか、色々な会に忍んでは他流のお舞台を拝見しに行くようなことが少なくありませんでした。それが知らず知らずに自分の感性を磨いて視野を広げてくれました。この時の経験と実感とが私の根底にはございますので、今でも流儀を越えて、能という大きな枠の中で見る、考えるという意識を常に忘れないようにしております。

石井　家の芸を継がれたご兄弟（萬・万作・万之介氏）とは別の道に進まれたわけですが、お兄様方から影響を受けたところもおありでしょうか。

野村　それはもちろんありますでしょうね。例えば観世流の謡は、東京藝術大学出身の兄（萬）がよく知っておりましたので教えてもらったりすることもございました。また、当時は武智鉄二さんをはじめ色々な方が新しい能のあり方を模索していた時代でもあります。演劇との交流や新作公演などといった試みに早くから関わっている兄たちが近くにおりましたので、自然と私もそういった舞台を見に行く機会が多くありました。私も出演させていただきましたが、あの頃、横道萬里雄先生が書かれて兄（萬）が演出をした『鷹姫《たかひめ》』（一九六七年）という舞台がございまして、これが非常に印象に残っております。この時はまず出演するにあたってオーディションがありました。山本東次郎さんと宝生閑さんと私で与えられたセリフを言いまして、横道さんや兄が審査するわけです。結果、私は岩（コロス）のコンダクターをやることになったのですが、この時の、ひとつの劇を一から作り上げるという体験が私にとっては非常に大きな転機となりました。というのも、「能」という演劇についてつくづく考えさせられたのです。もともとは能も、こういった新しい演劇と同じく、一からこつこつ積み上げてひとつの作品をつくりあげていたはずで、その初動のエネルギーのようなものも絶対にあったはずなのに、我々は「伝統」とか「能楽」という古いものとして捉えて、またその言葉の上に大胡座《あぐら》をかいて偉そうにやって来ていたのではないか。そのことを新しい経験をしたことでようやく気がつきましたし、これまでの自分の無自覚を非常に恥じましたね。

石井　この経験が、それまでを振り返るひとつの契機になったということですね。

野村　そうです。それから世阿弥の本も少しずつ読むようになり、作品に対する考え方や世阿弥の苦悩などを感じながらひとつひとつの作品に取り組むようになりました。

石井　四郎さんが新作能に積極的に関わりを持たれたのは、平成八（一九九六）年に鎌倉芸術館で行った『実朝《さねとも》』だと伺いました。もともとは大正八（一九一九）年に『中央公論』に発表された高浜虚子の同題の作品を舞台化したものですが、きっかけは何だったのでしょうか。

野村　私に『実朝』を新作能でやってみてはどうかと勧めたのは、実は私の母なのです。私の父（六世万蔵氏）は虚子門下で俳句をやっておりましたが、母も同じく『ホトトギス』の系統で、その雑誌創刊百周年を記念した催しがあるというので相談を受け、決めました。

石井　実際に『実朝』に携わられていかがでしたか。

野村　『実朝』をやるにあたっては、まず虚子の原作を相当読み込みました。ただ所作や振りだけやっていたのではドラマとして成立しませんので、色々な演出方法を考えながら一から組み立てました。その原動となるのが想像力と言いますか、文章をただ読むのでなく行間にあるものや直接書かれていない裏側を探っていく力。この作業が新作をつくるときに大切なことだとつくづく思いましたね。と同時にそれは現行の曲を舞うのも同じで、ただ繰り返して同じようにやるというのが芸の基本のように言われていた時代もありましたが、それであってもやはりどこかで自身の好奇心のようなものが旺盛でないとだめなのだと思いました。というのは、そういう力がないと、年を取って身体がどんどん朽ちていく中で舞っていけないのです。その人が今まで体験してきたものが能をつくるといいますが、これまで自分が感じたり、考えたりしたことをもとに展開させて行く。それが我々の芸なのかなと思いながら、今も勤めさせていただいております。

石井　いま四郎さんがおっしゃったことは、世阿弥のいう「時々の初心」に通じているような気がしますね。お話をお伺いしていてもそうですが、四郎さんはテキストの読みが深く、そこから浮かび上がってくるものを丁寧に汲み取って、投影しながら舞台を作り上げていらっしゃる印象をうけます。その点についてはいかがでしょうか。

野村　私は「謡曲文学」というのを重視しないといけないと思っています。この「謡曲文学」というのは私が勝手に名付けたものですが、能の言葉というのは、我が国の伝統芸能の中でも枕詞や掛け言葉をはじめ日本古来の色々な技法がすべて文章の中に組み入れられた、文学的に大変優れた作文なのですよね。ですからもっと能の言葉の部分と向き合った作品づくりをしなくてはならないと私はいつも思っておりますし、周りにも度々申し上げているつもりです。

石井　文学としての読みというものが、新作能に限らず四郎さんの舞台に結実しているということはいつも感じます。

現行曲の見直し

石井　そういった取り組みの一環として現行曲の見直しのお仕事もされていらして、平成二十五（二〇一三）年には大槻能楽堂で『砧《きぬた》』を上演なさいました。

野村　これは大槻能楽堂自主公演の研究公演で、京都造形芸術大学の天野文雄先生が中心となって復元いたしました。私自身も依頼を受けてから資料や研究論文を数多く読んで、この曲が元々どのようなものであったのかと考えました。そうするうちに、この曲が今と違うということがだんだんとわかって来た……「違う」というよりも、世阿弥が『申楽談儀』で『砧』について「かやうの能の味はひは、末の世に知る人あるまじければ」といっている通り、どんどん理解が変化していったまま今に伝わっているのだろうと思ったのです。ですから、それを一度もとに戻して振り返ってみたいなと。私は「温故知新」という言葉が大好きなものですから、いにしえに戻って、そしてまたその中から新しく現代に訴えるものを作り出すという考え方で出来ないかと試みたのがあの『砧』です。

石井　具体的にどの辺りを変えられたのでしょうか。

野村　物語の中で、妻の元に主人が今年の暮れにも帰ってこないというメッセージが届きます。この部分ですが、現行の『砧』ではツレに「都からの便りが届いた」と前置きのセリフがございますが、世阿弥の時代にはありません。そこで、私はこの「この年の暮れにも御下りあるまじき」とツレが伝えるひとことが矢となってシテを射るような理解で演じました。実際に舞台でもツレはシテの真後ろから声をかけるような演出で、望みを絶たれた妻の心理をあらわしております。また、舞台面では今はどのお流儀でも後見が出している作り物を、「砧をこしらへて参らせ」というツレの言葉もありますので、ツレに持って来させるように致しまして、その関係もあり、作り物自体も画家の上村松園さんの『砧』に描かれているものを参考に新しく拵えました。また何より、能舞台ならではの空間性を生かして、本舞台を芦屋、橋掛りを都という距離感を視覚的なイメージで示すような、これまであまりやってこなかった演出でやらせていただいたのが、この『砧』の演出としては特筆すべきところかと存じます。

石井　リアルさがより際だつような演出になりますね。

野村　一方ではそうですね。これは私の考えですが、能というのは後世へ行くに従ってだんだん様式性が強くなってきたのではないでしょうか。元々の世阿弥の時代、あるいは観阿弥の頃はもっとずっとリアルで土のにおいがしたはずです。しかし時代を経るごとに段々と土のにおいがなくなっていって、整備され凝縮されていく。しかし、世阿弥の頃には、例えば『隅田川』の子方についての元雅との問答のように演出の試行錯誤があったわけで、それはつまり演出の自由やリアルな表現の模索というのがもっと旺盛にあったという証拠でしょう。

石井　技術に特化するあまりに元々の土臭さというのがだんだん失われてきたところはあるでしょうね。そういうところが改めて温故知新でみえてきたということですね。

藝大での授業

石井　四郎さんは東京藝術大学で長らく教鞭をふるっていらっしゃいましたね。

野村　藝大での時間は、私自身にとりましても大変有意義なものでございました。藝大へは六十近くなってから教えに行くようになりましたが、実ははじめはお断りしていたのですよ。というのは、私は能役者というのは五十五歳頃でようやく一人前になると考えておりまして、五十五まではとにかく研鑽を重ね、花開いてからは命を懸けて舞台活動をしていくといった生命観が私の中にございました。ですからはじめてオファーを頂いたときは「今は大事な時期だから」と申し上げていたのです。藝大では、実技の授業を「稽古」といわずに、どの科も「レッスン」と呼び習わしておりますが、この「稽古」と「レッスン」というのは実は意味が大きく違います。「稽古」は技術だけではなく、それにプラス・アルファの精神性というところまで含んで学ぶことです。ですから私の授業では、はじめに「レッスンではなく稽古だ！」と宣言して行いました。

石井 学生に教えるという点で何かご苦労はございましたか。

野村 教育ということについては色々と考えましたね。学生を相手にするというのは、内弟子をただ教えるのとはまったく異なります。理論的なところをちゃんと示しながら、同時に基礎を身につけさせなければいけません。さらには、大学へ入ってくる学生は技術面でかなり個人差がございます。ですから私はカリキュラムで一緒くたにするのではなく、わりと自由な個人レッスンのような方法で行うようにいたしました。ただ個人レッスンと言っても一対一ではなく、人がやっているところを皆が集まって見るという方法です。これをすると、ただ教わっているのと比べて第三者として客観的に見ますから、会得するものが多いのですよ。実を言うと、学生を教えるということについては、私が二十五歳の頃から行っている日本女子大学の能楽研究会での指導経験が非常に役に立ちました。そもそもこのクラブも発足時は同好会のようなものでしたが、能の技術だけでなく幅広く能という芸能を勉強するサークルにすべきだと、私が「能楽研究会」という名称に変えさせたのです。藝大の「レッスン」ではありませんが、能を学ぶということは決して技術だけではないのだということは、私が指導する学生に繰り返し申していることのひとつですね。

能の越境

石井　藝大では、邦楽科の学生を教える中で能以外の音楽や芸能との出会いもあり、能楽専攻の学生だけでなく、邦楽科全体を巻き込んだ活動も始められました。これは四郎さんならではの取り組みかと存じますが、始められたきっかけは何だったのでしょうか。

野村　これは、「芸術の発信」というのが教育とともに藝大の大事な柱のひとつだということを強く提唱したのです。特に藝大の邦楽科は、私が入った頃は学科ごとに完全に分かれておりましたから、まずは全部横断しなければならないということで、「邦楽総合アンサンブル」というものを企画いたしました。毎年一回公演をすることで、公演へ向けてそれぞれが共有観を持って取り組めます。さらには美術学部の方々にもご協力いただいて、藝大という強みを生かした色々なチャレンジをいたしました。

石井　記録を拝見すると、創作で『熊野《ゆや》の物語』をはじめ、能舞『相聞』、宮沢賢治の『宇宙曼荼羅』、新曲『浦島』などもなさっていらして、本当に多岐に亘っているなと実感します。

野村　最初はいま挙げていただいた『熊野の物語』です。『熊野』というのは能はもちろんですけれども長唄や琴などにもあって、だから邦楽の皆が馴染みやすいだろうということで決めました。セリフも「〜にて候」というのでは能をやっているようになってしまいますから、千野喜資さんに台本を改めていただきながら進めました。そもそも『熊野』の物語では、熊野を病気の母親の元に帰そうとしない平宗盛が悪者としてイメージされがちですが、実はこの宗盛も平家滅亡という兆しの中でこの桜が最後の花見だったわけですよね。宗盛ばかりが悪者にされるのはどうしても私は納得出来ませんでしたので、裏側にはそういう意味があることを思わせるように、最後は宗盛を桜の精に見立てて枝垂れ桜の中にスーッと消えていくような演出に創作いたしました。

石井　それが一つの契機になったのかもしれませんが、この頃から四郎さんは能を越境して他の分野とのコラボレーションのようなことも数多く手がけられています。例えば平成十九(二〇〇七)年には、北とぴあ(東京都北区)の国際音楽祭で『能の演出による歌劇「オルフェーオ」』を、比較的最近では、平成二十七(二〇一五)年に国立能楽堂で能『ロミオとジュリエット』というのもありました。

野村　『オルフェーオ』はモンテヴェルディのオペラ作品を能の様式でやりたいという要請がありまして、演出家の笠井賢一さんとともに演出いたしました。イギリスや日本のオペラ歌手やダンサーの方に能の技術をお教えしまして、舞台は能舞台をイメージしてつくり、衣装も狂言の装束のような麻を染めたものを使いました。音楽はいわゆる古楽器の演奏だったのですが、古楽器というのは、いまオーケストラなどでつかわれている楽器とは違った響き方をするのですよね。私はこの時に西洋の古楽器が、日本古来の三味線や琵琶などの演奏と共通するものがあるのだと実感してとても感激いたしました。また、モンテヴェルディの作品自体も日本人の感性に似ていると思いましたね。能『安達原《あだちがはら》』で見てはいけないといわれると見てしまいたくなるのと同様、『オルフェーオ』では後ろを振り向いてはいけないといわれてつい振り向いてしまう。人間の共通した行動や思いのようなものが描かれています。こういう作業をしていると日本の神話は世界に繋がっていると気付かされますね。

石井　話型が似ているものを手がかりに作り上げていくということですね。『ロミオとジュリエット』はいかがでしたか。こちらは能形式の上演で野村四郎さんがロミオ、銕仙会の鵜澤久さんがジュリエットを勤められました。

野村　御年七十九歳のロミオ（笑）。これはシェイクスピア没後四百年を記念した催しで宗片邦義さんに依頼されて、あくまでも能の『ロミオとジュリエット』ということで演りました。同作の映画や舞台は私もこれまで何遍も見ていますが、いわゆる見せ場のシーンというのは高い窓と庭の高低差で描かれます。それを平面的な能舞台でどう表現するかということに非常に悩みましたね。結局は一畳台ひとつで様式的にあらわして、それ以外の部分も謡と能の囃子だけでしたのであまりややこしいこともありませんでした。

石井　そういう形で、現代演じられる能とのつながりというのを意識されながら新作もやっていかれているということですね。

女性地謡のこと

石井　鵜澤久さんの研究公演「女性地謡による」で、これまでに『松風』『通盛《みちもり》』『砧《きぬた》』『卒都《そと》婆小町《ばこまち》』と舞われていらっしゃいます。女性の能楽師への指導、教育ということについてお伺いしたいと思います。

野村　この「女性地謡による」という研究公演は、鵜澤久さんを中心に女性の地謡を新しく考えて、女性の地謡でもしっかりと作品を成り立たせられるよう、みんなで勉強しようかということで始めました。女性の能楽師の方は他流にもいらっしゃいますが、個人ではなく地謡としてまとまって取り組んでいるのはここくらいでしょう。女性のことでいうと、東京藝大でも能楽を専攻する学生は男女半々くらいの比率です。そういったときに教育の方法としてどのように取り組んで行ったらいいのかということは考えました。明治以降、能の歴史的には女性にも男性と同じやり方で教えていますよね。しかし果たしてそれでいいのだろうか。

演じる上でも、女性が女性の役をやるという時に男性が女性の役をやるのと同じようなやり方、教え方をすればそれでいいのかというようなことをずっと考えていました。また「声」にしても、男と同じような声に寄せていくよりは、女性が持っている声やそれぞれの息を生かしていく方が現実的です。中世の『とりかへばや物語』でも最後は男性と女性とがそれぞれ元に戻るように、やはり「女性の性《さが》」というものがありますから、それを生かせるような指導方法というのがないかと思ったのです。もちろん大前提として息づかいやカマエなどの能の基本から離れてしまっては別物になってしまいますから、あくまでも能の大事なポイントはきちんと鍛えさせて、その上で自分の性を大いに生かすようなやり方をずっとやってきたつもりでいます。

日本能楽会

石井　四郎さんは流儀の中でも若手を指導するお立場であると同時に、能楽界全体では〈日本能楽会〉の会長職に就いていらっしゃいます。本年九月には、観世能楽堂で二〇二〇年東京オリンピック・パラリンピックに向けた催しもあり、シテ方五流合同の能『土蜘蛛《つちぐも》』という非常に新しい試みがありました。

野村　それぞれの流儀のカラー、「流是《りゅうぜ》」という言い方で良いと思いますが、それを五流それぞれが持ち寄ってひとつの能を作ったらどういう結果になるだろうと企画いたしました。立ち会いで曲を変えてやるというのではなく、各流が一曲の中で競い合うというのはおそらく有史以来の試みでしょう。こういった取り組みを通して新しい発想が生まれるのではないかという期待もありますし、今回は企画そのものも面白く、ある一定の効果もありました。今後のひとつの指針となる作品になったのではないかと自負しています。

石井　最近では狂言の異流共演は少なくありませんし、能でも二流での共演はたまにありますが、五流で、それも各お家元がご出演なさってというので番組を拝見した時に大変驚きました。実にお人柄とお役が合っているところも面白く、能でこういうこともできるのかと感心いたしました。

野村　オリンピック・パラリンピックでは、各国の色々なスポーツが寄り集まって競い合いますよね。それと同じように、能楽界の国と国、それぞれの流儀が壁をとっぱらって交流、研鑽し合っていくのも良いだろうという考え方です。むしろこういう取り組みこそ、ある意味で過去・現在・未来へつないでいく伝統の根本にあるべきものではないかと思うのです。しかし一方で、こういう取り組みには能が崩れる危険性がないともいえません。ですから誰でもがやっていいというのではなく、やはりある程度の規制は自ずからがもっていくべきだと思っています。

石井　日本能楽会は、今後どういう方向を目指していかれるのでしょうか。

野村　〈日本能楽会〉という組織は重要無形文化財総合認定を受けた能楽師が会員となっています。認定は芸歴なども厳しく判断された上ですから、彼らの役目というのは、やはり第一に芸の継承と社会的な寄与が大きな柱だと考えています。芸は一生勉強で、出来上がるということはありません。そういう中で、認定をひとつの区切りとして新たな出発をしてほしいですね。第一回目の日本能楽会の認定を受けた方々は本当に名人ぞろいです。そういう先生方が担って来た日本能楽会なのですから、会員になったということに誇りを持つだけでなくて、よりいっそうの厳しさと責任感を持ってもらえればいいなと思っています。

危機感を持って

石井　現在の能が置かれている状況についてお伺いします。最近では若い方も様々な方法で普及活動を頑張っていらっしゃって、成果もそれなりに出てはいるように見受けられますが、その一方で「一見さん」は増えていながらもそれがなかなかリピーターに繋がらないという問題がありますよね。また、能を根本から支えるお稽古人口も減少してきています。こういった課題に、今後どのように取り組んで行かれますか。

野村　それは非常に難しい問題ですよね。第一に、謡を趣味として習っていただけるアマチュアの方の高齢化が進んでいます。以前ならお子さんやお孫さんも一緒にお稽古なさるということも少なくありませんでしたが、最近はほとんどありませんから、そうすると次の世代が増えていかない。これを一番危惧しています。これからお稽古をはじめられる方に魅力をどう伝えていくか。普及活動の多くは「能を見に来て下さい」というアピールが中心となりますが、やはりお稽古人口を増やすというところにももっと力を入れて行かなければいけないと思っています。また、能の会も、東京はまだ良いですが、地方は明らかに減少してきています。こういった動きをどうとらえて、どう取り組んでいけばいいのか。能は敷居が高いから観客が増えないのだとおっしゃる方もいらっしゃいますが、私は高い敷居を単に低くすればお客さんが増えるという風には思っておりません。それよりも「たまには敷居の高い能をみてみようか」というような気持ちをお持ちいただけないかと思うのです。少し古いかもしれませんが、ステータスとして能を押し出していく、これは決して悪いことではないように感じています。

石井　その通りですね。ただ敷居を低くしただけで解決するような問題ではないでしょうし、これだけ様々なものがある今、能の特性をどう生かしてアピールしていくかということが必要なのだと思います。

野村　それに関連して私が気になっていることのひとつが、今の若い方々は「理解」とか「わかる」といった言葉を使いたがることです。私はこれには反対で、「理解」とか「わかる」のではなくて、「感じる」の方がもっとずっと大切です。例えばオーケストラやオペラで言語を超えた何かに心を動かされるということがあります。それと同じで、ただ能の言葉を現代語訳して言語化し得たものとして「わかりました」というのではなくて、古典的な言葉を感じ取りながら能の世界に入ってきていただく方が感動という世界に近くなるのではないでしょうか。「わかる」という世界より「感じる」という世界を、と私はみなさんに申し上げているのですけれどもね。

石井　「わかる」ことに必死になるあまり、頭でっかちになってしまうのは勿体ない。心が動かされるような思いを大切にしてほしいものですね。

野村　やはり能は「舞」が中心です。所作や振りとかいうのは、割とはっきり意味が観客に伝わりますが、舞の世界というのは、それらとは違う、ある一つのものを越えた世界です。たとえば序之舞《じょのまい》は、その一曲が一番昇華したところにありますし、そういう意味でも能の中では舞が一番ドラマティックなのです。ただ、そこのところが初心者の方にはなかなか伝わらない。それと、能は時間の流れが違いますね。現在のようにコツコツ流れている時間と、それとは別次元のお能の世界の時空の流れがあって、それを上手く切り替えていただければ……。能を現代的な流れで感じようとすると、どうしても「ゆっくりすぎる」とか「退屈だ」というような感想になってしまいます。宇宙空間でもいいですが、地球から離れたところ、異次元空間にしばし居る感覚で見ていただけるといいなと思いますね。

石井　能には非日常的なところに身を置いているという浮遊感があると思います。一方で、見る側にも想像力とか妄想力といったものが求められるのも確かですので、そういうことへの理解を広めることも必要なのではないかと思います。今後の能界に対して思っていることがあったらお話しいただけますか。

野村　皆が一人一人、危機感を持って能という芸能に向き合って行く必要がありますね。能は永遠不滅、ずっと存在するんだという奢った気持ちではいけません。なにかしらの危機感を持って生きるべきで、それに伴う行動をすべきだと思います。歴史的に考えても能は時代時代の色々な危機を乗り越えて来た。例えば、観世流ですと江戸時代の観世元章は替之型《かえのかた》をたくさん作っていますが、これはある意味一つの危機感の現れだったのではないでしょうか。その後、明治維新を経て戦後の混乱期にも先人たちが危機感を持ってどうにか復興してきた。そういう自覚的な危機感を常に心のどこかに持っているというのが非常に大事なことなのではないかと思います。

石井　今まで続いて来たという「伝統」に胡座をかいていていてはいけないということですね。四郎さんにはこれからもますますお元気にご活躍いただき、能界の未来のためにも引き続きご尽力いただければと存じます。本日はどうもありがとうございました。

野村　ありがとうございました。

（いしい・ともこ／一九六七―。日本女子大学教授、中世文学・能）

五　謡は文学、型は彫刻、舞台は絵画

中原仲之
野村四郎

六〇年にわたる師弟関係

中原　本日は、観世流の能楽師で、人間国宝の野村四郎さんにお越しいただきました。お忙しいところお引き受け下さって、ありがとうございます。宜しくお願い致します。

野村　こちらこそ宜しくお願いいたします。

中原　四郎さんとは、かれこれ六〇年のお付き合いになります。近年は、日本能楽会会長、東京藝術大学の名誉教授も務められています。私はハーバード大学院で二年間勉強し修士号を取って帰国した時、日本の文化には非常に立派なものがあることを改めて知りました。特に鈴木大拙という禅の大家には晩年いろいろと直接教えていただくことがあり、著書『Zen and Japanese Culture（禅と日本文化）』の中に「能楽は日本の宗教的な情感、美的な審美眼、文学的な格調の高さの三つを兼ね備えている」と書かれていたので、「これは習わなければいかん」と考えていました。昭和三十四（一九五九）年に東亜燃料に入社した時、根津嘉一郎氏の下で東武鉄道社長だった吉野氏のご令息の省三さんという常務がおられて、そのお宅へ四郎さんの兄の野村萬さんが狂言小謡を教えに行かれていました。それで、吉野さんが「観世御家元の観世元正さんの内弟子に入っている弟の四郎さんに頼んであげる」ということで、謡を始めました。

野村　外国からお帰りになられた一九六〇年か一九六一年頃でしたか、私はまだぺーぺーでしたから、中原さんはちょっと怖かったですよ。

中原　四郎さんが内弟子に入ったのは十五歳の時でしょう？　付属の国民学校から中学校で学ばれましたが、茶道の先生をされている村上和子さんのように、当時から今日まで応援されている方もおられます。高校はどうされたんですか。

野村　宗家にうかがって最初は学校に通いながらでしたが、学校との両立はとても不可能ということで学校を辞めて、それから芸一筋でやっておりました。そして、内弟子中にお許しをいただいて、十八か十九歳だったと思いますが、吉野さんの勧めで東亜燃料に謡曲部をつくらせていただきました。要するに、お教えするということは自分の勉強なんです。

中原　一九六一年秋頃から謡を始めて最初に『鶴亀』という曲目を習いましたが、声が出なくて平坦なお経読みみたいでね。本当の謡は腹から声を出しながら音の強弱と抑揚をつける「ツヨ吟」と「ヨワ吟」ですが、だんだん声が出るようになって『橋弁慶』や『吉野天人』をやりました。檜書店の初心謡本には上中下の三冊があって、『紅葉狩』まで十五番やると一応初心が終わったことになります。その後、野村さんが「お素人の会を作りたい」とおっしゃるので、浩宮徳仁親王と礼宮文仁親王の命名の儀にもかかわられた日本一の漢学の大家、宇野哲人先生にご相談に行き、候補を三つ挙げていただきました。一つ目は「遏雲会《あつうんかい》」。空をゆく雲を遏《とど》める程の美声、という意味。二つ目は「梁塵会」。梁《はり》の上の塵も飛んで行く。そして三つ目が易経の「観」の卦の主爻《こう》・九五爻「我が生を観る」からとった「観生会《かんしょうかい》」。結果選んだのが「観生会」で四郎さんの後援会の名前です。こんな立派な方が命名した名前は他にありませんが、一番やさしいが奥深いのを四郎さんは選ばれました（笑）。

野村　当時、私には家元の弟さんの観世元昭さんと、関根祥六さんという二人の先輩がいらして、偶然にもそのお二方の会の名前も、字は違いますけれど「かんしょうかい」でした。

中原　観世元昭さんの会は「観昭会」、関根祥六さんは「関祥会」でしたね。ところで、内弟子時代に大変な想いをされたことはありますか？

野村　和泉流の狂言の家に生まれ、三歳からずっと狂言をやっておりました。集団疎開の時は栄養失調で危なかったこともありましたが、そのうちに西洋文化がどんどん入ってきて、『自転車泥棒』や『靴みがき』、『にがい米』等素晴らしい映画に大いに興味を持ったり、ラブロマンスの本もよく読みました。狂言というのは能と能の間に演じるので、最初は能とは関係なく狂言の手伝いをやっていましたが、そのうち能に魅せられ、能の素晴らしさに心を動かされてしまいました。

中原　能と狂言は、全く質《たち》が違いますね。

野村　十五歳まで狂言をやっていましたけれど、どうしても能をやりたいという気持ちになって、父親に申しました。若い頃、兄の萬が「お前の名前が出てるよ」と楽屋で言われたことがあります。それは水道橋にあった宝生会館能楽堂が東京大空襲で焼失する前の最後の舞台の番組で、『魚説法《うおぜっぽう》』という演目をやっていたんです。

中原　水道橋能楽堂は再建されて宝生能楽堂となっています。四郎さんのお父上は金沢出身で上懸り宝生に近いんです。観世流だけでなく、野口兼資《かねすけ》さん、近藤乾三《けんぞう》さんや髙橋進さんをはじめ、宝生流の名人の舞台を総て観ているので、観世と宝生のいい所を全部分かっているのは四郎さんだけですよ。

野村　宝生流の大先輩、大名人によくお教えいただきました。

中原　明治の能楽三名人は筆頭が梅若流の梅若実さん、宝生流の宝生九郎さん、金春流の櫻間伴馬さんですが、四郎さんは松本長《ながし》と並んで宝生九郎の弟子の双璧の野口さん、近藤さん、髙橋さんを観てこられたんですから。

野村　狂言の謡や舞は観世流の系統に近いですね。父はいつも宝生流とやっていましたが、謡のうたい方というのは宝生流とはちょっと違いましてね。中学生時代に学校の先輩に宝生流の人がいて、ＮＨＫでその人が舞うというので宝生流の『船弁慶《ふなべんけい》』を謡ったことがありますが、それを宝生流の家元が聴いていらして「何流だい」っておっしゃったんです（笑）。

そういう意味もあって、父が「観世流で勉強したらどうだ」ということで観世の家元及び観世流の父の友人の方々に相談したところ、家元が引き受けて下さいました。

中原　御家元の観世元正さんはなかなか懐の深い人で、弟子が宝生流に行って習うとか、観世流でも観世寿夫さんの所に習いに行くとかを許してくれたんですね。

内弟子時代の「修業」と「学び」

中原　四郎さんは十五歳で観世流の御家元、観世元正さんの内弟子に入って、途中後援会「観生会」を作られました。観生会には、四郎さんの奥様となられた当時女優の卵の吉田信美さんがおられて、中でもひときわ目を引く美人でいらっしゃいました。ある日、お稽古が終わった後、四郎さんから「結婚することになりました」と報告があったので「お相手は信美ちゃんでしょう」と言ったら、ズバリ的中。昭和四十（一九六五）年に結婚されて、お仲人は吉野省三さんでしたね（笑）。

野村　よく覚えていらっしゃいますね（笑）。修業には勤めていく順番があります。修業がまず足りたら『猩々乱《しょうじょうみだれ》』を演じ、それが済むと今度は『石橋《しゃっきょう》』、獅子の能をやる。そして、有名な『道成寺』。その三番がいわば登竜門で、『道成寺』が演じられると、まぁ、卒業というか修業のある段階の区切りとなります。

中原　最初は昭和三十七年の『猩々乱』でした。猩々は、中国の伝説に出てくる想像上の動物で、潯陽《じんよう》という川のほとりの酒売りの所で毎晩酒を飲むんですが、ちっとも酔っぱらわない。そこで「お前は誰だ」と訊いたら「この川に住む猩々という者だ。お前は親孝行だから、毎日酒を飲んで稼がせてやっているんだ」という話です。その『猩々乱』の最後に「乱れ足」という足遣いがあるんですが、これがすごい。

野村　爪先でツツツと歩いて、パッと蹴って、沈んだり、浮いたり、流れたりする動きで、様々な習いがあるんです。特殊な、ね。

中原　正に「習い事」です。あれは「小書《こがき》」ですよね。

野村　そうです。小書はお能の中の特別な演出で、猩々の「乱」も、小書です。

中原　まぁ格好良かったね、あの時の四郎ちゃんは。「これが〝乱〟っていうものか」と。

野村　猩々を勤めて本当の内弟子になりました。それまではまだ一人前じゃないというしきたりがございます。昭和三十八年に二十五歳で『石橋』をやって独立して、その翌年に『道成寺』をやりました。

中原　『道成寺』は難しい演目だと思います。ドスンと落ちてきた鐘の中に飛び込むんだけど、うまくやらないと頭を打ったり……ね（笑）。お家元には代々の能楽師の息子さんが修業に来ておられたでしょう。狂言の家からの異色の弟子をどうして採ってくれたんでしょうね。

野村　当時、戦後間もなくの時は、駒込に「染井能楽堂」と呼ばれていた松平家のお舞台がありまして、そこで観世会をやっていました。会の時の役目は先々代の奥様の佳子様の手を引いて、山手線で駒込の舞台までお連れすることでした。大変でした（笑）。

中原　近い先輩にはどのような方がいらっしゃいましたか?

野村　まず関根祥六さんです。あの方には本当にお世話になりました。狂言の道は、まず「教わる」です。特に子どもの時は字が難しくて読めませんから、先生が謡うのをオウム返しに、目の前で見せてくれた謡を三回復唱して「さぁ、謡ってみろ」と言われて、出来ないとゲンコツが飛んできます。それに対して、観世流は「教えない」のです。芸は自分で盗め、と。

狂言は、バーンと叩きつけられる稽古でしたが、能は教わらなくても出来ないといけないんです。私は関根祥六さんとは布団の頭と頭をくっつけるようにして寝ていたので、布団に入ってからいろいろ訊いて祥六さんに教えてもらいました。

中原　寝床で？　すごいね……（笑）。

野村　内弟子中のある時、観世寿夫さんが「稽古してもらってるの？」「夜、待ってるよ」と声をかけて下さったので、お食事のお世話の後、お皿を洗って、夏なら蚊帳を吊って、全部仕事を済ませ、自分の布団をちょっと膨らませて寝ているようにして、御家元の恵比寿からタクシーで青山まで行くんです。そうすると寿夫先生が待っていて下さって稽古をしてくれました。

中原　見込まれたんですね。観世寿夫さんは「世阿弥以来の大天才」と言われた人で、何回かお目にかかりましたが大変な名人でしたね。『采女《うねめ》』の「美奈保之伝」の小書で、采女が橋掛《はしがか》りで猿沢の池の波に揺られながら入水する場面は忘れられません。

野村　稽古が済むと必ず一杯飲んで芸談が始まって、本家に戻るのが深夜二時半か三時、一時間程後には起きて舞台拭きをする一日が始まるんです。

中原　寿夫さんとの話の中で印象に残っていることはありますか？

野村　観世寿夫という人は、確かに天才と申し上げていいですね。非常に感性が鋭くて、宝生流の野口兼資という人に強く憧れていたので、どうしても癖まで似てくるんです（笑）。シェイクスピアやモリエール等のヨーロッパの演劇にも精通して、新劇もよく見ていて、とにかく芝居が大好きでした。独特なのは、それまでは、いわゆる世阿弥の伝承というのは能役者は知らなくてよかったのですが、観世寿夫は学者と一緒に勉強したので、我々もそこに惹かれました。観世流の人だけでなく、喜多流の人も若い頃の梅若実さんも寿夫さんに憧れていました。梅若六郎家は独特の芸系で、基本は両肩がまっすぐですが、右肩が少し引ける構えになって、「寿夫みたいな構えだ」と父親にすぐにバレて散々怒られたそうですよ（笑）。

中原　寿夫さんの謡は『清経《きよつね》』や『井筒』など絶品でしたが、謡い方でも影響を受けたんですよね？

野村　まぁ、独特な謡い方です。寿夫さんは、子どもの頃から祖父の観世華雪さんに基本をちゃんと習って、そして個性的な世界へ移って行きました。

中原　いつ頃から個性的になったんですか？

野村　フランスに少し留学されたことも影響しているかもしれません。

中原　ジャン＝ルイ・バローとも付き合いがあったそうですが、一番影響を受けたのは華雪さんでしょうか？

野村　ジャン＝ルイ・バロー氏が奥様と一緒に来日された時、寿夫さんが『半蔀《はじとみ》』を舞われて、それを「飛行機に乗せられているような」と通訳を通して話されました。飛行機から地上を見下ろすとゆっくり動いて見えるでしょ？　そういう静かな動きだ、と。ところが飛行機のエンジンは全開で、ものすごいエネルギーで飛んでいる、それが観世寿夫の身体の中にあると感じたんです。「静中の動」、「動中の静」、つまり逆のものが一体になっているという世阿弥の考え方をそのままおっしゃっているように感じました。

中原　寿夫さんはスラッとして、身体のプロファイルがいい人でしたね。

野村　独特の彫刻的な美意識、観世寿夫の美学というようなものがありましたよ。

中原　芸術論を『観世寿夫著作集』四冊にまとめています。本当に惜しいことに早くに亡くなられて……。そのあとを四郎さんが受け継いでおられるわけです。ところで装束《しょうぞく》について伺わせて下さい。

野村　能の衣装を「装束」と言いますが、先代の御家元の元正先生と観世寿夫先生の装束は内弟子の頃から大概私が着けていました。「寿夫美学」というものを認識していないと装束も着けられません。昔は装束の専門家がいましたが、明治以降装束師を付けるということがなくなって。今は役者が衣装を着けて「作り物」という簡単な舞台装置も役者が作ります。

中原　今は四郎さんが日本一の装束師、付けるのも、選ぶのも本当に巧い。『能を彩る　文様の世界』という、立派な共著が五版刷りを重ねています。

宝生、藝大、クラシック——流派を越えて交流を続ける

中原　宝生流の名人、野口兼資氏、近藤乾三氏、髙橋進氏との想い出は何かありますか？

野村　雨の日に、宝生流の名人と並んで傘を差して歩いていた時、「おい。ハネを上げるんじゃない」と注意されました。近藤乾三先生は、父も非常に尊敬していて、様々にお教えを受けてまいりました。一九八一年に皆様のお力で作らせていただいた「野村四郎の会」では中原さんに後援会長をやっていただき、その第一回の公演の時には既に父がおりませんでしたので、お流儀は宝生流ですけれども、父の代わりに近藤先生に独吟で「笠之段」をやって頂きました。

中原　おめでたい曲ですからね。でも、身体、特に膝や足の動きは鍛錬をしていないと、「静かに舞う」と言っても、非常に高い身体能力を求められますね。

野村　若い内に鍛錬した者は、わりと早く膝にきます。サボっていた者は、結構長くもってますよ（笑）。結局、鍛錬は日々の総てです。雑巾がけも鍛錬ですし、一挙一動の総てが舞台の動きに関わります。先日、真言宗の経典に「楽屋は母の胎内、橋掛りは父母の胸中、舞台は護摩堂」とあることを知りました。護摩堂というのは、儀式を行うところですね。真言

宗の経典にそんなことが書いてあると聞いて、びっくりしました。

中原　真言宗といったら開祖は空海だから古いですね。

野村　それで和尚さんに「これはお作りになったんですか？」と伺ったら、「ちゃんと経典にある」とおっしゃるので、「時々使わせていただきます」と（笑）。

中原　とてもいい言葉ですね。その後、東京藝術大学に行かれてずいぶん変わられたとか……。

野村　六十歳の時に紫綬褒章を頂戴しまして、その時一緒に受章されたのが彫刻家で東京藝大の学長で、東京スカイツリーの監修もなさった澄川喜一さんでした。それ以前に何度か藝大のお話をいただきながら、その度にお断りしていましたが、澄川さんと偶然にご一緒して「是非」と覚悟を決めて、定年まで七年間お世話になりました。

中原　どんな科目を受け持たれましたか。

野村　囃子以外の能の科目総てです。それから、二つの授業をつくりました。一つは「能楽概論」で、洋楽の人たちにも教えました。もう一つは、『源氏物語』を当時の発音で読む授業で、観世寿夫さんの奥様の関弘子さんを招いて朗読をご披露いただいたり、解説をしていただいたりしました。美術を専攻している人たちも、興味を持ってくれると共有ができます。今はキャンパスの真ん中を道路が横切っていて分断されているので、初めて教授会に出た時に「バスが通る道路に橋を架けて、美術学部の人たちともっと交流しよう。それから、〝教育〟だけではなく〝教育研究〟の四文字熟語でと、美術学部の協力も得て、邦楽も雅楽も入れて、学生と教官が一緒に演じたりしよう」と提案しました。先日、区切りをつけて終わりましたが、江戸城の落成だというので、『徳川家康』をやりました。

中原　え、徳川家康をやったの？

野村　はい（笑）。徳川家康は舞を舞う、というので、ベートーベンの弦楽四重奏でね。

現在の学長は、非常に近しい友人でヴァイオリニストの澤和樹先生ですが、実は、ずっと憧れているベートーベンの言葉があるので、ベートーベンの譜面を見せて、とお願いしたことがありました。「そのタイトルのような所に字が書いてある」と何かの本で読んでいて、それを日本語にすると「かくあるべきか、かくあるべしだ」という言葉になっていて、譜面を消したり直したり消したり直したりしていたのかな、と。そしてそれは、世阿弥の言葉と類似しているような気がしました。「これでいいのか？　これでいいんだ」というようなことかと思います。世阿弥の方を申し上げると、「是と非」という言葉を使っています。「これでいいのか？　悪いのか？」という「是」と「非」です。大好きな言葉「是非の初心忘るべからず」の内容と、譜面に書いてあったベートーベンの言葉が共通するような気がして。

中原　ベートーベンと世阿弥の共通点、面白いね。ベートーベンも本当に不思議な天才だからね。

野村　藝大というと、そのことを思い出しますね。それから能に『藤戸』という作品がございますが、それを松下功さんと弦楽四重奏で作りました（発表は一九九九年）。サンフランシスコに行って舞を教えていた人と松下功さんも縁があって、絵の展覧会を観に行った時に偶然松下さんとお会いしたんです。会が終わって皆で軽く一杯飲みながら「何かやろうよ」ということになって、『藤戸』の弦楽四重奏をつくったんです。

中原　『藤戸』は源平合戦の話で、佐々木盛綱が藤戸という渡しの近くでの合戦の際、一番乗りをしようと対岸まで馬で渡れる浅瀬はないかと漁師に訊くんだよ。漁師が教えたら「他の者に教えてはならん」と、その漁師を斬ってしまう。その漁師と母親の幽霊が出てくる話ですよ。それがよく四重奏になりましたね。

野村　これは「アジアの平和を願う」というタイトルで、韓国のパンソリという音楽と、中国の京劇のような音楽と、この『藤戸』の三曲を演奏しました。

中原　鎮魂だね。漁師の霊をなぐさめるわけだ。

野村　平和の祈りだったら『藤戸』がピッタリだなと思ってね（笑）。

中原　藝大時代は、それまでとは違う学びを実践した時期でしたか。

野村　本当は個人レッスンですが、それを一切せず、受講している学生を全員集めて、他の学生がやっているのを全員で見るというように、それまでのカリキュラムを総て変えました。だって、優秀な人間はどんどん上に上がって行けばいい、そういう教育方針で行くべきだ、と。藝大はそんな人間を揃えているんですから。

中原　教えた学生で、能楽師になった人はいますか？

野村　ええ、教えた学生はほとんど能楽師になっています。藝大を卒業すると、観世流の場合には「師範」という称号をもらえます。現在、直接藝大と関係はありませんが、藝大を卒業して観世流の組織の中で勉強していく制度で、若い子の教育、適性を育てる「適性委員長」というのをやっております。

中原　寿夫さんの影響かな？　天才養成思考になったのは。

野村　それもありますね。寿夫さんや弟の静夫さんとも一所懸命考えました。

芸の道は、守破離《しゅはり》、今は「軽《かろ》み」を目指す

中原　能にはいろいろな分け方がありますね。最初は「脇能」「神能」といって神様が、二番目は「修羅物《しゅらもの》」で武士が、三番目は「鬘物《かつらもの》」で女物ですね。四郎さんが一番お得意な演目です。四番目が「雑能」で、五番目が「切能」です。人間の一生を見てきて、幼少期、青年期、

中年期、老年期といろんな能がありますが、どのように能を見ておられますか？

野村　世阿弥の言葉で言いますと、八十二歳ですから「老後の初心」ということになります。「老木《おいき》に花の咲かんが如し」で、花を咲かせることができるか。若い頃に訓練したものをただ積み重ねるのではなく、時代時代で「初心」があります。今の年齢ならどういう風な能を舞っていくべきか、それは個々の発想にもよりますが、ただ習っているものをずーっと続けていけばいい、ということではなく、その年齢に合った確信があってこその能だと思います。

中原　人生の区切りによって人それぞれの能がある、ということですね。島崎藤村の『若菜集』の「およふ」じゃないけど、世阿弥は小さい時に足利義満のお稚児さんになって、それからずっと可愛がられてきた。でも晩年は佐渡島かどこかに流されました。八十二歳まで生きて、その時々に世の中をどう見てきたか、興味がありますね。

野村　世阿弥の作品というのは崇高なものが多いです。父親である観阿弥は、どちらかというと「憑き物」の芸。自分の身体に誰かの魂が乗り移って狂うとか、鬼の能とかね。もちろんそればかりではありませんが……。息子の世阿弥は、文学的な作品をたくさん作っています。観客の対象が徐々に変化して作品も変わっていったのでしょう。

中原　能の観客は変わってきましたか？

野村　ちょっと難しいところですね。能が「分かる」とか「分からない」と言う方がいらっしゃいますが、「感じる」という鑑賞の仕方でいいのではないでしょうか。例えば絵画を観る、モーツァルトの音楽を聴く、能も、それと同じです。学術用語としては認められないと思いますけど、いろんな人に「謡曲文学」と言っています。

中原 あるんじゃないですかね？

野村 そうですか？ あったら素晴らしい、素敵だなと思います。(一九六六年刊行『謡曲文学──能と謡』)

中原 佐成謙太郎著の素晴らしい『謡曲大観』全七巻は、そうだと思いますよ。

野村 謡は文学、型は彫刻。そうすると、舞台全体は絵画のようなものと捉えることができます。私は「謡は月、舞は花」と言っています。月は、雲間の月や三日月等、文学的な変化に富んでいますね。

中原 だけど、月は自分では光らないよ。

野村 ですから謡は難しいのです。花が咲いて散る、それが舞になると、そういう風に喩えております。

中原 四郎さんが内弟子を卒業する頃、にわかに謡が上手くなって遠近感とか感情の起伏などが総て表現されていましたね。

野村 謡よければ総てよし（笑）と言っていいのではないかと思います。

中原　ところで、老女はおいくつの時に何をやられましたか？

野村　『檜垣《ひがき》』『姨捨《おばすて》』『関寺小町』を六十五歳ぐらいまでに、三老女は全部やりました。

中原　ほぉ、ずいぶん早くにやられましたね。私は『卒都婆小町』が好きですが、先生は何が一番お好きですか？

野村　お箏《こと》の名人、米川文子先生のお祝いの会で「お箏にもありますので、『西行桜』か『遊行柳』でも」と言ったのですが、「お能にないものをやろう」というので、（地歌箏曲の）『七小町』をやりました。これは（光崎）検校が作曲しています。「七小町」とは、お能の『草《そう》紙洗《しあらい》小町《こまち》』『通小町』『卒都婆小町』『鸚鵡小町』『関寺小町』と、お箏の『雨乞小町』『清水《せいすい》小町』、これで七小町です。研究している方に言わせると、お能も七つあったのですが、二つは廃曲になったそうです。その時に、京都の笛の藤舎名生さんをお願いしたのですが、「名生」というのはすごい名前で、『申楽談儀』にも「笛の名人、名生」と出てきます。『申楽談儀』というのは、世阿弥の嫡男の元雅の弟の元能が父親から聞いたことを書いたものです。

中原　まだ舞っていないもの、あるいは、これから舞いたいものはありますか？

野村　特にはありません。観世会の別会で家元に「『卒都婆小町』の舞囃子をやって下さいよ」と言われて、久しぶりにつけられました（笑）。

中原　『卒都婆小町』の舞囃子はどうですかねぇ？

野村　『関寺小町』の舞囃子をやったことがあって、その時に、ある雑誌に「有史以来」と書いていただきました。今の梅若実さんが地頭で、大槻文蔵さんがワキに立ってくれたのですが、やっぱり、三つ子の魂百までとはなりませんが、狂言の魂が動いてくるんですね。それに「軽み」というんでしょうか、芸の「重み」は若い人もいくらでも出せるものですが、今は逆に「軽み」というものを芸の目標にしています。それが能の中のいわば「俳」で、「おかしみ」になるのかな、と思います。

中原　要するに能のこれまでの「重み」を全部なくしたような感じですね。

野村　人格を変えていかないと駄目なのです。「伝統」には、過去・現在・未来という時系がありますが、そこに未来が入っていません。でも私は未来を入れます。そこに新しい改革のようなものを、流儀という単位ではなく個として吹き込んでいくことが大事だと思います。大好きな言葉に、お茶の「守破離《しゅはり》」というものがあります。「守」というのは基本技の演技を学ぶ。「破」は基本技の応用、「離」は創造と理解しています。

中原　「軽み」についてもう少しお伺いしたいですね。

野村　なかなか上手く説明できませんが、例えば歌舞伎の坂東三津五郎さんは軽みがあったと思います。ただ軽くてふわふわしているというのではなく、重厚ではないけれど感動的な軽み、何かそこに非常に魅力がある。重苦しくなく、観ている方に負担がなく、感動はあるというようなものが「軽み」で、日本の芸能の基ではないでしょうか。

中原　それは、重みを経ての軽みですからね。

野村　重くて位のしっかりした芸をやった人が、だんだん浄化されて軽くなっていく。例えば、東山魁夷の『道』という作品は、ずーっと描いてきているのがすごい、と思っています。あれこそは「軽み」ですよ。ほとんど一本の線で、最後はほんとに一本の線だけを描いて『道』になっていく、その過程が非常に面白いです。

中原　熊谷守一の『亀』に似てるね。

時代に沿いながら紡いできた能楽の歴史

中原　四郎さんのお父上の野村万蔵さんは大変立派な方で、お母様の梅子さんも賢婦人でした。ご両親からどんな教育を受けられましたか?

野村　私は四男坊で、狂言の道といってもはすっぱで、昔の合掌造りで言いますと、囲炉裏の傍には座れません。お蚕部屋です。そういう立場でございますから、母からは言葉ではなく温かい慈愛をいただきました。父は、亡くなるまで厳しかったですね。若い頃、ドン・ボスコの関係でキリスト教に魅せられて神父様と昵懇になったことがありましたが、その時一言「わしも小さい時には、日曜日というと教会に連れて行かれたよ」と話してくれ、お正月に神父様を家にお招きしてお雑煮を一緒に頂いた、そんな想い出がございます。

中原 万蔵さんは狂言や能の面打ちもなさいましたね。後世に残る面打ちの入江美法氏と仲がよかった。入江さんは「面には、彫刻だけでなく絵画の要素がある」とおっしゃっていました。お父上もずいぶん面を作られましたが、狂言で食えなくなったら面打ちになるというお気持ちがあったからだと伺っています。

野村 父、野村万蔵は明治三十一(一八九八)年の生まれで、のちに三宅藤九郎となった弟がおりまして、祖父は、十七世宝生九郎という家元に「二人の息子に、手に職をつけさせるにはどうしたらいいか」とご相談したんです。それで父は面の彫刻を、叔父は絵画を勉強したそうです。

中原 それまで江戸幕府が保護してきたものが明治維新でなくなって、その時に助けたのが岩倉具視ですよ。明治も半ば以降、天覧能などで吹き返してきた時に、明治の三名人が出てきて能の文化を支えたわけです。これから能楽はどうなっていくとお考えですか?

野村 その時々の価値観を共有しながら六百年という時代を経て、能の歴史は能と現代の価値観をどのように擦りあわせていくかが、大きなテーマだと思います。古いものを新しくするという意味ではなく、時代時代で生きてきたわけですから、「古い」という言葉はあまり使わない方がいいと思います。

中原　能は、本質的にいい芸術だから残ってきた。だけど総合芸術だから、シテ方の他にワキがいる。ワキも養成しないといけないし、お囃子も必要。お笛、大小の鼓、太鼓等、お囃子の方は大丈夫ですか?

野村　囃子方、ワキを演じる人、狂言を演じる人たちの教育は、国立能楽堂である程度やっております。日本能楽会会長として試験の時には必ず見ております。ここを卒業してすぐ一人前になるというのはなかなか難しいですが、あるひとつの下地を形成するまでは出来ていると思います。ユネスコ無形文化遺産の認定を受けまして、松浦(晃一郎)大使が基調講演をされた時に、能楽の代表として、文楽の竹本住大夫さん、歌舞伎の澤村田之助さんと一緒に、小島美子《とみこ》先生の司会進行で養成のことを中心に話をしました。今は新型コロナの影響で全く公演がありませんし、そうでなくても回数が減っていくのが泣き所ですね。旧き時代にやっていた野外公演の「薪能」のようなものにも気さくに出入りが出来ることも大事だと思います。

中原　今年は中止になりましたが、靖国神社でも「夜桜能」を毎年やっていますね。

野村　あれは宝生流の方が企画していますが、観世流の人も出ています。私も舞ったことがありますよ。

中原　今日は観世寿夫さんのお話、四郎さんの能楽論や芸術論など、貴重なお話をうかがえて本当によかった。お忙しいところ、どうもありがとうございました。

野村　こちらこそありがとうございました。

（なかはら・のぶゆき／一九三四―二〇二一。東燃社長、日本銀行政策委員会審議委員を歴任）

六　伝統に胡座をかくことなく創意工夫で継承する心

中村時蔵
野村四郎

一日限りの能、二五日公演の歌舞伎

野村　本日は、歌舞伎役者の中村時蔵さんをご指名させていただきました。

中村　ありがとうございます。野村先生に初めてお会いしたのは、確かお能の関係のパーティーでしたね。歌舞伎をよくご覧いただいているとお声をかけていただき、私は同い年の坂東三津五郎と結構仲がよく交流があるとお話ししました。野村先生もお忙しく、パーティー以降、あまりお会いする機会もありませんが、幼い頃から歌舞伎にも触れてこられた先生とゆっくりお話しできるのを楽しみに参りました。どうぞよろしくお願いします。

野村　記憶はちょっと曖昧ですが、終戦を迎えた子どもの頃、野村の家に藤浪小道具だったか、傘を借りに来られたことがあるんですよ。

中村　藤浪は、歌舞伎の小道具のお店ですね。

野村　歌舞伎をやるからと傘を借りにみえて、「何だろうな」と思っていたら、父と、今の萬と万作と私を歌舞伎にご招待いただいて、それが初めて観た歌舞伎で演目は『勧進帳』でしたね。

中村　歌舞伎座は戦後すぐには出来ておりませんで、昭和二十五（一九五〇）年十二月に竣工しました。それ以前は今の東劇ビルの「東京劇場」でよくやっていました。その他は、新宿の「第一劇場」、日本橋の「三越劇場」、たぶんそのどこかだと思います。

野村　六代目が義経をなさって、七代目の幸四郎さんが弁慶という配役でしたか、当時の最高のレベルの歌舞伎を楽しませていただいた記憶ですが、「拝見した」ということがとても誇りに思えますね。

中村　私どもの興行は二五日間連続ですので、舞台に入るとなかなか他のことができません。先生方の公演はほぼ一日ですから、なかなか観に行くこともできずにおりました。

野村　我々の舞台は一日だけのためにあります。失敗したら取り返しがつきません（笑）。歌舞伎の場合は、前半、中盤、後半ということをよく言われますが。

中村　お客様から「いつ頃観るのがいいですか？」とよく訊かれるので「三回観て下さい」と（笑）。演じていて千秋楽が一番いいかと言うと、決してそうでもありません。でも、千秋楽に向かってよくなっていった方が嬉しいですね。

野村　演目によっても違うんでしょうね。

中村　この頃は体力も落ちてきたので二五日間が長いんですね。実は松竹が「働き方改革」で、今年（二〇二〇年）の四月から興行中に一日休みをつくりましたが、結局コロナでなくなって。

野村　今、コロナの状態で舞台は全くないのですか？

中村　八月から歌舞伎座で始まりました。観客は約二千人程入りますが半分以下にして、一列おきに座っていただいて、一部一本の一日四部制にして、その都度入れ替えて換気と消毒をして、次のお客様にお入りいただくようにしています。

野村　それは大変ですね。

中村　歌舞伎は幕間に弁当を食べたりする楽しみがありましたが、弁当もお土産も販売していません。また通常、家内たちが挨拶に来ますが、それも中止で、年内は一応その状態でとなっています。

野村　今までの歌舞伎の観方、楽しみ方とはちょっと変わってしまいますね。

中村　お能の公演は、今いかがですか？

野村　先日、久々に舞台に出ました。本当は、二〇二〇年のオリンピックのための催しをやるはずでしたが、こういう状況ですので、新型コロナ感染症の終息を祈念致しまして、能は舞わず、紋付と袴だけでお囃子を舞う『鷺』という舞囃子の役をつけられました。年寄ですから（笑）。

中村　いえいえ、本当にお元気でいらっしゃいます。

野村　翌日別の会でお囃子方と会ったら「昨日、元気でしたね」なんておだてられました。

中村　舞台に出られた方がお元気になられます。舞台があると目標ができますから、私自身もそう感じます。お能の公演は一日かもしれませんが、そこに向かって準備をなさっていくわけですし。

野村　我々の世界は舞台に出られないと気が折れてしまいますね。舞台には華がありますし、気持ちの上でも全く違います。

中村　不思議なもので、舞台に出ている方が体調がいいです。

野村　稽古はどのようになさっていますか？

中村　以前にやった演目なら、台本を調べたりビデオを見たりします。この頃は少なくなりましたが、初役のものは、前にやった先輩の所に教わりに行きます。私は父を早くに亡くしましたが、父親がいる場合は父親に習うことがよくあります。息子には自分がやったものは全部教えていますが、やったことのない役の時には「誰々さんの所に行って教わってきたら」という感じです。

野村　出し物によって教えていただく方は変わるのですね。

中村　やはり、得意な方の所に教わりに行った方がいいと思います。明治時代辺りまでは、「芸は盗むもの。人に教えるなんてとんでもない」という風潮だったようですが、近頃は大先輩の方に教えを乞うようになっていますね。「継承していかなければ」という危機感があるんです。

野村　教え方の上手な方とそうでない方というのも、ありますか？

中村　なかなか申し上げにくいですが、教えているうちにご自身がその世界に入り込んでしまう方や、本当に細かく「あと何センチ下を向いて」など様々です。でも、どなたも一様に「とにかくその〝役〟になることが一番大事」とおっしゃいます。お能もそうですが、歌舞伎にも型があります。型さえやれば、それらしく見えますが、そこに心がないといけません。

野村　そこが重要ですよ。「要は心の問題だ、背中で演技しろ、背中に心を持て」という世阿弥の言葉があります。時蔵さんのお話と通じますね。

中村　演劇は総てそうだと思います。

自ら学ぶこと、師に習うこと

野村　時蔵さんはお父様を早くに亡くされて、父親代わりのような方はいらしたんですか？

中村　そうですね、襲名のような大きな役の時は、六代目中村歌右衛門の叔父様に教わりに行き、祖父がやっていたものは、二代目又五郎の叔父様がよく覚えていらっしゃって教わったり。この頃は尾上菊五郎兄さんの相手役をしますが、「どなたに習ったらいいですか？」と訊くと「親父に訊いといてよ」とおっしゃるので、尾上梅幸の叔父様に教わりに行ったりします。

野村　本当に残念ながらお父様が早くにお亡くなりになりましたが、歌右衛門師匠とか梅幸師匠とか、すごい方に習ってるわけですよね。

中村　いろんな方に教えていただけたことは、逆にプラスになったと思っています。

野村　歌舞伎の女形としての核心を持っておられて、この伝統的なものを大事にして、若手が習っていくという気持ちも大切です。

中村　私が教わった方々も、先代や先々代から教わっているわけですね。それを自分なりに昇華して教えて下さって、私としては財産を分けていただいた気持ちで、その財産を次の世代にまた伝えていかなければいけないと思います。でも最近は皆ビデオを見て覚えてしまうんですよ。

野村　ビデオを見れば、形は何となく分かりますからね。

中村　でも、ビデオに映っていないところに何かあったり、ビデオでは絶対に伝わってこないものがあります。教わりに行って稽古が終わった後、ちょっとお酒を飲みながら世間話をしたり、先々代の話等も聞かせてもらったりしました。

野村　表面だけを見ていても駄目です。その中にあるものを探らないと、ね。本質を継承していくというのは、なかなか難しいことです。時蔵さんがお父様からは受け継ぐことができなかった部分もおありになると思いますが、お二人のご子息に対してどのような想いをお持ちですか？

中村　親がいるって便利だな、解らないことは、訊けばすぐに教えてくれます。教わりに行かないような小さな役の時は、迷ったり悩んだり、調べたりしましたが、息子だったら「親父、ちょっと、ここは？」みたいに世間話の延長の感じで訊けたり、教えたりできますからね。

野村　ご子息には、どんな風になって欲しいと思っておられますか。

中村　長男は女形を、次男は立ち役志望ですが、性格が違いますので、上には最初からガッンと言った方がよく効き、下にはいい所を見つけて気分をよくしておいてから注意をするという感じで指導しています。先生も、萬さん、万作さん、四郎さんと兄弟それぞれに性格が違いますでしょう？　二人のお兄様は、どのような方ですか？

野村　萬はやはり長男らしいリーダーです。狂言の家系では、総てにおいて長男が一番大事にされています。その次が次男で、三男や四男はもう自由に放り出されているようなものです（笑）。

中村　それで能楽の方へ転身されたわけですね。

野村　当時は戦後の混沌とした時代でした。能も狂言も歌舞伎も、ひとつの転換期になったと思います。いろんな方が出て、支援して、新作をおつくりになって加勢する。能役者と歌舞伎の役者が一緒に演じたり、そういう修業時代がありましたし、それが貴重でした。当時ですと、中村富十郎さんとか今の坂田藤十郎さん等々。

中村　藤十郎さんの扇雀時代ですね。「武智歌舞伎」と言って、結構面白い演出をされていました。

野村　時蔵さんは、今、女形としてピカイチでいらっしゃいます。出演される演目はどのように決めているんですか？

中村　歌舞伎は松竹株式会社との意向の話し合いが重ねられていって、こちらはその中で準備をしていきます。年齢的に今までやらなかったような女房役とか老け役をやる機会もだんだんと増えてきて、そんな時でも娘役をやりたいなぁと言ってみたりもしますよ（笑）。

野村　藤十郎さんもずいぶん娘役をやってらっしゃいましたよね。

中村　この頃は女房役の方が多くなりました。

野村　舞台に出られる時に心がけていることはありますか？

中村　「役になる」ということが大事だと思っていますし、そのために、気持ちも身体も整えるということでしょうか。例えば憐れな役をやる時にまん丸に太っているよりは、ちょっとダイエットして少し痩せた方がそれらしく見えますよね。

野村　映画の世界では、かなり痩せたりすることもありますが……。

中村　映画の場合は半年とか一年の長い時間をかけて撮りますから、そういうことができると思いますが、私たちの場合は毎月毎月なので、極端なことは出来ません。ただ、どのような役でも、出来るだけ役に合うようにと常に考えています。あとはやはり、創意工夫ですね。それらしく見えるためにはどうしたらいいのか、役柄として、頭や衣装の選び方などに表れてくると思います。

野村　衣装はご自分で選ばれるんですか？

中村　全部衣装会社が持っていて、役者それぞれの寸法に仕立てて持ってきてくれます。染物とか縞のようなものはすぐできますが、縫いのあるようなものや織物は半年から一年かけないとできませんので、襲名等のように前もって分かれば、早めに作ってもらったりします。もちろん、裕福な方はご自身でつくったりされますが、本当に一握りです。自分で持っていても手入れが出来ないので、結局衣装屋さんに預けることになります。そこへいくとお能の方は全部自前ですよね。

野村　全部持つには、そうですね、三代かかりますね。百年ぐらいかけると全部揃います。狂言の場合は麻が主で、能の場合は絹です。役柄で着るものも違ってきます。狂言の方が、各家でちゃんと一揃え持っていないと動けません。

中村　手入れや保存も大変ですね。

若手の育成は伝統芸能共通の課題

野村　時蔵さんは国立劇場で講師もしていらっしゃるんですね？

中村　国からの委託で、今年でちょうど五〇年目となる独立行政法人日本芸術文化振興会の養成事業の一環で、歌舞伎俳優の養成をやっています。能楽の講座もありますよね？

野村　はい、ございます。

中村　たぶん、歌舞伎が最初だと思いますが、その後、文楽や義太夫、鳴物、長唄が始まって、大道芸等をやることもあります。この頃は寄席囃子が少ないからと、三味線を弾いてやったりね。国立劇場では様々な分野の研修をやっています。それぞれに素晴らしい先生がいらっしゃって、二年、三年、みっちりしごかれます。能楽は長くて確か六年です。歌舞伎役者の場合は二年ですが、それで一人前ということではなく、やっと歌舞伎の世界に一歩入ったという感じです。養成所に入ってくるのは、能や歌舞伎の世界とは全く関係ない方たちで、踊りや長唄をやっていたり、もともと好きで来た人もいれば、歌舞伎を観たこともない人がポスターを見て面白そうなので来たとか、いろいろです。

野村　そういう方でも歌舞伎の世界に入れるまでになれますか。

中村　二年間みっちり教えれば大丈夫です。今はなかなか人が集まらなくてね。

野村　受講生は何人ぐらいいらっしゃいますか？

中村　今までは二年間一緒でしたが、今年から上級生、下級生と分けて毎年募集をかけることにしました。歌舞伎でもお能でも、役の上下があるので先輩がいい役をやって、後輩はその補佐的なものをやる、と。次の年は、上級生になっていい役をやって……という風にしたいという想いがあったのですが、今、上の期が四人、下の期はひとり辞めて一人になってしまって困っています。

野村　募集していることもあまり広く知られていませんね。

中村　国立劇場は独立行政法人になっていますが、元々は国の管轄で、国の体質のままです。新しいところに募集をかけたりはしていなくて、だいたいホームページとかポスターだけですが、やり過ぎると他の所に悪いという遠慮みたいなものもあります。ポスターも、そんなにあちこちに貼っていませんし（笑）。宣伝の部分が弱いと思います。でも、来たいという子は結構志が高くて、この世界に入って歌舞伎を守っていきたいという子が多いですね。

野村　養成事業は能の方も三役の養成が必要で大変です。三役というのは、お囃子方、ワキ方、狂言方です。試験の時は試験官をやりますし、入学式にも出席しますが、その後が難しい。養成期間が済んで、各師匠にお預けするということにはなるんですが、どういう風に育ててあげようか、と。

中村　そこで修業が始まって、本当に一生修業です。言うのは簡単ですがいつまでも勉強ですね。

野村　「好きこそ……」と言いますが、「好き」ばかりじゃ出来ない。養成所から入った子と、歌舞伎の家から入る子の比率はどのぐらいですか？

中村　歌舞伎の家で育った者は、歌舞伎では「幹部」と呼ばれています。幹部がいて、まずそのお弟子さんになるわけですが、お弟子さんも二つに分かれていて、大部屋のお弟子さん、一〇年経つと「名題試験《なだい》」があって、ワンランク上がって、セリフがついたり役名があるような役をもらったりするようになります。今は名題になっている中に養成所から出た人がたくさんいます。お弟子さんの七割ぐらいは日本芸術文化振興会の研修からの人たちで、特に出来のいい方たち、主に老け役をやる方が多いのですが、名題さんの中にワンランク上の「幹部の名題」を作る体制でやっています。

野村　一般の方が歌舞伎の世界に入れることを知らない人も多いでしょうね。

中村　もう五〇年もやっているのですが(笑)。役者の家に生まれた子たちはまず辞めませんが、外から来た人の中には自分が思い描いていたのとは違うと感じて辞めていく人もいます。一所懸命育てるのも大事ですが、出来るだけ辞める人を減らしていこう、というところです。自分が師匠として選んでもそりが合わないということもありますし……。人間関係の悩みはどこにでもありますね。

野村　今は正に、「芸の成熟期」です。歌舞伎を観る方も増えていますね。

中村　おかげさまで、年齢層も広がっています。

野村　若い人が増えてきたことで、演目が新しくなるようなこともありますか？

中村　そうですね。例えば、去年、尾上菊之助君がジブリの『風の谷のナウシカ』を採り入れました。先程野村先生がおっしゃったように、戦後いろんなものを採り入れてやってきて、歌舞伎も武智（鉄二）さんのもの等をやりましたが、結局古典に戻ってきます。もがきあがいている時があっても、だんだん歌舞伎の本質の方へ戻ってくるんでしょうね。
野村　いろんなものをやりながら、伝統芸能というところに戻ってくる……。
中村　狂言の家からお能の方にいらっしゃったりしたわけですよね。
野村　まあ、発声も型ももちろん違いますが、父の流儀である和泉流の教えは、やはり謡と舞が主である、というものですからね。

古典と新作がいつの時代も両輪に

野村　養成所から歌舞伎の世界に入る人が増えているとおっしゃいましたが、歌舞伎の家に生まれて歌舞伎をしないということはありますか？
中村　若い時に辞める人もいます。父は男五人兄弟でしたが、萬屋錦之介とか、今の中村獅童の親とかは辞めていきましたからね（笑）。当時の人間関係もありましたし、錦之介はたまたま映画から誘いがきたということもありました。当時は連れて来てすぐに芝居が出来るのは歌舞伎役者ぐらいでしたので、ヘッドハンティングされて映画界に転身したんです。市川右太衛門さんも市川右團次さんのお弟子さんでしたし、片岡千恵蔵さんもそうですよね。

勝新太郎さんも、実は長唄のお家で、お父さんは杵屋勝東治さんです。皆そういう所で育って、芸の下地があるからすぐにできるわけです。しばらくの間少なくなりましたが、最近また歌舞伎の役者がテレビや映画に出るようになっていますね……。

野村 以前、江戸時代の小屋掛けの芝居に修業に出て芸を磨いたということが書いてある本を読んだことがあります。それで名役者になる。阿国《おくに》歌舞伎もあれば若衆歌舞伎もあって、時代を経て今日に至るわけですから、それはすごいものですよ。

中村 特に歌舞伎は町人の間から出てきた演劇ですから、江戸幕府からの規制があって、実名報道をしてはいけないとかで変わった名前をつけたりしていました。事件があった時、それを面白く芝居に仕立てる。例えば『忠臣蔵』、実名では幕府の威厳に関わるからと、上演禁止になる。それじゃあ、ここを変えて、あそこを変えて……最終的に残っているのが文楽の『仮名手本忠臣蔵』です。これは名前を全部変えて、江戸時代に起こったことを足利時代に置き換えて、上手くその時代の人たちを当て込んで作っているんです。それが明治になって、歌舞伎の世界をこの先どうやっていこうかと、九代目市川團十郎などは、本当の活きた歴史のものをやりたい、と言うようになりました。

野村 それが「活歴」ですね。

中村 それでも結局、だんだん古典に戻ってくるんです。それから明治の終わりぐらいから坪内逍遥先生が『沓手鳥孤城落月《ほととぎすこじょうのらくげつ》』という大坂城の秀頼と淀君が徳川方に囲まれて攻撃される豊臣家の没落の話を実名でやったのをはじめとして、岡本綺堂先生や真山青果先生などが新聞に掲載した歴史劇を歌舞伎にしました。それを今「新歌舞伎」と言っていますが、全然「新」じゃなく古典です。武智先生、宇野信夫先生、北条秀司先生、三島由紀夫先生等、歌舞伎以外の方にいろんなものを書いていただいて、それが本当に歌舞伎の財産になっています。

野村　歌舞伎は、いろんな作家が新しいものをどんどんつくられましたからね。黙阿弥は結構能の演目を持ってきていますね。

中村　当時と違って今は著作権がありますから、昨年の『風の谷のナウシカ』の時もジブリがかなり台本のチェックなどをしたと聞いています。

野村　『道成寺』というのがありますが、歌舞伎にも『京鹿子娘道成寺《きょうかのこむすめどうじょうじ》』という有名なのがありますね。これがまた艶っぽいので、一度やってみたいなと思ったりしました（笑）。

中村　お能の『道成寺』は一生に一度踊るか踊らないかという演目ですよね。

野村　いろいろある中で恋の手習いというのが好きなんです（笑）。テレビでもよく歌舞伎を観ています。

中村　歌舞伎は江戸時代になってできたものですが、ちょうど大陸から琉球に伝わった三線《さんしん》が本土に入ってきて三味線となって広まった頃で、やはり三味線音楽なんです。足利時代のお能とか雅楽などとは違って、『勧進帳』にしても『道成寺』にしても、こちらの方でしっかり作調して、三味線音楽がとても派手で賑やかで……という違いはありますね。

野村　いろんな機会に歌舞伎を拝見させていただいて、大いに刺激を受けてきました。「これやってみたいな」という気持ちが自然に湧いてきまして、作った作品があります。『謡かたり隅田川』です。『隅田川』は義太夫でいたしまして、奥浄瑠璃というのがございましてね、その中の『白川合戦』という歌に「都鳥」の段というものがあって、結局お能でも、歌舞伎でも、母親は別に死なないんです。「どうなっていくんだろう……?」という疑問詞なんですね。ところが奥浄瑠璃では入水して、子どもの傍に行くんですよ。お能では『弱法師《よろぼし》』といいますが、私が『弱法師』を舞って、素浄瑠璃で『合邦《がっぽう》』を豊竹咲太夫さんがやったりね(笑)。咲太夫さんと大阪で出会うと「あれやりたいな」「これやりたいな」と話すんです。そういう意味で、学術や芸術と頭脳のある人間が集まって、能力その他いろんなことで世の中に寄与しようじゃないかという特殊なグループを持っていまして、会員は邦楽も洋楽も、現在の藝大の学長もいてね。そして時々いろいろな方にお願いしてサロンを開きます。先日は宮廻《みやさこ》(正明)先生という方が「仏像をどうやって移していくか」をテーマにお話し下さって、仏像には魂が入っていて大変なモノなんだ、と勉強しました。その会員でもある地唄の富山清琴さんに「地唄のお話をして下さい。そして最後に私と一緒に『鉄輪《かなわ》』をやりましょう」とお願いして、念願が叶いました（笑）。

中村　踊られたんですか（笑）。「これをやってみたい」というのが面白いですね。

野村　時蔵さんにも、その会に是非顔を出していただきたいと思っています。

中村　私でよければ是非お願い致します。

野村　入会した後、初代の山本邦山さんが亡くなったので邦山先生の代わりをやってるわけです。

中村　その会に名称はあるんですか？

野村　「ジャパン・トレジャー・サミット」の交流プログラムで「JTSサロン」（http://treasure-summit.jp/program/index.html）が正式名称ですが、私どもは「独創人会」と呼んだりしています。「JTS山本邦山記念賞」という賞を出していて、二〇一八年の第二回は松本幸四郎さんが選ばれました。

中村　定期的になさっているんですか？

野村　一年に一回です。幸四郎さんが賞を受けられた時、ちょうど地唄の方に来ていただいていたので、幸四郎さんも観客席でご覧になって、清琴先生の講義と演奏を聴いて、偶然に私の『鉄輪』もご覧になりましたよ（笑）。

時代の価値観とともに歩む日本の伝統芸能の未来

野村　前回（中原伸之氏との対談）、坂東三津五郎さんの踊りには「軽み」の味が出ているという話をいたしましたが、時蔵さんは親しくなさっていましたよね？

中村　三津五郎とはいろんな役で一緒に舞台に立ちました。踊りでは最後が『喜撰』だったと思います。実は、彼のひいおじいさんの七代目三津五郎さんと私の祖父、三代目時蔵が昭和三十年代の初め頃に踊った『喜撰』が素晴らしかった、といろんな方から聞きまして、写真や文献も残っているので、「自分たちもそう言われるように目指そう」と話していました。

野村　それ以外にもいろんな役でご一緒されたんでしょう？

中村　思い出深い演目に『吃又《どもまた》』というのがあります。吃りの又平が絵師になる話ですが、言葉が上手くしゃべれないためにお師匠さんから免許皆伝の名前をもらえず、弟弟子に先を越され切腹して死のうと、手水鉢に後ろから絵を描き、表側に飛び出すのを描いて認められ、名前をもらう話です。元々六代目菊五郎がやっていて、今の中村吉右衛門の兄さんや團十郎の兄さんもなさって、これが立派な絵師なんです。でも、あいつがやるとそこまで立派じゃないけれど、又平という人物像にピッタリで、妻は、吃りの夫の代わりに一所懸命しゃべって「お前はよくしゃべる」と言われるんですが、あいつのために一所懸命硯《すずり》で墨を磨ったりしている芝居がとても好きでしたね。

野村　最初の共演はいつでしたか？

中村　子役の時に、故中村勘三郎を中心に三津五郎は弁天小僧菊之助、私は赤星十三郎、勘三郎が南郷力丸で『白浪五人男』をやらせてもらったんです。故團十郎の兄さんが、昭和四十四（一九六九）年に新之助から海老蔵になった時、梅幸の叔父さんが『春興鏡獅子《しゅんきょうかがみじし》』を出して、二人で胡蝶を踊って以来の仲です。若手の時からずっと一緒に切磋琢磨してきました。

野村　残念ですね。寂しいけれど、想い出はたくさんおありになるんですね。

中村　三津五郎と勘三郎、三人の想い出がいっぱいで、芝居よりも芝居が終わって飲んでいる時等、本音で言い争ったりしてましたからね。二人とも五十代で亡くなって、信じられないですよ。

野村　藝大で仕事をしておりました時に、坪内逍遥の『新曲浦島』を作品としてやったんですが、演出で、幕間に坪内逍遥を出して、ストーリー的な所をちょっと語ってもらおう、ということになりましてね。そこで「三津五郎さんに」と歌舞伎座に行ってお願いしたら、すぐにお引き受け下さって、その上、お忙しいのに終わった後、学生と一杯飲む焼鳥屋の二階にまでご一緒して下ったんです。そうしたら三津五郎師匠から「観世流の『道成寺』の乱拍子を、そこで舞って下さい」ってお願いされて（笑）。

中村　えぇ〜っ！　焼鳥屋さんでですか？（笑）

野村　焼鳥屋の板の間で（笑）。「はい」って舞いました。

中村　とんでもない奴ですね（笑）。

野村　そこに宝生流の武田孝史さんもいたので「貴方も」とか言ってね（笑）。

中村　お能の方は、そんな風にやって下さるんですね。皆さん、人間的に素晴らしい方ばかりで教わることが多いです。

野村　ある時、銀座で早稲田大学の河竹登志夫さんとバッタリ会って、バーで一杯飲みながら歌舞伎の話をしたことがあります。その時に「三津五郎師匠は本当になくてはならない人だ」と意見が一致しましてね。それで、お手紙を出した思い出もございます。

最後に、歌舞伎や能をはじめとする日本の伝統芸能の今後について、時蔵さんの想いをお聴かせ下さい。

中村　お能は六百年以上、歌舞伎は四百年以上の伝統がありますから、これがなくなることは絶対にありません。ただ、そこに胡座をかいていてはいけないと思います。皆でもがいていた時代というのも必要だと思うんですね。与えられたものをやっているだけではなくて、何か工夫したり……。今当たり前だと思っているような演出も、実は江戸時代にはなかったということもあるんですよ。例えば、暗転になるとか、真っ暗な所からチョーンと入ってパッといきなり明るくなるとか。それは電気がなければ出来ないので明治以降の演出です。今あるものを上手く採り入れていくつかやっていく内に、ひょっとするとひとつぐらい残って、将来的に歌舞伎の財産になっていくということもあると思います。一昨年、ニューヨークで『キングコング』というミュージカルを観ましたが、背景が全部プロジェクションマッピングで、大道具が必要ないと思う程よくできていました。海の場面では、船の舳先だけがちょっと出てきて、向こうの画面が動くので、廻ってきたり、岩場が出てきたり、向こうから迫ってきたり、まるで船に乗っているような気分になりました。新しいものを採り入れるかどうかは別にして、何か工夫出来ないかと考えさせられましたね。野村先生は、お能や狂言を日本の伝統としてどういう風に継承して残していきたいとお考えですか?

野村　能にしても歌舞伎にしても、ある意味で今日の時流に乗り過ぎてもいけないと思います。一方で、時代の価値観とあまり遊離しても、そこが問題になってきます。長い歴史も、結局は時代の価値観と共に歩んできたのですから。では、その時代の価値観をどうやって共有するかと考えた時、まるっきり姿を変えてしまうのは自殺行為だと思います。

中村　今、コロナ禍で新しい生活様式にしていこうと言われています。修業とかブラック企業と言われるような業態であるというのは、歌舞伎の世界もお能の世界にもあるでしょう。新しい自分の生き方を考える時、自分だけではどうにもなりませんが、松竹の意向としては、その月の出し物をしっかり撮って配信することです。お客様の入場を減らしているということもありますし、お年を召した方の中には観に行きたいけれど、家族に止められているという方もいらっしゃるでしょう。松竹と俳優グループとの間での合意はできていますので、千秋楽ぐらいから配信できればそれもいいのかなぁと思っています。ただ、それだけになって劇場に足を運んでいただけなくなると、それも困りますので、どこかで見切りをつけないといけないでしょうね。

野村　実際の舞台を観るという楽しみは、なくしたくないですね。

中村　国立劇場には大劇場と小劇場がありまして、完成時から歌舞伎を中心にしながらいろんな演劇、文学座も小劇場でよくやっていました。でも老朽化してきたのでオリンピックの前に建て直そうという話でしたが、建設費が高くなって延期になっています。今はオペラやコンサートができる新国立劇場も、国立文楽劇場も出来ていますので、新しく建てるものは歌舞伎専用の劇場にしたい、という話になっています。一〇年ぐらいかかりそうですが、そこでは、江戸時代にやっていた歌舞伎の元々のスタイル、つまり朝、明るくなってから夕方暗くなるぐらいまで通しでひとつの出し物をやる「通し狂言」に近い形で出来るのではないか、と思っています。

野村　それも楽しみですね。今日はお忙しいところお時間をつくっていただいて、ありがとうございました。

中村　こちらこそ、貴重な機会をありがとうございました。

（なかむら・ときぞう／一九五五―。歌舞伎役者）

雪号授与（二〇二一年）

雪号授与にあたって

二十六世観世宗家　観世清和

この度、野村四郎氏に雪号授与を致しました。長年にわたる氏のご功績に報いることが出来ればとの思いでございます。今後は、野村幻雪氏として、益々ご活躍されます事を念じております。

観世宗家では九世観世大夫身愛《ただちか》以来「雪」の一字（雪号）を、大切に受け継いでおります。身愛は家督を十世重成に譲りました後、黒雪《こくせつ》と名乗りました。元和八年三月の文書に「観世黒雪斎」の署名が残されております。

雪に象徴されます白は、濁りのない清浄なものを示し、能の世界では、特に位の高いものとして尊重されております。『鷺』や『三輪』の白式、『梅』の素囃子《しらばやし》など、白につながるものは最高の位を示すものとされて参りました。その思いが雪号にも貫かれております。

これまで観世宗家におきましては、

九世身愛黒雪　　十二世重賢周雪
二十一世清長呉雪　　二十二世清孝普雪
二十三世清廉和雪　　二十四世元滋光雪

まで六名が雪号を名乗り、また分家におきましては四名が雪号を名乗っております。

明治期に入り、二十三世清廉が、流内の功労者へ雪号を許し、近年、片山幽雪氏、関根祥雪氏へ授与しております。

幻雪氏には、大先輩として若い人たちへ今まで通り御助言をいただき、今後も能楽界の発展の為に御助力を頂戴したいと思っております。

雪号の称号をいただき

野村四郎改メ　野村幻雪

この度、二十六世観世御宗家より雪号を許され、「幻雪《げんせつ》」と名乗らせていただくことになりました。

御宗家より雪号授与のご連絡をいただいた時、想像もしていなかったことで大変驚きました。そして「これは隠居名ではありません。ますます頑張って舞台をお勤めください」と仰ってくださいまして、そのお言葉に大変胸を打たれました。

先代二十五世観世元正宗家に、十五歳で内弟子としてお世話になって以来、先代御宗家のお引き立てによって、今の自分があることを改めて実感いたします。先代御宗家をはじめご指導いただいたすべての方々に対して感謝の気持ちで一杯です。

観世宗家では、九世観世大夫身愛《ただちか》が最初に雪号を名乗られました。謡本の整備に、大変尽力をされた観世流中興の祖と呼ばれる観世大夫とうかがいました。

また、観世華雪師、雅雪師には直接ご指導を賜りましたので、雪という字を見るとビクッと背筋が伸びる思いがいたします。

雪号授与のお話を戴いた後、雪の上の文字をどうあるべきか、と思い悩む毎日でした。

現在の心境を含めて、今までやってきた私の人生観を表すような一文字を決めようと思いました。

能とは何か、と考えた時、実在しないものを舞台上で実在させる、つまり、ないものをあるように見せることが、能という芸術だと思います。能とは幻影ではないかと思うのです。幻想という言葉もございますが、夢現《ゆめうつつ》で、夢の世界を開花させていくのが能舞台だという思いから「幻」という字に考え到りました。

また、「幻」の部首「幺」は、幽玄の「玄」という字に通じますし、「糸」という字にもつながります。細い糸が切れずにつながり、八十四歳という今日まで年を重ねて参りました。

雪という意味を私なりに考えてみますと、雪の持つイメージは、冷ややかです。冷ややかな芸とは崇高なる芸。世阿弥の言葉「銀垸裏《ぎんわんり》に雪を積《つ》む」につながる、と私は思います。

雪とは、芸そのものを表しているように思います。積雪とは、積もり積もって固めていく芸の修業過程にも例えられます。また、雪は離れてみると美しいですが、あるときは、雪崩のような残酷さを持ち合わせています。

今回雪号という称号をいただきまして、「時々の初心」といわれるように、これを節目にこれからも「雪」を積み上げ、芸の道に精進して参りたいと思う所存でございます。

編者あとがき

能役者　野村幻雪

能楽プロデューサー・演出家　笠井賢一

能役者 野村（四郎改） 幻雪師の歩みは、革新の連続であった。

六世野村万蔵の四男として生まれ、父の薫陶を受け狂言役者として出発。狂言の世界から、十五歳で観世流宗家観世元正に入門、能役者としての厳しい修業を重ね、観世流を代表する能役者の一人として、二〇一六年重要無形文化財各個指定（人間国宝）に認定された。

修業時代は能界の革新児観世寿夫にも師事、世界の演劇のなかで能・狂言の演劇性の本質を見る姿勢を学ぶ。海外でもワシントン大学やハワイ大学で能を教授した。

一九九八年東京藝術大学邦楽科教授に就任し（二〇〇四年退任、名誉教授となる）、従来の教育方法を改革して後進を育成、閉鎖的になりがちな邦楽各ジャンルを横断する邦楽アンサンブルを提唱し、強力に推進した。企画、出演、演出、さらには美術科の参加も実現し、藝大ならではの芸術的舞台を実現、創造した。

二〇〇六年には日本能楽会会長に就任、それまで入会出来なかった女性の能楽師を会員として迎える門戸を開き、最後まで現役の会長として能楽の振興に尽力した。

能界での一般的な能楽師という呼び名より能役者と自ら名乗られ、常に既成の型や解釈に安住することなく、従来の演出の見直しから、復曲、新作能の上演、更には他ジャンルとの競演など革新的で創造的な新たな表現を切り拓かれた。一貫して、過去・現在・未来があることが伝統であり、伝統が力ある為には常に過去の伝統を見直し、爪を立てる精神が必要だという考えを持ち、最後までそれを貫かれた。

二〇一二年多田富雄の新作能『無名の井』を新演出でシテを勤められたおり、「先人のものを受け取り、見直し、新たな要素を付け加えて新作が創られた。だから〈継承〉と〈改革〉という言葉で言い切れるのではないか。〈継承〉が大事であるように、能を新鮮な目で見直し、何もない所から創りあげ〈改革〉していく。この両輪が必要です」と話されている。

二〇一五年傘寿記念の催しで能『安宅』を舞納めにされたおり、その挨拶文に「年を重ねるほどに、能の奥深さを思い知り、いよいよ幅広く好奇心をもって様々なものを吸収し、自らの終わりなき芸道にむかって精進して参る所存でございます」と書き記された。

それ以降、一番一番舞納めと心得て舞台を勤められた。どの曲にも蓄積された経験と作品への深い理解が表現に生かされ、一曲を成就させた。

あらゆることに好奇心は尽きることなく、常に未完成をいとわず、新しい世界への挑戦を続け、世阿弥の『花鏡』にあるように、「上がる位を入り舞にして、つひに能下がらず。

しかれば、能の奥（限界）を見せずして、生涯を暮ら」した能役者であった。

昨年四月には、観世宗家より、雪号を授与され、野村幻雪と名乗られた。世阿弥の「銀《ぎん》垸《わん》裏《り》に雪を積《つ》む」という言葉を大切にされていたので、実に似つかわしい雪号の授与であり、幻雪師の喜びもひとしおであった。

能界での最後の舞台は、昨年七月二十八日の「東京2020オリンピック・パラリンピック能楽祭」での仕舞「井筒」だったが、七月三十一日の藤原書店主催の鶴見和子没十五年追悼「山百合忌」の、語りと舞『花の山姥――鶴見和子の生涯』（銕仙会能舞台）が生涯最後の舞台であった。十年来、鶴見和子さんの和歌と文章で舞の作品創りをし、その作舞・節付・出演をしていただいてきた、その集大成の作品であった。能『山姥』からアニミズムの精霊である幻雪師の山姥と、鶴見和子さんの思想の到達点であり化身である山姥とが二人で舞い、大いなる自然という生命体から生まれ、その源に戻って自然と一体となる様を、山巡りから見せる舞台であった。体調の悪化と闘いながらも役者魂で全うされた。

私は銕仙会のプロデューサーとして三十数年にわたって仕事をご一緒させていただいた。とりわけ藝大での邦楽総合アンサンブルの一連の作品に、二〇〇二年から演出家として参加させていただいて以来、二十年にわたって、新作能や他ジャンルと融合するオペラや舞踊の仕事も重ねることが出来た。

そうした能役者として様々な探求や試みの多岐にわたる軌跡は、この本を含む、私が企画した三冊の本によってたどることが出来る。

最初は二〇一五年に刊行された聞き書きの芸談『狂言の家に生まれた能役者』（白水社刊）、次に二〇一八年に藤原書店から刊行された、山本東次郎師との対談本『芸の心――能狂言終わりなき道』である。そのあとに企画されたのがこの本である。

この本の中心には、『観世』に連載され、愛着をお持ちであった「いろはにほへと」と「能楽よもやま話」があり、あとは折々に芸を巡っての闊達な講演や対談、語りが収められている。それらの対談や語りは、晩年舞台で到達された〈かろみ〉の芸のように、平易な言葉でいながら能の本質を的確に伝えるやわらかな語り口であった。その最後が「梅は匂ひよ 桜は花よ 人は心よ」という『ふでばこ』に連載されたものであった。このタイトルは幻雪師がご自身で提案されたという。日頃、口にされていた『近世諸国民謡集 山家鳥虫歌』にある民謡で、平易でいながら中世からの禅宗の語にもつながる、奥行きと〈かろみ〉のある歌である。これを冒頭に収録し、本のタイトルとした。

この本の最後は「雪号授与にあたって」という雪号を授与された折の観世流御宗家観世清和師の文章と、それをうけての「雪号の称号をいただき」という幻雪師の文章で締めくくりとした。

昨年の八月二十一日に幻雪師が逝去され、結果的には遺著となった。

観世流御宗家はじめ、檜書店、幻雪師の原稿や対談、講演などの再録をお許しいただき、写真の提供など、ご協力いただきました皆様に感謝いたします。刊行をご承諾いただいた野村昌司様にお礼申し上げます。

二〇二二年一月

初出一覧

I　芸を思う

梅は匂ひよ 桜は花よ 人は心よ（1～5）　『ふでばこ』37～41号（二〇一八年五月～二〇二一年六月）、株式会社白鳳堂
いろはにほへと（1～11）　『観世』二〇一〇年一月号～二〇一一年四月号、檜書店
能楽よもやま話（1～16）　『観世』二〇一四年五月号～二〇一七年七月号、檜書店
能楽堂の舞台／観世宗家の扇と父の色紙／父が打った「泥眼」と「小面」／観世寿夫の形見の花帽子／新作への挑戦　『日本経済新聞』二〇一六年十月三日～十月七日夕刊「こころの玉手箱」欄
学びや能楽堂、有終の舞台　『日本経済新聞』二〇一五年三月十九日
区切りは自分で見際める　『読売新聞』二〇一五年六月八日「生老病死の旅路」欄
宇宙を感じる笛――藤田大五郎を語る　『週刊百科・人間国宝57　芸能　能楽（四）』二〇〇七年六月二十六日、朝日新聞出版

II　能役者人生

能役者人生――温故知新　『研究ノート』第45号、日本女子大学国語国文会、二〇一七年（日本女子大学国語国文会秋季大会講演、二〇一六年十二月三日　於・日本女子大学桜楓会館二号館四階

ホール）
生涯初心不可忘　『寺門興隆』二〇一〇年六月号、興山舎
わが人生を語る　『日々の新聞』二〇一七年六月十五日号
能は生きている　『宝生』第11号（二〇一一年七・八月）、公益社団法人宝生会
伝統の継承、心を伝える　『東京2020オリンピック・パラリンピック能楽祭〜喜びを明日へ〜』パンフレット、二〇二一年七月〜九月開催、公益社団法人能楽協会

III　芸を語らう

『実朝』と、世界遺産と　『能楽タイムズ』二〇〇一年十月号、能楽書林
能と狂言の目指す究極の姿を探し求めて　『DEN』二〇〇五年四—六月号
『卒都婆小町』を語る　『阿吽』二〇〇五年五月、粟谷能の会
「感じる」ことが大切　『能楽タイムズ』二〇一七年十二月号、能楽書林
謡は文学、型は彫刻、舞台は絵画　『月刊公論』二〇二〇年九月号、財界通信社
伝統に胡座をかくことなく創意工夫で継承する心　『月刊公論』二〇二〇年十月号、財界通信社

雪号授与

雪号授与にあたって／雪号の称号をいただき　『観世』二〇二一年七・八月号、檜書店
カバー写真および口絵2〜12頁キャプション　『ふでばこ』37〜41号（同右）

2日目)、1.13『羽衣彩色之伝』(銕仙会　宝生)、2.2『弱法師盲目之舞』(観世会　観世)、10.10『善知鳥』(横浜能楽堂企画公演「馬場あき子と行く　歌枕の旅」　横浜)

令和3年 (2021)

＊二十六世観世清和宗家より雪号を授与され、4月より幻雪と名のる。1.4『正尊起請文』(大槻能楽堂特別公演　新春能　大槻)、2.6『船弁慶白波之伝』(前シテ＝野村四郎　後シテ＝豊嶋彌左衛門　国家指定芸能「能楽」特別鑑賞会　日本能楽会　東京公演　観世) 5.29『鷺』(国立能楽堂特別公演　国立)、7.28　仕舞『井筒』(東京2020オリンピック・パラリンピック能楽祭　能楽協会　国立」、7.31『(語りと舞)花の山姥―鶴見和子の生涯』(舞・謡・節付＝野村幻雪 (四郎改)　構成・演出＝笠井賢一　鶴見和子追悼山百合忌　藤原書店主催　銕仙会能楽研修所) 野村幻雪最後の舞台となる。

＊は関連事項／(　) は上演曲に付随すること、会名、会場を記入。会場の「観世」のうち、昭和46年までは観世会館、昭和47年からは観世能楽堂を示す。国立、水道橋、宝生、横浜、川崎、名古屋、大槻、大濠公園は各能楽堂、京都は京都観世会館の略

(本年譜は、白水社刊『狂言の家に生まれた能役者』掲載の年譜を元に加筆・修正したものである。)

平成 29 年（2017）

1.25『隅田川』（能楽フェスティバル 2017 － 2020　～ 1964 年「オリンピック能楽祭」を想う～　国立）、4.14『恋重荷』（銕仙会　宝生）、4.27『草子洗小町替装束・彩色』（観世能楽堂開場記念日賀寿能　観世）、5.5『羽衣彩色』（第 27 回野村四郎の会　野村四郎傘寿特別公演　観世）、5.27『隅田川』（大槻能楽堂自主公演能　能の魅力を探るシリーズ　大槻）、7.1『玄象窕』（淡交会　名古屋公演　名古屋）、7.19『山姥』（国立能楽堂定例公演　月間特集・音阿弥―没後 550 年―　国立）、8.12『船弁慶』（前シテ＝野村四郎　後シテ＝野村昌司　いわき能を楽しむ夕べ　いわき芸術文化交流館アリオス・中劇場）、9.1 『（新作能舞）三酔人夢中酔吟―李白・杜甫・白楽天―』改訂版公演（笠井賢一作・演出　李白＝野村四郎、杜甫＝桜間金記、白楽天＝山本東次郎　野村四郎師人間国宝認定祝賀アトリエ花習公演　国立）、10.12『橋弁慶弦師』（武蔵野市制施行 70 周年記念事業　吉祥寺薪能　月窓寺境内）

平成 30 年（2018）

2.4『藤戸』（観世会　音阿弥生誕 620 年　観世）、2.9『弱法師盲目之舞』（銕仙会　宝生）、3.13『地歌鉄輪による試演』（舞・作舞＝野村四郎　地歌＝富山清琴　JTS　藝大能ホール）、3.25『西行桜杖之舞』（京都観世会　京都）、6.10『隅田川』（名古屋観世会　名古屋）、6.23『井筒』（ECO ろうそく能第 2 夜　至芸を観る　山中能舞台）、7.8『楊貴妃』（華宝会　宝生）、7.16『定家』（女性の地謡による　鵜澤久の会研究公演　喜多六平太記念能楽堂）、8.18『盛久』（大槻能楽堂自主公演能　能の魅力を探るシリーズ　東国行脚　大槻）、9.8『砧』（開場 35 周年記念公演　国立）、9.13『紅葉狩鬼揃』（第 16 回飛鳥山薪能　飛鳥山公園内野外舞台）、9.17『景清』（第 52 回彦根城能　彦根城博物館能舞台）、12.12『鷺』（東京能楽囃子科協議会　国立）

平成 31 年＝令和元年（2019）

2.3『蟻通故実』（観世会　観世）、2.8『花月』（銕仙会　宝生）、4.7『大原御幸』（シテ＝観世清和　法皇＝野村四郎　観世会春の別会　観世）、6.12『花筐大返』（東京能楽囃子科協議会定式能　国立）、6.22『船弁慶重前後之替・船中之語・船唄・早装束』（万作を観る会　野村万作米寿記念狂言の会）、9.20『蟬丸』（国立能楽堂定例公演　国立）、10.24『松風見留』（古典芸能鑑賞会第 107 回　都民劇場能　宝生）、11.21『紅葉狩鬼揃』（第 17 回飛鳥山薪能 in 北とぴあ　第 1 夜）、11.22『俊寛』（第 17 回飛鳥山薪能 in 北とぴあ　第 2 夜）、12.15『俊寛』『道成寺』野村昌司（蒼昌会　第 6 回公演　観世）

令和 2 年（2020）

1.4『鞍馬天狗白頭・素翔』（大槻能楽堂リニューアル記念日賀寿能　第

藝術大学北千住校舎)、7.21 舞囃子『遊行柳』(『船弁慶重前後之替・船中語・名所教』野村昌司　第3回蒼昌会　観世)、7.31『(語りと舞)言葉果つるところ歌舞が生まれる―鶴見和子・石牟礼道子の対話による語りと舞』(舞・節付・作舞＝野村四郎　構成・演出＝笠井賢一　鶴見和子追悼山百合忌　藤原書店主催　山の上ホテル) これ以降、亡くなる2021年まで毎年7月31日の山百合忌に出演、9.15『船弁慶』(赤坂能　赤坂区民センター)、11.20『盛久』(国立能楽堂定例公演　国立)、12.21『檜垣』(世阿弥生誕650年記念　横浜能楽堂企画公演　横浜)

平成26年(2014)

1.4『翁』(大槻能楽堂自主公演能　大槻)、7.27『山姥白頭・長杖之伝』(世阿弥生誕650年記念　大槻能楽堂自主公演能　大槻)、8.3『花筐筐之伝』(観阿弥生誕680年・世阿弥生誕650年　観世会　観世)、9.12『鵜飼空之働』(銕仙会　宝生)、10.23『砧梓之出』(都民劇場能　宝生)

平成27年(2015)

2.7『安宅勧進帳・酌掛・延年之舞・貝立』(野村四郎喜寿記念公演　観世)、2.14『咸陽宮』(国立能楽堂冬スペシャル　企画公演　国立)、3.13『求塚』(銕仙会　宝生)、3.27『井筒物着』(観世能楽堂 さよなら公演　観世)、6.7『三井寺無俳之伝』(観世会　観世)、7.11『卒都婆小町』(女性の地謡による　鵜澤久の会研究公演　喜多六平太記念能楽堂)、9.26『大原御幸』(大槻能楽堂自主公演能　能の魅力を探るシリーズ　大槻)、11.7『弱法師』(大槻能楽堂自主公演能　特別公演　大槻)、11.8『(半能)石橋大獅子』白＝野村四郎 (正陽会　大槻)、11.13『隅田川』(吉田城薪能　穂の国とよはし芸術劇場　アートスペース)、11.27『俊寛』(国立能楽堂企画公演　平家と能　国立)、12.8『(新作能)ロミオとジュリエット』(能本＝上田邦義　節付・作舞・ロミオ＝野村四郎　演出＝笠井賢一　国立)、12.19『葵上梓之出・空之祈』(大手町でお能を楽しむ「源氏物語」 よみうり大手町ホール)、12.23『鉢木』(川崎市定期能　川崎)

平成28年(2016)

＊重要無形文化財「能シテ方」保持者の各個認定(人間国宝)

2.20　古演出による試演『仲光』(横浜能楽堂企画公演　第3回「忠」と「情」の選択　横浜)、2.25『鷺』(都民劇場創立70周年記念公演　都民劇場古典芸能鑑賞会第100回　宝生)、6.25『西行桜』(大槻能楽堂自主公演能　能の魅力を探るシリーズ　大槻)、7.10『鸚鵡小町杖三段之舞』(華宝会　宝生)、9.4『千手郢曲之舞』(観世会　観世)、10.22『鞍馬天狗』(高砂観月能　高砂神社能舞台)、11.11『融白式舞働之伝』(銕仙会　宝生)、11.26『六浦』(開館20周年記念　横浜能楽堂企画公演　横浜)、12.23『張良』(国立能楽堂特別公演　国立)

『熊野読次之伝・村雨留』(豊田市能楽堂公演　同)、3.28『翁』の千歳(翁＝観世清和　『望月』野村昌司　第１回蒼昌会　観世)、4.9『西行桜素囃子』(銕仙会　宝生)、5.15『土蜘蛛』(シテ＝野村昌司　頼光＝野村四郎　大宮八幡宮の杜薪能)、6.6『蟻通』(観世会　観世)、6.10『(オペラ)遣唐使―阿倍仲麻呂―』後編(阿倍仲麻呂の母　上野誠作　松下功作曲　薬師寺玄奘三蔵院特設舞台)、9.18『定家』(横浜能楽堂特別公演　横浜)、11.20『七騎落恐之舞』(大槻能楽堂自主公演能　大槻)、12.22『清経恋之音取』(藤田大五郎三回忌偲ぶ会　国立)

平成23年(2011)

3.9『屋島大事・那須与一語』(囃子科協議会定式能　国立)、3.31『(創作)飛翔無限』(節付・謡　舞＝花柳寿輔　花柳寿輔卒寿祝　国際フォーラム)、5.13『善知鳥』(銕仙会　宝生)、5.14『隅田川』(大宮八幡宮の杜薪能)、5.15『独り翁』奉納(深川・富岡八幡宮)、5.28『弱法師盲目之舞』(東京観世会　観世)、6.11『通盛』(女性の地謡による　鵜澤久の会研究公演　喜多六太平記念能楽堂)、7.6『雨月』(国立能楽堂定例公演　国立)、7.30『船弁慶重前後之替』(しまなみ海道薪能　大山祇神社)、8.7『井筒物着』(観世会　観世)、8.27『井筒』野村昌司　『(半能)石橋大獅子』(白＝野村四郎　赤＝野村昌司　第２回蒼昌会　観世)、8.28『(袴能)融酌之舞』(セルリアンタワー能楽堂　特別企画公演　同)、12.3『卒都婆小町』(ユネスコによる「無形文化遺産能楽」　国立)

平成24年(2012)

1.27『(新作能舞)三酔人夢中酔吟―李白と杜甫と白楽天』(笠井賢一作・演出　李白＝野村四郎、杜甫＝桜間金記、白楽天＝山本東次郎　銕仙会能楽研修所)、3.24『(新作能)実朝』(高浜虚子原作　大槻能楽堂自主公演能　大槻)、4.21『(新作能)無明の井』(多田富雄作　多田富雄三回忌追悼能公演　国立)、5.6『隅田川』(観世会　観世)、5.12『藤戸』(大宮八幡宮の杜薪能)、6.24『俊寛』(塩尻能　同市レザンホール)、7.22『屋島』野村昌司　『(袴能)鉄輪』(蒼昌会　観世)、9.14『夕顔山ノ端之出・法味之伝』(銕仙会　宝生)、10.7『融思立之出・白式舞働之伝』(二十五世観世左近二十三回忌追善能　観世)、12.21『鉢木替装束』(国立能楽堂定例公演　国立)

平成25年(2013)

1.6『草子洗小町替装束』(観阿弥誕生680年・世阿弥生誕650年観世会　観世)、1.26『求塚』(女性の地謡による　鵜澤久の会研究公演　喜多六平太記念能楽堂)、2.9『砧』(世阿弥本による　大槻能楽堂自主公演能研究公演　大槻)、2.24『弦楽四重奏による「藤戸」』(澤クァルテット　山口県)、4.12『三笑』(ツレ＝山本順之・浅見真州　銕仙会　宝生)、5.18『船弁慶』(大宮八幡宮の杜薪能)、6.8『(能舞と地唄)揖枕』(東京

宮八幡宮の杜薪能)、5.31 独吟『鼓之瀧(乱曲)』(響の会　銕仙会能楽研修所)、7.8『龍田移神楽』(華宝会　宝生)、7.13『頼政』(銕仙会　宝生)、8.18『鵜飼真如之月』(浜松薪能　浜松城公園)、9.13　新曲『浦島』(坪内逍遥原作　演出・出演　東京藝術大学創立 120 年記念公演　同大学奏楽堂)、9.17『野宮合掌留』(名古屋観世会　名古屋)、10.20『松風見留』(大槻能楽堂自主公演能　大槻)、11.15 〜 17『能の演出による歌劇「オルフェーオ」』(モンテヴェルディ作　演出・出演　北とぴあ国際音楽祭　同さくらホール)

平成 20 年 (2008)

＊日本演劇協会入会

2.13『百萬』(学習院能楽鑑賞会　国立)、3.14『国栖白頭』(銕仙会　宝生)、5.4『野守白頭・天地之声』(観世会　観世)、5.17『鵜飼真如之月』(大宮八幡宮の杜薪能)、5.21『景清』(国立能楽堂定例公演　国立)、6.15『関寺小町』(正門別会　観世)、6.20『俊寛』(大槻能楽堂自主公演能　大槻)、6.28『(創作)隅田川』(謡かたり三人の会　京都造形藝術大学春秋座)、7.21『(創作)彼岸花』(石牟礼道子詩　節付・謡　アトリエ花習公演　国立)、8.23『道成寺赤頭』(『弱法師』野村昌司　野村四郎の会特別公演　観世)、9.27『通盛』(川崎市定期能　川崎)、10.5『摂待』(観世会秋の別会　観世)

平成 21 年 (2009)

＊ NHK 教育 TV「日本の伝統芸能　能・狂言入門」講師・テキスト (4〜翌 3 月放映)

1.3『翁』(千歳＝野村昌司　大槻能楽堂自主公演能　大槻)、1.12『采女美奈保之伝』(銕仙会　宝生)、2.17『船弁慶』(学習院女子部能楽鑑賞会　国立)、3.24『(創作)いろは歌』(節付・作舞　アトリエ花習　目白赤鳥庵)、5.16『殺生石白頭』(大宮八幡の杜薪能)、6.3『杜若素離子』(国立能楽堂定例公演　国立)、6.10『(オペラ)遣唐使—阿倍仲麻呂—』前編 (阿倍仲麻呂の母　上野誠作　松下功作曲　薬師寺玄奘三蔵院特設舞台)、8.22『景清松門之出』(TTR 能プロジェクト夏公演　大阪能楽会館)、9.5『(新作能舞)三酔人夢中酔吟—李白と杜甫と白楽天』(笠井賢一作・演出　李白＝野村四郎、杜甫＝桜間金記、白楽天＝石田幸雄　銕仙会能楽研修所)、10.27『三山』(野村四郎の会　観世)、11.1『七騎落』(観世会　観世)、11.30『藤戸』能と弦楽四重奏 (松下功作曲　文化庁　熊野・速玉大社)、12.12『鵺白頭』(川崎市定期能　川崎)

平成 22 年 (2010)

＊公益社団法人 Japan Treasure Summit (独創人会) に入会。

2.13『松風見留』(女性の地謡による　鵜澤久の会研究公演　喜多六太平記念能楽堂)、2.16『鵺白頭』(学習院女子部能楽鑑賞会　国立)、3.13

シティ浜松)、3.23『景清』(青山能　銕仙会能楽研修所)、5.6『邦楽叙事詩　スサノヲ』(東京藝術大学邦楽総合アンサンブル企画公演　同大学奏楽堂)、5.14『船弁慶』(大宮八幡宮の杜薪能)、5.28『船弁慶前後之替』(大宮薪能　さいたま市大宮氷川神社)、6.12『熊野村雨留』(名古屋観世会　名古屋)、6.18『景清松門之出・小返』(大槻能楽堂自主公演能　大槻)、7.1『野宮』(銕仙会　宝生)、7.4　世界物理年多田富雄新作能『一石仙人』のパネルトーク、7.18『羽衣彩色之伝』(曽和博朗師傘寿祝賀曽和一門会　京都)、8.9『芭蕉平調返・蕉鹿語』(能楽観世座　宝生)、8.20『(創作)隅田川』(謡かたり三人の会　セルリアンタワー能楽堂)、9.28『安宅勧進帳・酌掛之伝』(国家指定芸能能楽特別鑑賞会　観世)、10.7『(能舞)水底の感』『飛天遊』(東京藝大現代能プロジェクト「蒼楽」　東京ガス・ガスの科学館)、10.25『(山田流箏曲による)葵上』(萩岡松韻リサイタル　国立小劇場)、11.6『実盛』(観世会　観世)

平成 18 年 (2006)

＊日本藝術院賞

＊日本能楽会会長就任

1.29『玉取海士』(後シテ　笛・藤舎名生　吉村雄輝園師籍 50 年記念公演　高松市)、2.18『通小町雨夜之伝』(前橋能　群馬県民会館)、2.21『安達原白頭』(学習院能楽鑑賞会　国立)、3.11『桜川』(国立能楽堂普及公演　国立)、3.27『(能舞)水底の感』『飛天遊』(東京藝大現代能プロジェクト「蒼楽」　東京ガス・ガスの科学館)、4.2『海士解脱之伝・二段返之応答』(二十五世観世左近十七回忌追善能　観世)、4.16『杜若素離子』(大槻能楽堂自主公演能　大槻)、5.14『花筐筐之伝・大返』(福井啓次郎改め十一世福井四郎兵衛襲名披露能　名古屋)、5.21『葵上』(大宮八幡宮の杜薪能)、5.28『(復曲)藤橋』(飛騨能「藤橋」　神岡船津座)、6.3『猩々乱』(セルリアンタワー能楽堂 5 周年公演　同)、7.14『阿漕』(銕仙会　宝生)、7.30『輪蔵鉢叩』(八世野村万蔵三回忌追善萬狂言　国立)、8.11『(新作能)利休』(深瀬サキ作　能楽観世座特別公演　観世)、8.12『弱法師盲目之舞』(謡かたり三人の会「二つの俊徳丸」　セルリアンタワー能楽堂)、9.3『鵜白頭』(観世会　観世)、9.6『砧梓之出』(国立能楽堂定例公演　国立)、9.20『遊行柳』(東京能楽囃子科協議会定式能　国立)、11.11『木曽願書』(『道成寺』野村昌司野村四郎の会特別公演　観世)、11.15『羽衣彩色之伝』(北とぴあ国際音楽祭　同さくらホール)、11.18『融酌之舞』(豊田市能楽堂特別公演　同)

平成 19 年 (2007)

1.7『梅素囃子』(観世会　観世)、2.17『実盛』(福岡観世会　大濠公園)、5.12『千手郢曲之舞』(国立能楽堂定例公演　国立)、5.19『三輪』(大

能　国立）、2.18『隅田川』（学習院能楽鑑賞会　国立）、2.19『藤戸』能と弦楽四重奏（松下功作曲　長岡音楽会　リリックホール）、3.2『雲林院』（観世会　観世）、5.3『（能舞）相聞』『（創作）竹取物語』〔笠井賢一構成・演出〕（東京藝術大学邦楽総合アンサンブル企画公演　同大学奏楽堂）、6.7『雲林院（古式）』（大槻能楽堂自主公演能　大槻）、6.14『善知鳥』（国立能楽堂普及公演　国立）、6.27『三輪誓納』（銕仙会80周年記念能　宝生）、8.24『隅田川彩色』（第20回野村四郎名古屋公演　名古屋）、8.25～『オーケストラによる「藤戸」』（英国公演　ロンドンほか）、9.9『オーケストラによる「藤戸」』（九州響公演　八幡響ホール）、9.14『采女美奈保之伝』（第22回野村四郎の会　観世）、9.15『通盛』（名古屋観世会　名古屋）、10.25『安達原白頭』（大宮八幡宮の杜薪能）、12.2『猩々乱』（東京藝術大学退官記念　同大学邦楽定期演奏会　同大学奏楽堂）、12.7『橋弁慶笛之巻』（観世会　観世）、12.12『仲光』（銕仙会　宝生）

平成16年（2004）

＊東京藝術大学退官、のち名誉教授

1.27『殺生石』（学習院能楽鑑賞会　国立）、1.29『隅田川』（地謡・宝生流　東京藝術大学退官記念最終講義　同大学第4ホール）、2.21『芦刈』（鎌倉芸術館能楽公演　同芸術館）、4.4『姨捨』（観世会春の別会　観世）、5.7『（創作）賢治宇宙曼荼羅』（笠井賢一構成・演出　東京藝術大学邦楽総合アンサンブル企画公演　同大学奏楽堂）、6.11『邯鄲夢中酔舞』（銕仙会　宝生）、8.1『善知鳥』（観世会　観世）、8.5『土蜘蛛』（横浜能楽堂特別普及公演　横浜）、9.12『千手郢曲之舞』（千手＝泉嘉夫　重衡＝野村四郎）『（復曲）重衡』（大槻能楽堂自主公演能　大槻）、10.4『安達原白頭』（文化庁アーツプラン出雲公演　津山文化センター）、10.5『安達原白頭』（同　出雲市文化会館）、10.6『安達原白頭』（同　美都町ふれあいホールみと）、10.11『清経恋之音取』『鉄輪早鼓』（第23回野村四郎の会独演二番能　観世）、10.16『葛城大和舞』（ヘリテイジ薪能）、11.3『（新作能）利休』（深瀬サキ作、笠井賢一演出　節付・型付・利休＝野村四郎、朝顔の精＝観世清和　静岡グランシップ記念公演　同）、12.4『正尊起請文・翔入』（浅井文義独立30周年記念能　宝生）、12.17『小袖曽我』（五郎＝野村四郎　十郎＝関根祥六　閑能会　観世）、12.18『通盛』（響の会研究公演　銕仙会能楽研修所）

平成17年（2005）

1.4『鶴亀』（観世会　観世）、1.22『能舞・尺八・打楽器による砧』（新作初演）（山本邦山退職記念演奏会　東京藝術大学奏楽堂）、2.12『船弁慶重前後之替』（国立能楽堂普及公演　国立）、2.15『自然居士』（学習院女子高等科鑑賞能　国立）、2.20『殺生石白頭』（浜松能　アクト

12.5『羽衣彩色之伝』（東京藝術大学邦楽定期演奏会　同大学奏楽堂）、12.8『卒都婆小町一度之次第』（観世雅雪十三回忌・観世寿夫二十三回忌追善日数能　銕仙会能楽研修所）

平成 13 年（2001）

1.13『翁』（銕仙会　宝生）、1.20『檜垣』（第 20 回野村四郎の会　観世）、2.21『船弁慶重前後之替』（学習院女子部能楽鑑賞会　宝生）、3.4『隅田川』（観世会　観世）、4.26『（新作能）実朝』（高浜虚子原作　国立能楽堂企画公演　国立）、7.14『野宮合掌留』（大槻能楽堂自主公演能　大槻）、7.30『江口干之掛』（第 18 回野村四郎名古屋公演　名古屋）、8.5『雨月』（観世会　観世）、9.9『景清』（名古屋観世会　名古屋）、9.14『三井寺無俳之伝』（銕仙会　宝生）、10.6『藤戸』能と弦楽四重奏（松下功作曲　東京藝大シンフォニア英国公演記念演奏会　同大学第 6 ホール）これ以降の藝大英国ツアーは 9・11 アメリカ同時多発テロ事件により中止、11.25『船弁慶重前後之替・名所教』（豊田市能楽堂特別公演　同）、12.12『東岸居士』（励の会　銕仙会能楽研修所）、12.22『夜討曽我十番斬・大藤内』（五郎＝浅見真州　十郎＝野村四郎　萌の会　宝生）

平成 14 年（2002）

1.4『翁』（大槻能楽堂自主公演能　大槻）、1.6『老松紅梅殿』（観世会　観世）、1.14『山姥雪月花之舞』（銕仙会　宝生）、2.6『天鼓弄鼓之舞』（学習院能楽鑑賞会　宝生）、5.3『（創作）熊野の物語』（東京藝術大学邦楽総合アンサンブル企画公演　同大学奏楽堂）、6.15『鵜飼真如之月』（セルリアン能　同タワー能楽堂）、6.16『蟬丸替之型』（逆髪＝関根祥六　蟬丸＝野村四郎　二十五世観世左近十三回忌追善　正門別会　観世）、6.22『半蔀』『雷電』（第 19 回野村四郎名古屋公演　名古屋）、7.18『（能舞）水底の感』〔夏目漱石原作・松下功作曲初演　舞＝野村四郎〕『飛天遊』〔太鼓＝林英哲　舞＝野村四郎〕（松下功リサイタル　第一生命ホール）、8.29『鉄輪』（励の会　銕仙会能楽研修所）、9.11『井筒物着』（東京能楽囃子科協議会定式能　国立）、9.21『自然居士』（彦根城能　同博物館能楽堂）、9.22『（半能）融酌之舞』（翠の会　若松宏守一周忌追善能　国立）、11.9『安宅勧進帳・延年之舞』『石橋大獅子』（白＝野村四郎　赤＝野村昌司　第 21 回野村四郎の会　観世）、11.15『船弁慶』（杉並で能楽を楽しむ会　セシオン杉並）、12.3『土蜘蛛』（東京藝術大学邦楽定期演奏会　同大学奏楽堂）12.18『女郎花』（青山能　銕仙会能楽研修所）

平成 15 年（2003）

＊観世寿夫記念法政大学能楽賞

1.1「独り翁」奉納（杉並区大宮八幡宮）、2.15『烏帽子折』（前シテ＝野村四郎　後シテ＝上野朝義　朝の会　大槻）、2.16『杜若恋之舞』（式

2.14『(新作能)実朝』(高浜虚子原作　大阪公演　大槻)、3.18『通小町』(江戸東京博物館開館5周年記念公演　同博物館)、5.8『梅枝越天楽』(銕仙会　宝生)、5.23『野守白頭』(駿府城薪能)、6.7『源氏供養舞入』(観世会　観世)、7.20『殺生石白頭』(新潟能　同県民会館)、7.21『安宅勧進帳・延年之舞』(大槻能楽堂自主公演能・安宅競演　大槻)、7.26『野宮』(第15回野村四郎名古屋公演　名古屋)、9.20『一角仙人』(正陽会　大槻)、10.16『自然居士古式』(第18回野村四郎の会　観世)、10.24『(復曲能)維盛』(前シテ武里＝浅井文義　後シテ＝野村四郎　大槻能楽堂自主公演能　大槻)、11.21『屋島大事』(能で観る平家物語　花傳の会　名古屋)、12.6『花筐』(観世会　観世)

平成11年(1999)

1.16『雲林院』(都民能　国立)、3.10『藤戸』能と弦楽四重奏(松下功作曲初演　アジアの平和を願う　旧東京音楽学校奏楽堂)、3.18『葵上』(江戸東京シアター　江戸東京博物館)、3.22『三笑』(鵜澤郁雄独立30周年記念能　観世)、4.4『三輪白式神神楽』(観世会春の別会　観世)、4.16『藤戸蹉跎之伝』(国立能楽堂定例公演　国立)、5.14『俊寛』(銕仙会　宝生)、5.25『胡蝶物着』(励の会　銕仙会能楽研修所)、6.20『正尊起請文・翔入』(30周年記念正門別会　観世)、8.7『巴替装束』(浜松薪能　浜松城公園)、8.22『千手郢曲之舞』(千手＝野村四郎　重衡＝大槻文蔵)、『(新作能)実朝』(高浜虚子原作　第16回野村四郎名古屋公演　名古屋)、9.4『鷺』(『敦盛』野村昌司　第19回野村四郎の会　観世)、9.12『海士懐中之舞』(名古屋観世会　名古屋)、9.16『井筒』(大槻能楽堂自主公演能　大槻)、10.16『天鼓弄鼓之舞』(こしがや紅葉能　同能楽堂)、11.7『小鍛冶白頭』(観世会　観世)、12.4『玄象早装束・窕』(福岡観世会　大濠公園)

平成12年(2000)

1.22『屋島大事』(横浜能楽堂特別公演　横浜)、3.8『鉢木』(東京能楽囃子科協議会定式能　国立)、4.13『葵上』(藝大美術館薪能　美術館前広場)、4.23『善知鳥』(京都観世会　京都)、5.7『道成寺赤頭・無躙之崩』(観世会創立100周年記念特別公演日賀寿能　観世)、5.12『氷室白頭』(銕仙会　宝生)、5.21『(半能)輪蔵鉢叩』(火天＝野村昌司　六世野村万蔵二十三回忌追善　国立)、7.8『砧梓之出』(第17回野村四郎名古屋公演　名古屋)、7.15『船弁慶』(最上稲荷夏季大祭奉賛薪能)、8.8『葵上梓之出』(アジア音楽週間2000in横浜　横浜)、9.3『遊行柳青柳之舞』(観世会　観世)、9.17『橋弁慶』(正陽会　大槻)、10.21『卒都婆小町一度之次第』(十世福井良久三回忌追善第12回濤華能　名古屋)、11.4『井筒』(「間—20年後の帰還」展・能楽公演　東京藝術大学美術館)、11.17『恋重荷』(大槻能楽堂自主公演能　大槻)、御幸』（第12回野村四郎名古屋公演　熱田神宮能楽殿）、7.31～8.4『船弁慶』（文化庁青少年劇場　団長として中部地区各地）、9.28『夜討曽我』（五郎＝観世芳宏　十郎＝野村四郎　東京国際映画祭能楽鑑賞会　国立）、9.30『浮舟彩色』（大槻能楽堂自主公演能　大槻）、10.7『石橋師資十二段之式』（白＝観世銕之亟・野村四郎　赤＝観世暁夫・片山清司　野村萬斎襲名披露東京公演　国立）、10.15『錦木鸚鵡盃之舞』（観世会秋の別会　観世）、10.28『船弁慶重前後之替・早装束』（気の郷　能楽鑑賞の夕べ　気の郷「天心悟所」）、11.30『望月古式』（第15回野村四郎の会　国立）、12.12『通盛』（朝日芸能文化サロン　宝生）

平成8年（1996）

1.1「独り翁」奉納（赤坂日枝神社）、1.7『草子洗小町』（観世会　観世）、2.9『百萬法楽之舞』（銕仙会　宝生）、3.26『清経』（江戸東京楽市　江戸東京博物館）、3.31『千手郢曲之舞』（千手＝野村四郎　重衡＝観世清和　上野朝太郎十三回忌追善能　大槻）、5.8『三山』（大槻能楽堂自主公演能　大槻）、7.10『蟻通』（青山能　銕仙会能楽研修所）、7.13『融思立之出・酌之舞』（第13回野村四郎名古屋公演　熱田神宮能楽殿）、9.16『殺生石白頭』（MOA美術館定期能　同能楽堂）、9.20『清経恋之音取』（第16回野村四郎の会　観世）、9.27『天鼓弄鼓之舞』（気の郷　能楽鑑賞の夕べ　気の郷「天心悟所」）、10.6『唐船盤渉』（観世会秋の別会　観世）、10.26『（新作能）実朝』（高浜虚子原作　ホトトギス創刊百年記念能　鎌倉芸術館）、12.7『井筒物着』（福岡観世会　大濠公園）

平成9年（1997）

＊東京藝術大学音楽学部邦楽科講師就任

1.11『東方朔桃仁』（国立能楽堂普及公演　国立）、1.25『弱法師』（東京観世会　観世）、4.10『熊野村雨留』（靖国神社夜桜能　同能舞台）、4.19『船弁慶前後之替』（浜松青少年のための古典芸能鑑賞教室　浜松アクトシティ）、6.15『鸚鵡小町杖三段之舞』（正門別会　観世）、7.6『阿漕』（観世会　観世）、7.26『花筐筺之伝・大返・舞入』（第14回野村四郎名古屋公演　名古屋）、8.31『忠度』（国立能楽堂特別公演　国立）、9.14『井筒物着』（名古屋観世会　名古屋）、9.20『三井寺』（響の会研究公演　銕仙会能楽研修所）、10.24『三山』（第17回野村四郎の会　観世）、11.26『葵上梓之出・空之祈』（観世宗家フランス公演　フェスティバル・ドウトンヌ・パリ）

12.2『班女』（朝日伝統芸能鑑賞会　宝生）、12.12『船弁慶重前後之替』（銕仙会　宝生）、12.20『屋島大事』（大槻能楽堂自主公演能　大槻）

平成10年（1998）

＊東京藝術大学音楽学部邦楽科教授就任（～2004）

＊紫綬褒章

平成５年（1993）

2.4『二人静立出之一声』（地照舎公演　宝生）、2.19『実盛』（国立能楽堂企画公演　国立）、2.28『鞍馬天狗』（京都観世会　京都）、3.20『葵上梓之出』（前橋能　群馬県民会館）、4.28『昭君』（青山能　銕仙会能楽研修所）、5.2『葵上』（観世会　観世）、5.15『道成寺赤頭』（大槻能楽堂道成寺フェスティバル　大槻）、6.13『頼政』（名古屋観世会　熱田神宮能楽殿）、8.21『安宅勧進帳・酌掛・延年之舞・貝立』（第10回野村四郎名古屋公演　熱田神宮能楽殿）、9.10～24『（新作能）鷹の泉』鷹姫（世阿弥座公演　ドイツ、アイルランドなど）、10.3『三井寺』（観世会　観世）、10.6『野守白頭』（大山阿夫利神社火祭薪能）、10.23『船弁慶重前後之替・船中之語・名所教』（『花月』野村昌司　第13回野村四郎の会　国立）、11.6『安達原白頭』（気の郷　能楽鑑賞の夕べ　気の郷「天心悟所」）、11.27『羽衣和合之舞』（能と狂言の世界　入間市民会館）、12.4『国栖』（福岡観世会　大濠公園）、12.10『葵上(古式)』（銕仙会　宝生）

平成６年（1994）

＊芸術選奨文部大臣賞（『道成寺』『石橋』による）

1.9『竹生島(翁付)』（翁＝観世清和　観世会　観世）、1.22『船弁慶重前後之替』（府中新春特別公演「能狂言」　府中の森芸術劇場）、3.9『采女美奈保之伝』（大槻能楽堂自主公演能　大槻）、4.24『清経替之型』（静岡能　静岡市民文化会館）、4.27『賀茂』（青山能　銕仙会能楽研修所）、6.10『玉鬘』（銕仙会　宝生）、6.19『木賊』（正門別会　観世）、7.16『三井寺無俳之伝』（第11回野村四郎名古屋公演　熱田神宮能楽殿）、7.30『鉄輪早鼓之伝』（千葉能　千葉県文化会館）、9.4『六浦』（観世会　観世）、9.11『石橋師資十二段之式』（正陽会　大槻）、9.24『小鍛冶黒頭別習』（鵜澤郁雄・芳の会　観世）、10.7『富士太鼓現之楽』（第14回野村四郎の会　観世）、11.29『井筒物着』（気の郷　能楽鑑賞の夕べ　気の郷「天心悟所」）、12.8『菊慈童遊舞之楽』（NHK能楽鑑賞会　国立）

平成７年（1995）

1.29『誓願寺』（国立能楽堂特別公演　国立）、1.30『猩々乱』（落成祝賀「能」　ティアラこうとう大ホール）、2.4『石橋』（前シテ＝野村四郎　後シテ＝観世清和　四日市文化会館落成記念公演　同）、3.11『安達原白頭』（江戸川能　江戸川区総合文化センター）、3.15『隅田川』（江戸東京博物館春の催し　同博物館）、3.18『清経恋之音取』（名古屋能楽鑑賞会　熱田神宮能楽殿）、4.1『天鼓弄鼓之舞』（玉華会　宝生）、4.8『頼政』（鎌倉芸術館能楽公演　同芸術館）、4.23『熊野村雨留』（京都観世会　京都）、5.7『絵馬』（観世会　観世）、6.9『自然居士』（銕仙会　宝生）、6.11『弱法師』（名古屋観世会　熱田神宮能楽殿）、7.22『大原

1.3『花筐』(大槻能楽堂自主公演能　大槻)、1.8『東北』(観世会　観世)、2.10『蟬丸』(銕仙会　宝生)、5.28『藤戸』(京都観世会　京都)、6.10『山姥白頭』(川崎市定期能　川崎)、7.8『松風戯之舞』(第6回野村四郎名古屋公演　熱田神宮能楽殿)、9.3『班女』(観世会　観世)、9.10『融』(名古屋観世会　熱田神宮能楽殿)、9.22『善知鳥』(青山能　銕仙会能楽研修所)、10.19『三輪白式神神楽』(第9回野村四郎の会　観世)

平成2年(1990)

＊ NHK教育TV趣味百科「仕舞入門」講師・テキスト(7～9月放映)
2.4『頼政』(観世会　観世)、2.18『小鍛冶黒頭』(式能　国立)、3.9『花筐大返』(銕仙会　宝生)、3.14『仲光』(大槻能楽堂自主公演能　大槻)、5.13『葵上梓之出・空之祈』(六世野村万蔵十三回忌追善会　国立)、8.18『清経替之型』(第7回野村四郎名古屋公演　熱田神宮能楽殿)、9.15『野宮』(福岡観世会　大濠公園)、10.2『屋島』(前シテ＝野村四郎　後シテ＝観世清和　第10回大山阿夫利神社火祭薪能)、10.5『隅田川彩色』(第10回野村四郎の会　観世)、10.21『安宅勧進帳・瀧流之伝』(観世会秋の別会　観世)、11.16『野宮』(国立能楽堂定例公演　国立)、12.6『当麻』(観世華雪三十三回忌・雅雪三回忌・寿夫十三回忌追善能　銕仙会能楽研修所)

平成3年(1991)

2.3『弱法師』(観世会　観世)、3.8『小塩』(銕仙会　宝生)、3.9『俊寛』(江戸川能　江戸川区総合文化センター)、3.13『熊野読次之伝・村雨留』(大槻能楽堂目主公演能　大槻)、3.24『杜若恋之舞』(京都観世会　京都)、6.16『卒都婆小町』(正門別会　観世)、7.13『自然居士』(第8回野村四郎名古屋公演　熱田神宮能楽殿)、8.17『盛久』(正陽会　大槻)、9.8『邯鄲』(名古屋観世会　熱田神宮能楽殿)、9.25『芭蕉』(青山能　銕仙会能楽研修所)、12.1『和布刈』(観世会　観世)、12.13『山姥雪月花之舞』(第11回野村四郎の会　観世)

平成4年(1992)

1.21『石橋大獅子』(練馬能楽鑑賞の夕べ　練馬文化センター)、2.2『百萬』(観世会　観世)、2.12『弱法師盲目之舞』(大槻能楽堂自主公演能　大槻)、4.26『籠太鼓』(京都観世会　京都)、6.28『殺生石白頭』(武蔵野能　武蔵野文化会館)、7.11『千手郢曲之舞』(西日本七夕能　大濠公園)、7.18『楊貴妃干之掛・台留』(第9回野村四郎名古屋公演　熱田神宮能楽殿)、8.2『紅葉狩』(観世会　観世)、10.9『三輪素難子』(銕仙会　宝生)、10.18『融思立之出・舞返之伝』(二十五世観世左近三回忌追善能　観世)、10.24『隅田川』(気の郷　能楽鑑賞の夕べ　気の郷「天心悟所」)、10.30『柏崎思出之舞』(第12回野村四郎の会　国立)、12.2『龍田移神楽』(東京能楽囃子科協議会定式能　観世)

3.24『忠度』(京都観世会　京都)、3.27『通盛』(東京能楽囃子科協議会定式能　観世)、4.3『船弁慶重前後之替』(第2回野村四郎名古屋公演　熱田神宮能楽殿)、4.25『百萬法楽之舞』(修善寺能　あさば旅館月桂殿)、5.10『藤戸』(銕仙会　宝生)、6.16『遊行柳青柳之舞・朽木留』(正門別会　観世)、6.22『猩々乱双之舞・置壺』(両シテ＝八世観世銕之亟・野村四郎　七星会　観世)、7.10『楊貴妃』(大槻能楽堂自主公演能　大槻)、10.20『鵜飼真如之月』(観世会秋の別会　観世)、11.20『高野物狂』(研究会　観世)、12.6〜7『葵上梓之出・空之祈』「官約ハワイ移民百年祭」能公演(団長) 12.13『(復曲)三山』(シテ＝観世銕之亟　ツレ＝野村四郎　銕仙会　宝生)

昭和61年(1986)

2.19『源氏供養』(研究会　観世)、4.26『俊寛』(第3回野村四郎名古屋公演　熱田神宮能楽殿)、5.4『杜若』(観世会　観世)、7.18『兼平』(国立能楽堂定例公演　国立)、9.2『養老』(MOA美術館定期能　同館能楽堂)、10.17『龍田移神楽』(銕仙会　宝生)、10.30『大原御幸』(第6回野村四郎の会　観世)、11.2『鉢木』(観世会　観世)、12.10『鉢木』(大槻能楽堂自主公演能　大槻)、12.17『柏崎』(研究会　観世)

昭和62年(1987)

＊文化庁芸術祭優秀賞(野村四郎の会『求塚』による)

3.22『源氏供養』(京都観世会　京都)、4.8『杜若恋之舞』(大槻能楽堂自主公演能　大槻)、5.3『鵺』(観世会　観世)、5.9『羽衣彩色之伝』『藤戸蹉跎之伝』(第4回野村四郎名古屋公演　熱田神宮能楽殿)、7.10『歌占』(銕仙会　宝生)、6.23『安達原』(国立能楽堂鑑賞教室　国立)、8.2『富士太鼓』(観世会　観世)、9.13『三輪』(名古屋観世会　熱田神宮能楽殿)、9.17『山姥白頭』(修善寺能　あさば旅館月桂殿)、10.3『朝長』(青山能　銕仙会能楽研修所)、10.13〜15『土蜘蛛』前シテ＝観世元昭　後シテ＝野村四郎『猩々乱双之舞』両シテ＝藤波重満・野村四郎(観世宗家渡印能楽団　ニューデリー)、10.30『求塚』(第7回野村四郎の会　観世)、11.18『車僧』(研究会　観世)

昭和63年(1988)

＊ハワイ大学客員教授(1年間)

4.3『熊野』(観世会　観世)、7.9『望月古式』(第5回野村四郎名古屋公演　熱田神宮能楽殿)、9.9『国栖』(銕仙会　宝生)、9.14『天鼓弄鼓之舞』(大槻能楽堂自主公演能　大槻)、10.16『木曽願書』(観世会秋の別会　観世)、10.27『景清松門之出・小返之伝』(第8回野村四郎の会　観世)、10.30『輪蔵』(国立能楽堂特別公演　国立)、12.13『忠度』(朝日芸能文化サロン　宝生)

昭和64年＝平成元年(1989)

（研究会　観世）、7.9 ～ 23　野村万蔵追悼狂言会（シアトル、ポートランド、サンフランシスコなど）、8.7『女郎花』（研究会　観世）、8.8『安達原』（前シテ＝野村四郎　後シテ＝坂井音重　護国寺薪能）、10.19『融十三段之舞』（観世会秋の別会　観世）、12.13『恋重荷』（観世寿夫三回忌追善能　喜多六平太記念能楽堂）

昭和 56 年（1981）

2.7『道成寺』（第 1 回野村四郎の会　観世）、4.5『二人静』（観世会　観世）、5.8『海士懐中之舞』（銕仙会　宝生）、6.25『百萬法楽之舞』（研究会　観世）、7.5『通盛』（観世会　観世）、11.26『仏原』（研究会　観世）、12.12『葛城大和舞』（名古屋観世会土曜定式能　熱田神宮能楽殿）

昭和 57 年（1982）

2.7『羽衣』（観世会　観世）、2.20『砧』（第 2 回野村四郎の会　『菊慈童』野村昌司　観世）、3.12『融』（一噌正之助追善能　観世）、4.22『頼政』（研究会　観世）、5.14『忠度』（銕仙会　宝生）、7.13『隅田川』（朝日芸能文化サロン　観世）、9.19『雷電』（銕仙会大阪公演　大阪能楽会館）、10.1『葵上梓之出』（大山阿夫利神社火祭薪能）、10.17『山姥』（観世会秋の別会　観世）、12.23『班女』（研究会　観世）

昭和 58 年（1983）

1.15『養老水波之伝』（銕仙会　宝生）、2.19『安宅勧進帳・酌掛・延年之舞・貝立』（第 3 回野村四郎の会　観世）、3.6『忠度』（観世会　観世）、5.22『安達原』（京都観世会　京都）、6.23『江口』（研究会　観世）、7.3『鉄輪』（観世会　観世）、8.11『小督』（研究会　観世）、8.19『鵜飼』（銀座定期能　銀座能楽堂）、10.1『自然居士』（国立能楽堂普及公演　国立）

昭和 59 年（1984）

1.14『翁』（千歳＝野村昌司、三番叟＝野村武司　翁三番叟を観る会　国立）、2.5『弱法師』（観世会　観世）、2.25『松風見留』（第 4 回野村四郎の会　観世）、3.21『小塩』（研究会　観世）、4.21『隅田川』（第 1 回野村四郎名古屋公演　熱田神宮能楽殿）、5.11『鵺白頭』（銕仙会　宝生）、7.21『楊貴妃干之掛』（青山研究能　銕仙会能楽研修所）、9.9『殺生石』（名古屋観世会　熱田神宮能楽殿）、10.6『（能舞）相聞』（芥川龍之介作　有楽町朝日ホール開館記念）、10.17『大江山替装束』（研究会　観世）、11.3『清経替之型』（福井啓次郎職分三十周年記念能　熱田神宮能楽殿）、11.4『三井寺』（観世会　観世）、12.12『西行桜』（観世寿夫七回忌追善特別公演　銕仙会能楽研修所）

昭和 60 年（1985）

1.16『玉井』（研究会　観世）、2.9『屋島大事』『（半能）石橋大獅子』（赤＝野村昌司　第 5 回野村四郎の会　観世）、3.3『盛久』（観世会　観世）、

観世)、10.27『千手郢曲之舞』(重衡＝浅見真広　銕仙会　水道橋)、12.10『松風見留』(正門昭和会別会　観世)

昭和 48 年(1973)

2.16『弱法師』(銕仙会　水道橋)、4.1『右近』(観世会　観世)、9.2『大会』(観世会　観世)、10.13『(新作)世阿望憶』(片山博通作　シテ＝観世元昭　百万の女＝野村四郎　妙花風の女＝関根祥六　砧の女＝浅見重弘　観世能の会　観世)、11.29『野宮』(研究会　観世)

昭和 49 年(1974)

1.15『葛城大和舞』(銕仙会　水道橋)、3.17『正尊起請文・翔入』(観世会春の別会　観世)、4.10『通小町』(研究会　観世)、5.5『一角仙人』(観世会　観世)、10.12『翁』(狂言『花子』野村万蔵　万之丞　万作　六世野村万蔵喜寿祝賀会　水道橋)、11.13『俊寛』(研究会　観世)、12.1『猩々乱置壺』(観世会　観世)

昭和 50 年(1975)

1.15『玄象』(銕仙会　水道橋)、2.8『殺生石白頭』(観世会土曜定期能　観世)、3.5『杜若恋之舞』(研究会　観世)、6.15『安宅勧進帳・酌掛』(正門昭和会　観世)、8.3『(袴能)松虫』(観世会　観世)、9.3『善知鳥』(研究会　観世)、11.12『葵上梓之出・空之祈』(東京能楽囃子科協議会定式能　観世)、12.19『猩々乱双之舞』(両シテ＝関根祥六・野村四郎　関根同門会　観世)

昭和 51 年(1976)

1.4『田村替装束』(観世会　観世)、5.14『船橋』(銕仙会　水道橋)、9.5『国栖』(観世会　観世)、10.13『楊貴妃台留』(研究会　観世)

昭和 52 年(1977)

2.12『白楽天』(観世会土曜定期能　観世)、4.20『春日龍神』(研究会　観世)、5.13『善知鳥』(銕仙会　水道橋)、6.19『定家』(正門昭和会　観世)、7.3『浮舟』(観世会　観世)、10.5『三井寺』(研究会　観世)

昭和 53 年(1978)

＊重要無形文化財「能楽」保持者(総合認定)　日本能楽会会員

3.19『屋島弓流』(観世会春の別会　観世)、4.27『盛久』(研究会　観世)、6.29『夕顔』(銕仙会　水道橋)、9.28『梅枝』(研究会　観世)

昭和 54 年(1979)

4.26『雲林院』(研究会　観世)、6.3『賀茂』(観世会　観世)、8.5『(袴能)邯鄲』(観世会　観世)、11.30『龍田』(淡交同人会　観世)、12.14『景清』(銕仙会　水道橋)

昭和 55 年(1980)

1.15『東北』(銕仙会　宝生)、2.3『昭君』(観世会　観世)、3.23『千手郢曲之舞』(重衡＝片山慶次郎　京都観世会　京都)、5.22『野守黒頭』

会能　観世)、9.9『半蔀』(研究会　観世)、9.19『道成寺』(観世会秋の別会　観世)、11.1『舎利』(観世会　観世)

昭和40年(1965)

＊結婚、一男二女をもうける。長男昌司は能楽師として今日に至る。

＊1月NHK今年のホープに選ばれ、舞離子『高砂』放映。

＊芸術祭賞(10.2『檜垣』の地謡　シテ＝観世雅雪　銕仙会別会　観世)

6.21『邯鄲』(銕仙会　観世)、8.31～10.1　観世宗家・欧米能公演(ギリシャ、ドイツ、イタリア、フランス、アメリカなど)、10.16『熊坂替之型』(研究会　観世)

昭和41年(1966)

4.8『鉄輪』(銕仙会　観世)、5.1『野守』(観世会　観世)、6.8『融』(研究会　観世)、6.12『葵上梓之出・空之祈』(観世会別会　観世)、10.12『善界』(研究会　観世)

昭和42年(1967)

＊文化庁芸術祭奨励賞(11.11『安宅』の立衆　シテ＝観世元昭　昭門会別会　観世)

2.8『船弁慶前後之替』(研究会　観世)、6.4『東北』(観世会　観世)、6.14『錦木』(研究会　観世)、10.11『井筒』(研究会　観世)、

昭和43年(1968)

6.12『富士太鼓』(研究会　観世)、7.7『小鍛冶』(観世会　観世)、9.13『天鼓弄鼓之舞』(銕仙会　観世)、10.9『鵺』(研究会　観世)

昭和44年(1969)

4.6『吉野天人天人揃』(観世会　観世)、6.11『鵜飼』(研究会　観世)、9.12『阿漕』(銕仙会　観世)、9.21『敦盛二段之舞』(観世会秋の別会　観世)、10.5『清経』(観世会　観世)、10.8『蟬丸』(研究会　観世)

昭和45年(1970)

4.5『花月』(観世会　観世)、6.12『自然居士』(銕仙会　観世)、10.14『夕顔』(研究会　観世)、12.6『籠太鼓』(観世会　観世)

昭和46年(1971)

4.4『芦刈』(観世会　観世)、6.9『百萬』(研究会　観世)、9.26『(半能)石橋師資十二段之式』(白＝関根祥六・野村四郎　赤＝角寛次朗・木月孚行　正門昭和会　観世)、10.8『雷電替装束』(研究会　観世)、11.12『巻絹神楽留』(銕仙会　水道橋)、12.5『葛城』(観世会　観世)

昭和47年(1972)

＊米国ワシントン大学客員講師(8.10～2週間　万作とワシントン、サンフランシスコほか)

4.19『望月』(観世能楽堂舞台披露祝賀日賀寿能　観世)、6.2～14　観世宗家一行・中日訪欧能楽団ボルドー公演、9.3『項羽』(観世会

野村幻雪略年譜・主要演能（出演）記録

昭和 11 年（1936）

＊ 11.27 東京都巣鴨に生まれる。父和泉流狂言方六世野村万蔵、母梅子の 4 男、四郎。長兄太良（萬）、次兄二朗（万作）、姉華子、兄三郎（幼少期に死去）、弟悟郎（万之介）

昭和 15 年（1940）

初舞台（3 歳）。狂言『靱猿』の子方（猿）

昭和 20 年（1945）

狂言『魚説法』のシテ（アド＝悟郎　旧水道橋能楽堂　戦災で焼失前、最後の宝生流演能会にて）

昭和 22 年（1947）

狂言『比丘貞』の小アド（シテ＝万蔵　アド＝佐野平六　和泉流宗家継承披露公演）

昭和 24 年（1949）

12.1 狂言『不見不聞』（アド＝悟郎　宝生会月並　染井能楽堂）

昭和 25 年（1950）

6.10『花月』のアイ狂言（シテ＝山階敬子　同声会　東京音楽学校奏楽堂）

昭和 27 年（1952）

＊ 2.3　二十五世観世宗家観世元正（左近）に入門

昭和 30 年（1955）

6.5 能『俊成忠度』にて初シテ（東京観世会　観世）

昭和 31 年（1956）

10.7『経正』（東京観世会青年稽古能　観世）、10.18『清経』（能楽教室　観世）

昭和 33 年（1958）

1.5『翁』の千歳（翁＝観世元正　東京観世会　観世）

昭和 35 年（1960）

＊社団法人能楽協会に入会

昭和 37 年（1962）

12.2『猩々乱』（観世会　観世）

昭和 38 年（1963）

＊ 2.4 独立、4.13『石橋』（野村四郎独立披露能　観世）

昭和 39 年（1964）

2.9『巴』（オリンピック能　観世会別会　観世）、5.13『班女』（研究

著者紹介

野村幻雪（四郎改メ）
（のむら・げんせつ）

観世流シテ方。1936年生まれ。和泉流狂言方六世野村万蔵（人間国宝）の四男、本名四郎。3歳で『靭猿』の猿で初舞台。15歳まで狂言の舞台に立つ。15歳より25世観世元正宗家に入門、能の道に進む。観世寿夫にも師事。1955年『俊成忠度』で初シテ、64年『道成寺』を披く。東京藝術大学名誉教授。芸術選奨文部大臣賞、芸術院賞、観世寿夫記念法政大学能楽賞受賞。紫綬褒章受章。日本能楽会会長。2016年観世流シテ方として重要無形文化財各個認定（人間国宝）。2021年雪号を授与される。息子に野村昌司。兄の野村萬、万作は共に和泉流狂言方として重要無形文化財各個認定（人間国宝）。2021年8月死去。
主な著作およびDVDとして、『お稽古手帳』『能を彩る 文様の世界』（共著）『仕舞入門講座』（以上、檜書店）、『仕舞入門テキスト』『日本の伝統　能・狂言入門テキスト』（以上、NHK出版）、DVD『観世流仕舞集　第5巻』、DVD『仕舞入門』雪・月・花（以上、檜書店）、カセットテープ『梅枝』『小塩』『朝長』（東英サウンドファミリー）などの他、自伝・芸談として『狂言の家に生まれた能役者』（白水社）、『芸の心　能狂言 終わりなき道』（山本東次郎と共著、藤原書店）がある。

編者紹介

笠井賢一（かさい・けんいち）

1949年生。銕仙会（能・観世流）プロデューサーを経て、アトリエ花習主宰。演出家・劇作家として古典と現代を繋ぐ演劇活動を能狂言役者や現代劇の役者、邦楽、洋楽の演奏家たちと続ける。多田富雄作品をはじめ新作能の演出を多数手がける。主な演出作品に、石牟礼道子作・新作能『不知火』、多田富雄作・新作能『一石仙人』、東京藝術大学邦楽総合アンサンブル『竹取物語』『賢治宇宙曼荼羅』、北とぴあ国際音楽祭オペラ『オルフェーオ』、アトリエ花習公演『言葉の力——詩・歌・舞』、創作能舞『三酔人夢中酔吟——李白と杜甫と白楽天』など。著作に『花供養』（編著、多田富雄・白洲正子著）、『芸の心　能狂言 終わりなき道』（編著、野村四郎・山本東次郎著）など。

梅《うめ》は匂《におい》ひよ　桜《さくら》は花《はな》よ　人《ひと》は心《こころ》よ

2022年2月28日　初版第1刷発行©

著　者　野村幻雪
編　者　笠井賢一
発行者　藤原良雄
発行所　株式会社 藤原書店

〒162-0041　東京都新宿区早稲田鶴巻町523
電　話　03（5272）0301
FAX　03（5272）0450
振　替　00160 - 4 - 17013
info@fujiwara-shoten.co.jp

印刷・製本　中央精版印刷

落丁本・乱丁本はお取替えいたします
定価はカバーに表示してあります

Printed in Japan
ISBN978-4-86578-337-7